서중석의 현대사 이야기 ❾

서중석의 현대사 이야기

서중석 답하다
김덕련 묻고 정리하다

9

유신 쿠데타 I
왜 일으켰나

오월의봄

일러두기

본문의 추가 보충 설명은 모두 김덕련이 정리했다.

책머리에

1

우리는 21세기에 들어와 극렬한 '역사 전쟁'을 겪고 있다. 역사 전쟁은 한국과 일본 사이에, 또 한국과 중국 사이에 벌어지는 것으로 알고 있는 사람들이 많겠지만, 오히려 한국 사회 내부에서 더 치열하다.

사실 최근에 와서야 비로소 역사 교육이 정상적인 길로 들어서는가 싶었다. 박정희 한 사람만을 위한 1인 유신 체제의 망령인 국정 역사 교과서가 21세기 들어 사라졌고, 가장 중요한데도 공백이나 다름없었던 근현대사 교육이 이루어지면서 한국사 교육이 조금씩 자리를 잡아가고 있었다. 이런 흐름을 따라 이제 극우 반공 체제나 권력의 손아귀에서 벗어나 역사 교육이 학문과 교육 본연의 자세로 조심스럽게 나아가는 듯싶었다.

우리 현대사에는 조금 잘될 듯하다가 물거품이 된 경우가 종종 있다. 역사 교육도 그렇다. 교육의 현장이 순식간에 전쟁터가 된 것이다.

2008년 이명박 정권이 들어서자마자 수구 세력은 오염된 현대사를 재교육하겠다고 나섰다. 과거 중앙정보부 간부, 수구 언론 논설위원 등이 포함된 강사들이 서울을 비롯해 전국 각지로 보내져 학생과 교육계, '사회 지도층'을 상대로 현대사 재교육에 나섰다. 강사라기보다 유세객遊說客이라는 표현이 맞겠지만, 이들 중 현대사 전공자라고 볼 만한 사람은 없었다. 현대사 전공자가 아니면 역사학자도 잘 모를 수밖에 없는 한국 현대사, 특히 해방 전후사를 수구 세력 이데올로기 대변자들한테 맡긴 것이다. 얼마나 다급했으면 그렇게 했을까 싶지만 해프닝이나 다름없었다.

거기까지는 그나마 양호했다. 그해 8월 15일은 공교롭게도 정부 수립 60주년이 되는 날이었는데, 특히 이날을 벼르고 벼르던 세력들이 광복절을 건국절로 명칭을 변경해 기념해야 한다고 나섰다. 일부는 뭐가 뭔지 모르고 가담했겠지만, 그것은 역사 교육의 목표, 국가 기강이나 민족정기를 한순간 뒤집어엎고 혼란에 빠트릴 수 있는 위험천만한 행동이었다. 친일파를 건국 공로자로 만들 수 있는 건국절 행사장에는 참석하지 않겠다고 독립 운동 단체가 단호히 선언하고, 독립 운동가들이 자신들이 받은 서훈을 반납하겠다고 강경히 주장해서 간신히 광복절 기념식을 치를 수 있었다.

가을이 되자 일선 역사 교사들에게 날벼락이 떨어졌다. 지금 쓰는 교과서를 바꾸라고 난리를 친 것이다. 모든 권력을 총동원해서 압력을 가해왔다. 그 전쟁터 한가운데에 서서 교사들은 어떤 사념에 잠겼을까. 역사 교사로서 올바르게 산다는 것이 무엇이라고 생각했을까. 그렇지 않으면 기구한 우리 현대사를 되돌아보았을까.

그로부터 5년 후 박근혜 정권이 등장하자 또다시 역사 전쟁이 벌어졌다. 이번에는 역사 교과서를 둘러싼 전쟁이었다. 2004~2005년부터 구체적인 본색을 드러내고 조직적으로 활동하며 수구 세력 내에서 역사 문제에 대해 강력한 발언권을 확보해온 뉴라이트 계열이 역사 교과서를 만든 것이다.

뉴라이트 계열 역사 교과서는 어이없이 참패했다. 일본 극우들이 2001년에 만든 후쇼샤 교과서보다 더한 참패였다. 일제 침략, 친일파와 독재를 옹호했다고 그 교과서를 맹렬히 비판하던 쪽도 전혀 상상치 못한 결과였다. 그 교과서가 등장하기 몇 달 전부터 수구 언론이 여러 차례 크게 보도해 분위기를 띄우고, 권력이 여러 방법으로 지원을 하는 등 나름대로 총력전을 폈으며, 수구 세력이 지배하는 학교 재단도 있었기 때문에 어느 정도는 채택될지도 모른다고 크게 우려했는데 결과는 딴판이었다.

2

왜 역사 전쟁에서 이승만을 띄우는가. 박정희의 경제 발전 공로는 진보 세력 일부도 인정하기 때문에 이제 이승만만 살리면 다 된다고 보기 때문일까. 그렇지 않다. 근현대 역사에서 너무나 중요한 '비결 아닌 비결'이 거기 내장되어 있기 때문이다.

우리에게는 '역사의 죄인'이 있다. 우리 역사에서 제일 큰 죄인은 누구일까. 우선 친일파, 분단 세력, 독재 협력 세력이 쉽게 떠오를 것이다. 이승만을 존경하는 사람들에는 여러 유형이 있다. 친일파, 분단 세력, 독재 협력 세력이 거기 포함된다. 이들은 이승만을 살리고 나아가 그를 '건국의 아버지' '국부'로 만들어놓을 수만 있으면 '역사의 죄인'에서 벗어날 수 있다고 믿는 것 같다. 나아가 이승만이 국부가 되면 권력이나 사회적 지위, 기득권을 계속 움켜쥘 수 있다고 확신하고 있는 것 같다.

역사 전쟁은 수구 세력이 일으키는 불장난이라는 생각이 들 때가 있다. 60~70년 전 역사를 가지고 지금 아무에게도 득이 되지 않는 소모적인 전쟁을 일으킬 필요가 없기 때문이다. 사실을 왜곡하는 일 없이, 개방 시대에 맞게 그 시대를 폭넓게 이해하도록 가르치면 되는 것이다. 문제는 친일파, 분단 세력, 독재 협력 세력은 그렇게 생각하지 않는다는 데 있다. 자연인으로서 친일파는 생명이 다했지만, 정치적·사회적 친일파는 여전히 강성하다. 그러니 자꾸 문제를 일으킨다. 어두운 과거를 떨치고 새 출발을 할 때 보수주의가 자리 잡을 수 있는데, 비판자들을 마구잡이로 '종북'으로 몰아세우고 대통령 선거에서 NLL로 황당무계한 공격을 하는 데서 알 수 있듯이, 그들은 과거를 떨치지 못하고 독재 권력이 행했던 과거의 수법에 의존하고 있다. 이렇듯 수구 세력이 정치적 생명을 연장하려고 하기 때문에 역사 전쟁이 지겹게도 반복되고 있는 것이다.

우리에게는 '역사의 힘'이 있다. 항일 독립 운동과 반독재 민주화 운동이 줄기차게 계속된 것도, 우리 제헌 헌법에 자유·평등의 독립 운동 정신이 담겨 있는 것도 역사의 힘이다. 우리 국민이 친일파, 분단, 독재를 있어선 안 되는 잘못된 것으로 보는 것도 역사의 힘이다. 막강한 힘의 지원을 받은 역사 교과서가 참패한 것도 그렇다. 2014년에 국무총리 후보가 역사의식 때문에 순식간에 추락한 것도 역사의 힘이 아니고서는 설명하기 어렵다. 그런데도 해방-광복 70주년이 되는 2015년에 들어서자마자 역사 교과서를 국정화하겠다는 소리가 들리고, 수구 언론은 과거처럼 '이승만 위인 만들기'에 노력하고 있다.

진보 세력은 역사의 죄인 혐의에서 자유로울까. 현대사 진실 찾기, 역사 바로 세우기를 방기한 것은 어떻게 설명할 수 있을까. 1980년대에 운동권은 극우 반공 세력의 역사관을 산산조각 냈다고 생각하기도 했지만, 그것은 자만이었다. 현대사 진실 찾기를 방기할 때, 그것은 또 하나의 이데올로기이자 도그마로 경직될 수 있었다. 진보 세력은 수구 세력이 뉴라이트의 도움을 받아 근현대사 쟁점에 나름대로 논리를 세워놨는데도 더 이상 자신을 채찍질하지 않았다.

1980년대에 그렇게 현대사에 열을 올리던 사람들 가운데 몇이나 해방과 광복, 광복절과 건국절의 차이를 설명할 수 있을까. 그들은 단정 운동에 대해서 어느 정도 지식을 가지고 있을까. 이승만이 대한민국을 건국한 국부가 아니고 제헌 국회에서 표결에 의해 선출된 초대 대통령에 지나지 않는다는 것은 또 얼마나 알고 있을까. 한마디로 이승만 건국론이 잘못된 주장이라는 것을 일반 사람들에게 구체적인 사실을 들어 조리 있게 설명해줄 수 있을까. 현대사의 이런저런 문제를 가지고 생각이 다른 사람들과 논전을 벌일 경우 상대방을 얼마나 설득할 수 있을까.

3

나는 역사 전쟁이 싫다. 특히 요즘은 이제 제발 그만두었으면 싶은 마음이 간절하다. 내가 현대사에 관심을 가진 것이 1960년대 중반부터이니, 반세기라는 긴 세월 동안 극우 세력의 억지 주장이나 견강부회와 맞닥트리며 살아온 셈이다. 하지만 어떡하겠나. 숙명이려니

하고 받아들이지 않을 수 없다.

2013년 6월 제자와 지인들 앞에서 퇴임사를 하면서 이런 이야기들을 전했고, 젊은이들이 발분하여 현대사를 공부해줄 것을 거듭 당부했다. 그리고 나서 얼마 후 프레시안 김덕련 기자에게서 현대사 주제들을 여러 차례에 걸쳐 인터뷰하고 싶다는 요청이 왔다. 그다지 부담이 없을 것 같아 응했다. 한국전쟁부터 시작했다.

김덕련 기자는 뉴라이트가 제기한 문제들을 포함해 여러 가지를 예리하게 추궁했다. 당연히 쟁점 중심으로 얘기가 진행됐다. 그런데 곧 출판 제의가 들어왔다. 출판을 한다면 좀 더 체계적으로 인터뷰를 이끌어가야 할 것 같았다. 그래서 이승만 건국 문제, 친일파 문제, 한국전쟁과 이승만 문제, 집단 학살 문제, 5·16쿠데타 평가, 3선 개헌과 유신 체제, 박정희와 경제 발전 문제, 부마항쟁과 10·26과 광주항쟁, 6월항쟁 등 중요 쟁점을 한층 더 깊이 파고들어가기로 했다.

욕심도 생겼다. 이승만에 대해서는 직간접적으로 다룬 여러 저작과 논문이 있지만, 박정희에 대해서는 두세 편의 논문과 일반적인 글이 있을 뿐이었다. 그렇지만 현대사에서 박정희는 18년이라는 커다란 몫을 가지고 있고, 1960~1970년대의 대부분이 포함된 그 18년은 정치적으로나 경제적으로나 대단히 중요한 시기였다. 그 중요한 시기 동안 박정희가 집권했으니, 그 시기를 통사로 한번 써야 하지 않겠느냐는 의무감 비슷한 것이 있었다. 그러던 차에 인터뷰가 책으로 나오게 된다니, 박정희 집권 18년의 전체 상을 박정희 중심으로 살펴보고 싶은 의욕이 생겼다.

해방 직후의 역사도 1980년대에 와서야 연구되었지만, 박정희 시기도 마찬가지였다. 그 당시 한국인의 대다수가 박정희의 창씨 명을 알지 못했고, 심지어 그가 남로당의 프락치였다는 사실조차 모르고 있었다. 적지 않은 사람들이 막 보급되던 TV 화면에 빠지지 않고 등장하는 박정희의 모습을 그의 참모습으로 알고 있었다. 더욱이 1990년대 중반, 특히 IMF사태 이후 박정희 신드롬이 일어나면서 그는 대단한 능력자로 신비화되기도 했다.

나는 박정희가 쿠데타를 일으켰던 그때부터 이미 박정희의 모습을 지켜보았다. 덧칠하지 않은 있는 그대로의 박정희를 볼 수 있었다. 그는 그렇게 특별한 능력이나 지식을 가진 사람이 아니었다. 다만 권력에 대한 집착이 생사를 초월하도록 강했고, 상황을 판단하는 총기가 있었으며, 콤플렉스도 있었고, 색욕이 과했다.

그런데 나는 박정희의 저작, 연설문집, 그에 관한 여러 연구와 글을 들여다보면서 의외로 일제 때의 군인 경험이 그의 일생에 지대한 영향을 미쳤음을 알게 되었다. 유신 체제, 민족적 민주주의-한국적 민주주의, 민족과 주체성 강조 등 '정치 이념'이 해방 이전의 세계

관에서 먼 거리에 있지 않았다. 일제 때 군인 정신으로 민족, 주체를 강조하게 되었다는 것이 아주 이상하게 들릴지 모르겠지만, 거기에 박정희의 박정희다운 특성이 있고, 한국 현대사의 일그러진 자화상이 담겨 있다.

김덕련 기자와 인터뷰를 하게 된 것은 행운이다. 그는 대학 시절 국사학과에 재학 중일 때 내 현대사 강의를 들었다고 하는데, 현대사 지식이 풍부하고 문제의식이 날카로웠다. 중요 쟁점도 놓치지 않았고 미묘한 표현도 잘 처리했다. 거기다 금상첨화 격으로 꼼꼼하며 자상하기까지 하다. 김덕련 기자와 나는 이러한 작업에 잘 어울리는 좋은 팀이라고 생각한다. 출판에 대해 자신의 철학을 가지고 있고 공들여 편집하느라 애쓴 오월의봄 박재영 대표에게도 감사드린다.

서중석

차례

유신 쿠데타 왜 일으켰나

연표

1961년	
5월 16일	5·16쿠데타(그 직후 제2공화국 시기 통일 운동 관련자 대거 구속)

1964년	
10월 9일	북한 육상 선수 신금단, 한국전쟁 때 헤어진 아버지와 도쿄에서 상봉
11월	필화 사건 연이어 발생(11일 황용주 MBC 사장 구속, 21일 조선일보 리영희 기자와 선우휘 편집국장 구속)

1966년	
5~6월	검찰, 남북 교류 주장한 민주사회당 창당준비위원회 대변인 이필선과 창당준비위원장 서민호 잇따라 구속

1968년	
1월 21일	북한 무장 게릴라 31명, 청와대 기습 시도(1·21사건)
1월 23일	북한, 미군 정보함 푸에블로호 나포(푸에블로호 사건)
1월 30일	베트남에서 구정 대공세 전개
4월 1일	향토 예비군 창설
11월	북한 무장 게릴라 부대, 울진·삼척 침투

1969년	
4월 15일	북한, 미군 정보기 EC-121기 격추
7월 25일	닉슨 독트린 발표
9월 14일	3선 개헌안 날치기 통과
10월 21일	서독 수상으로 빌리 브란트 선출(그 후 동방정책 추진)

1970년	
3월	동서독 수상, 분단 후 첫 회담
4월 1일	포항종합제철 기공
7월 7일	경부고속도로 개통
8월 15일	박정희, 8·15선언에서 남북 대화 가능성 언급
10월 16일	김대중, 남북 교류와 4대국의 한반도 전쟁 억제 공동 보장 등 주장
11월 13일	노동자 전태일 분신

1971년	
2월 9일	제3차 경제 개발 5개년 계획 확정 발표
3월 27일	주한 미군 7사단, 23년 10개월 만에 철수
4월 2일	4월 2일부터 대학가에서 교련 강화 반대 시위 확산

4월 10일	미국 탁구 선수단, 중국 방문(핑퐁 외교)
4월 27일	제7대 대통령 선거(박정희, 김대중 누르고 당선)
5월 25일	제8대 국회의원 선거(공화당 113석, 신민당 89석, 기타 2석)
7월과 10월	미국 대통령 특사 키신저, 중국 방문
7월 28일	검찰, 이범열 부장판사 등 3명에 대해 구속 영장 신청(사법부 파동)
8월 10일	광주 대단지 사건
8월 12일	대한적십자사, 북한 적십자사에 남북 가족 찾기 회담 제의
8월 15일	닉슨 미국 대통령, 달러화의 금 태환 중단 선언
9월 20일	판문점에서 남북 적십자 예비 회담 개최
10월 15일	박정희 정권, 서울시 일원에 위수령 발동
10월 25일	유엔 총회에서 '중국 가입, 대만 축출' 결의안 통과
12월 6일	박정희, 국가 비상사태 선언
12월 27일	민주공화당 단독으로 국가보위법 강행 통과, 당일 공포

1972년

2월	닉슨 미국 대통령, 중국 방문(17일 워싱턴 출발, 21일 베이징 도착, 27일 미국-중국 공동 성명 발표)
3월 29일부터 4월 5일까지	베를린 장벽 개방(서베를린 시민들, 동베를린을 비롯한 동독 방문)
5월 2~5일	이후락 중앙정보부장, 극비리에 평양 방문
5월 중순경	중앙정보부 궁정동 밀실에서 은밀히 유신 헌법 체계 만들기 시작
7월 4일	7·4남북공동성명 발표
8월 3일	박정희, 기업 사채 동결 긴급 명령 발동(8·3 조치)
8월 30일	평양에서 남북 적십자사 첫 본회담 개막
9월 29일	중국-일본 공동 성명 발표(수교 합의, 국교 정상화)
10월 17일	박정희, 비상 계엄 선포(유신 쿠데타)
10월 27일	비상국무회의에서 유신 헌법 의결
11월 21일	유신 헌법에 대한 국민 투표 실시
12월 15일	통일주체국민회의 대의원 선거 실시
12월 23일	통일주체국민회의, 장충체육관에서 대통령 선출
12월 27일	박정희, 장충체육관에서 최초의 '체육관 대통령' 취임 북한, 헌법 개정(주체 사상에 입각한 수령 유일 체제 구축)

1973년

2월 22일	미국-중국 공동 성명(워싱턴과 베이징에 연락 사무소 설치 합의)
2월 27일	유신 쿠데타 후 첫 국회의원 선거
3월 12일	제9대 국회 개원, 비상국무회의 해체
6월 23일	박정희, 평화 통일 외교 정책에 관한 특별 선언(6·23선언) 발표 김일성, 조국 통일 5대 강령(연방제 통일 등) 발표
8월	김대중 납치 사건(8일) 발생 후 남북 대화 중단

유신 쿠데타 왜 일으켰나

'암흑의 15년' 문을 연 유신 쿠데타,
정부 수립 후 최초 체육관 대통령 등장

유신 쿠데타 왜 일으켰나, 첫 번째 마당

김 덕 련 박근혜 정권 탄생을 전후해 '유신 망령의 부활' 이야기가 곳곳에서 나왔다. 그런데 젊은 세대의 상당수에게 유신 쿠데타는 먼 얘기라는 생각이 든다. 개인적으로 1990년대 중반 대학에 다닐 때 해방, 한국전쟁 등에 대해 '중요하지만 나와는 거리감이 상당한 사안'이라는 느낌을 받은 적이 있다. 요즘 20대의 상당수는 해방, 한국전쟁은 물론 유신 쿠데타에 대해서도 그와 비슷한 거리감을 느끼지 않을까 싶다. 그렇지만 안타깝게도 지난 몇 년간 한국 사회는 '유신 망령의 부활' 우려를 지나친 걱정으로 치부할 수 없는 상태로 한 걸음씩 내디뎌왔다. 그런 의미에서 유신 쿠데타를 찬찬히 되짚었으면 한다.

서 중 석 유신 체제 성립과 그 배경을 다루는 것이 이번 인터뷰 중심 과제인데, 이번 인터뷰는 그동안 했던 어떤 인터뷰보다도 길 것 같다. 한일협정 체결 이후, 그러니까 1966년부터 유신 쿠데타가 일어나는 1972년까지 역사의 전체적인 흐름을 쭉 살펴보려고 한다. 그렇기 때문에 1966, 1967년경에서 1972년 연말까지의 역사가 다 들어간다. '현대사 이야기'에서 그간 1961년 5·16쿠데타부터 1965년 한일협정과 국교 정상화까지를 다뤘는데, 이번 인터뷰에서 살피는 시기는 그 기간보다 더 길다. 이 시기에 사건도 많이 일어난다. 그래서 자연히 이야기가 더 길어질 수밖에 없다. 이처럼 유신 체제의 성립과 그 배경에 대해 자세히 살펴보지 않으면 안 될 역사적 이유가 충분히 있다.

2011년 경북 구미시 박정희 생가 인근에 높이 5미터에
이르는 대형 동상이 세워졌다. 1990년대 중반부터
한국 사회에 퍼져 나간 박정희 신드롬은 민주주의는
물론이고 남북 관계, 한반도 평화에 굉장히 위협적인
요소로 작용하고 있다.

이명박·박근혜 당선시킨 박정희 신드롬, 박정희 망령이 사라져야 미래가 있다

— 그러한 역사적 이유는 무엇인가.

1972년 10월 17일 유신 쿠데타가 일어난 후 그 아류 내지 유신 체제의 서자라고 볼 수 있는 전두환·신군부 체제가 1987년 6월항쟁으로 크게 바뀔 때까지 15년 걸렸다. 15년은 우리 현대사에서 엄청나게 긴 기간이다. 1945년부터 1987년까지를 놓고 보면 더더욱 긴 기간이다. 그 15년간 철권, 강권, 폭압, 그리고 민주공화국 헌법을 유린한 통치가 이뤄졌다. 전두환·신군부 통치는 유신 쿠데타의 연장 아닌가.

그 전체가 1972년 10월 17일에 시작된 것으로 봐야 한다. 자유와 민주주의 측면에서 볼 때에는 1910년대 일제의 무단 통치에 비견할 만한 암흑의 15년이 1972년 10월 17일부터 1987년 6월 29일까지 계속됐다. 그렇게 지독한 폭압 정치가 있게 된 배경, 그 성립 과정을 자세히 안 볼 수가 없다. 그것 말고도 또 하나의 이유가 있다.

— 그게 무엇인가.

뭐냐 하면 1990년대 중반부터, 그러니까 1995년경에 시작돼 특히 IMF 구제 금융 위기 때부터 막 퍼져 나간 박정희 신드롬 문제다. 박정희 신드롬은 민주주의는 물론 남북 관계, 한반도 평화에도 대단히 위협적으로 작용했고 균형 잡힌 경제 발전을 이룩하는 것도 아주 힘들게 만들었다. 민주주의와 한반도 평화에 재앙을 가져온 이명박, 박근혜가 대통령에 당선되는 데에도 박정희 신드롬이 크게 작용하지 않았나.

한 번 생각해보자. 박정희가 대통령을 할 때 국민적인 지지를 받았나? IMF 위기 이후 박정희를 거의 신처럼, 또는 경제 대통령 비슷한 식으로 그 사람만 다시 출현하면 우리 경제가 되살아날 것처럼 여기는 분위기가 한때 있었다. 그런데 과연 박정희 집권 18년 시기에 다수의 국민들이 박정희를 경제 대통령이라고 봤느냐 하면, 꼭 그렇다고 보기가 어렵다.

─ 그러한 주장을 낯설게 여기는 이들이 적지 않을 것 같다. 그와
   같이 판단하는 근거는 무엇인가.

우선 1963년, 1967년, 1971년 대선 표를 분석해보면 도무지 그렇게 이해할 수가 없다. 그리고 유신 시대에 딱 하나, 일반 유권자들의 의사가 그래도 어느 정도 반영된 선거라고 볼 수 있는 것이 1978년 12·12총선인데 이 선거에서 여당이 야당한테 득표율에서 졌다. 유신 체제 말에 박정희가 그렇게 큰 지지를 받았다면, '정말 경제 대통령이다. 이 사람 없으면 우리나라 큰일 난다'고 국민들이 생각했다면 그런 선거 결과가 나왔겠나.

그런데도 1995년경부터, 특히 IMF 위기 이후 박정희 신드롬이 폭넓게 퍼졌다. 그러면서 묻지 마 선거까지 출현한 것 아닌가. 2007년 대선 때 이명박 후보의 경우 점검해야 할 것이 아주 많았는데도 성장 제일주의가 횡행하면서 '그런 걸 뭘 따지느냐' 하는 식으로 선거가 치러져버렸다. 2012년에는 50대에서 70대가 대거 투표장으

로 향했는데 이분들의 상당수는 유신 때 초·중·고등학교, 대학교
를 다녔거나 또 문화생활을 주로 저녁밥 먹고 TV 중심으로 할 수밖
에 없었던 분들이다. 그래서 유신 시대에 이뤄진 교육이나 TV를 통
해 많은 영향을 받은 세대인데 이 세대의 상당수가 묻지 마 선거를
한 것 아니냐고 볼 수 있다.

　이런 여러 가지를 놓고 보면, 박정희 신드롬이 사라지지 않는
한 한국에 미래가 있을 수 있겠나? 민주주의도 그렇고 인권도 그렇
고 자유도 그렇고 남북 관계, 한반도 평화, 바람직한 경제 발전 어
느 것을 봐도 그렇지 않나. 또 유승민에 의해 제기됐지만, 한국에서
도 제발 이제는 합리적 보수주의가 나와야 하는데 그렇게 되기 위
해서도 우리 사회를 배회하는 박정희 망령이 하루속히 없어져야 한
다. 그렇기 때문에 역시 박정희를 제대로 보는 것이 필요하고, 박정
희를 제대로 보기 위해서는 유신 쿠데타가 어떻게 일어난 것인지
그 배경까지 쭉 훑어보는 것이 각별히 의미가 있다고 생각한다. 그
렇기 때문에도 자세히 이야기하고 싶다.

아무도 예상하지 못한 유신 쿠데타

─ 유신 쿠데타 그날, 어떤 일이 벌어졌나.

　1972년 10월 17일 그야말로 돌연히 친위 쿠데타가 일어났다.
이날 오후 6시경에 탱크 부대가 중앙청, 이젠 없어졌지만 경복궁
근정전 바깥쪽에 있던 그 중앙청으로 가고 계엄군이 태평로, 중앙
청 일대에 포진했다.˚ 태평로에는 국회 의사당이 있었다. 요즘엔 잘

모르는 사람도 있지만 예전엔 국회 의사당이 거기 있었다.

거기서 조금 더 가면 있는 동아일보사, 조선일보사까지 다 접수한 계엄군은 조금 지나서 공화당사도 접수했다. 이때 정일권이 공화당 의장 서리를 맡고 있었다. 이경재 기자의 책에 그 정일권이 했다는 이야기가 들어 있는데, 당시 상황을 잘 말해준다. 계엄군이 진주하고 공화당사까지 접수하니까 정일권은 침통하게 "국회도 해산되고 정당 활동도 중지될 모양입니다. 우리 공화당도 어떻게 될지 그 운명을 모르니 여러분 각자 자중자애하시도록……", 이렇게 말하고 그다음에 말을 잇지 못했다.

이런 아무도 예상하지 못한 상황을 만나게 됐는데, 그전에 '오후 7시에 중대 뉴스가 발표된다'고 예고됐다. 그때는 TV를 가진 사람이 소수였다. 라디오는 아주 많진 않았지만 그래도 상당히 보급돼 있었다. 드디어 오후 7시, 라디오에서 박정희의 특별 선언이 나왔다.

— 핵심 내용은 무엇이었나.

특별 선언 요지는 이랬다. "1972년 10월 17일 오후 7시를 기해 국회를 해산하고 정당 및 정치 활동의 중지 등 현행 헌법의 일부 조항 효력을 정지시킨다. 일부 효력이 정지된 헌법 조항의 기능은 비상국무회의에 의하여 수행되며 비상국무회의의 기능은 현행 헌법의 국무회의가 수행한다. 비상국무회의는 1972년 10월 27일까지

조선총독부 건물이던 중앙청은 해방 후 미군정청, 중앙청을 거쳐 국립중앙박물관으로 사용되다가 1995년 철거됐다.

1972년 10월 18일 자 동아일보 1면. 1972년 10월 17일 유신 쿠데타가 일어났다. 박정희는 이날 "국회를 해산하고 정당 및 정치 활동의 중지 등 현행 헌법의 일부 조항 효력을 정지시킨다. 일부 효력이 정지된 헌법 조항의 기능은 비상국무회의에 의하여 수행되며 비상국무회의의 기능은 현행 헌법의 국무회의가 수행한다"고 발표했다.

조국의 평화 통일을 지향하는 헌법 개정안을 공고하며 이를 공고한 날부터 1개월 이내에 국민투표에 부쳐 확정한다." 10월 27일, 그러니까 쿠데타 열흘 후라고 날짜까지 정해놓았다. 열흘 만에 헌법안을 다 만든다는 것이었다.

── 그래도 명색이 헌법인데 열흘 만에 만들 수 있는 것인가.

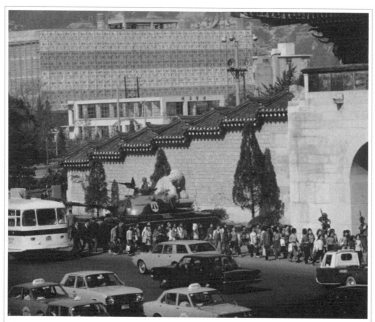

1972년 10월 18일 서울시 중앙청 앞. 탱크 부대 사이로 시민들이 조심스레 걷고 있다. 사진 출처: e영상역사관

쿠데타 열흘 후라고 날짜를 딱 정해놓은 건 이미 다 만들어놓았다는 말과 다름없었다. 아무리 박정희 1인 독재 헌법이라고 하더라도 열흘 만에 만든다는 건 불가능하다.

그러면서 전국 일원에 비상 계엄을 선포하고 국회 해산, 정치 활동 중지, 헌법 개정 등과 같은 헌정 유린 조치를 발표했다. 계엄 사령관으로 노재현 육군 참모총장이 임명되고 전후방 및 각 지역 계엄 사무소장 및 분소장들도 쭉 임명됐다. 이어서 계엄사령부의 포고 제1호가 나왔다. "모든 정치 활동 목적의 옥내·외 집회, 시위를 일체 금한다." 모든 정치 활동을 금지한다는 이야기다. "언론, 출판, 보도 및 방송은 사전 검열을 받아야 한다. 각 대학은 당분간 휴

유신 쿠데타 왜 일으켰나

교 조치한다. 유언비어 날조 및 유포를 금한다", 이런 내용도 들어 있었다.

그다음 날인 18일 국방부에서 전군 지휘관 회의가 열려 국민들을 한층 얼어붙게 했다. 유재흥 국방부 장관이 주재한 이 회의에는 노재현 계엄사령관을 비롯해 계엄소장, 분소장과 주요 군 지휘관 99명이 참석했다. 전군 지휘관 회의가 끝난 후 이들은 청와대를 방문해 자신들의 충성이 변함없음을 굳건히 다짐했다. 계엄 선포 형식으로 쿠데타를 일으킨 것이니까 군을 앞장세운 것이기도 하지만, 군을 독재자의 사병이나 다름없이 만들어 헌정을 유린한 행위이기도 했다. 새로운 체제는 군이 확고히 지지한, 군을 기반으로 한 체제라는 것을 출발부터 명시적으로 보여준 것이라고 이야기할 수 있다.

쿠데타 닷새 후인 10월 22일 비상국무회의라는 게 첫 번째 회의를 열었다. 소위 비상국무회의라는 것에 대해선 1961년 5·16쿠데타 직후 만들어진 국가재건최고회의(최고회의) 그리고 1980년 5·17쿠데타 후 다섯 달 만에 만들어지는 국가보위입법회의(입법회의)하고도 비교가 안 되는 기구로, '어떻게 이런 게 헌법을 만들고 중요한 입법을 할 수가 있느냐'라는 물음을 던질 수밖에 없다.

**완장 차듯 '비상' 자 붙이고
1인 독재 발판 법안 양산한 비상국무회의**

── 어떠한 점에서 그러한가.

어쨌건 최고회의는 쿠데타를 일으킨 군 최고 실력자들이 모였던 곳이고 전문가들이 그걸 뒷받침해준 것으로 돼 있다. 각 상임위도 있고 그랬다. 군인들에 의한 일종의 혁명위원회와 비슷한 것으로, 사실상 국회 기능과 행정 기능을 함께 통할했던 기구다. 그리고 헌법을 만들 때에도 형식에 지나지 않았지만 여러 절차를 많이 밟았다. 내부에서도 절차를 밟고 전문가 의견을 수렴하는 형식도 갖추고 그랬다. 입법회의도 어쨌거나 이름 자체에서 국회의 기능을 맡았다는 냄새를 풍겼고, 여기저기서 이런저런 사람들을 끌어왔다. 물론 어용 세력들이긴 하지만 그렇다고 하더라도 다양한 직능의 사람들도 끌어넣었다.

그런데 이 비상국무회의라는 건 그런 것도 아니었다. 국무회의가 이미 있었는데, 아 그 앞에다가 완장 차듯 '비상' 자만 붙여놓고 헌법 개정안 의결까지 포함해 모든 중요한 입법 기능을 거기에 부여해버린 것이다. 이건 말이 안 된다는 수준을 넘어 도대체 어떻게 이런 걸 가지고 일을 처리하려고 했는지 어안이 벙벙하다. 박정희가 며칠 내로 모든 걸 서둘러 뚝딱 해치우려고 하다보니까 이런 희한한 짓을 벌인 것이다.

—— 비상국무회의에서는 어떤 일을 했나.

10월 22일 비상국무회의는 비상국무회의법, 국민 투표에 관한 특례법 및 시행령, 선거관리위원회에 관한 특례법 및 시행령 등을 통과시켰다. 그로부터 5일 후인 10월 27일, 10·17 특별 선언에서 예고한 대로 비상국무회의에 올라온 헌법안에 박정희가 서명하고 김종필 국무총리와 전 국무위원이 부서하는 형식을 밟았다.

그러고 나서 국민 투표에 부치게 되는데, 비상국무회의에서는 그것들 말고도 많은 법을 만들었다. 12월 27일 대통령이 취임식을 하며 '체육관 대통령'이 나오지 않나. 대통령이 취임식을 했으면 새로이 시작하는 것인데, 그런데도 그 이후인 1973년 1월 31일 소위 비상국무회의는 유언비어죄를 포함해 45건의 법안을 무더기로 통과시켰다. 2월 2일에는 국정 감사권 폐지 등 국회법 개정안을 의결했다. 이런 사항을 어떻게 비상국무회의에서 의결할 수 있다는 것인지는 몰라도 하여튼 이것도 의결했다. 2월 6일에는 방송법 개정안도 의결했다. 박정희가 체육관 대통령에 취임했는데도, 그리고 곧 유신 국회라는 것이 출현하게 되어 있었는데도, 1인 독재를 하는데 당장 필요한 '법'들을 비상국무회의라는 허수아비 기구에서 날치기 통과보다도 더 신속하게 뚝딱뚝딱 통과시킨 것이다.

최고회의에서는 1961년 5월 19일에서 1963년 12월 16일(대통령 취임식 전날)까지 1,008건의 법안을 통과시킨 것으로 돼 있다. 그런데 이 최고회의보다 위헌성, 불법성이 훨씬 더 강한 비상국무회의는 1972년 10월 17일부터 그다음 해 3월 12일까지 불과 5개월 동안 270건의 법을 통과시켰다. 그리고 전두환·신군부의 입법회의에서는 189건의 법안을 통과시켰다고 한 자료에 나와 있다.

압도적 다수가 유신 헌법 지지?
국민 투표는 우리가 아는 '투표'가 아니었다

── 비상국무회의에서 의결한 유신 헌법은 1972년 11월 21일 국민 투표를 거쳐 확정된다. 그런데 이때 투표율과 찬성률이 모두

1972년 11월 21일 김종필 총리 부부가 유신 헌법 국민 투표 용지 배정을 기다리고 있다. 사진 출처: e영상역사관

90퍼센트를 넘었다. 맥락을 생각하지 않고 숫자만 놓고 보면 압도적인 찬성이라고 할 수 있는 수치다.

독재 정권 시절 실시된 국민 투표에는 요식 행위 측면이 많았다고들 이야기하지만, 그렇다고 해도 이건 너무나 쏠린 결과가 아닌가 하는 생각이 든다. 이 투표 자체가 공정하게 이뤄졌다고 보기 어려움을 감안하더라도, 이런 결과는 쉽게 납득하기 어렵다. '체육관 대통령'을 선출한 통일주체국민회의의 경우 지지표를 찍을 사람들만 조직해 모아놨으니 99.9퍼센트 지지라는 어처구니없는 결과가 나올 수밖에 없었다는 게 이해가 되지만, 국민 투표에는 유신 쿠데타를 비판한 상당수 국민이

유신 쿠데타 왜 일으켰나

유신 헌법 국민 투표 개표를 위해 대기 중인 투표함들. 유신 헌법 찬반 투표율은 91.9퍼센트였고 찬성이 91.5퍼센트, 반대가 7.6퍼센트였다. 사진 출처: e영상역사관

참여했을 텐데 반대표가 10퍼센트에도 못 미쳤기 때문이다. 이 문제를 어떻게 보는지 궁금하다.

이 국민 투표에서 투표율은 91.9퍼센트였고 찬성이 91.5퍼센트, 반대가 7.6퍼센트로 압도적인 찬성률을 기록한 것으로 발표됐다. 이렇게 높으면 압도적 다수가 유신 쿠데타, 유신 헌법을 지지한 것 아니냐고 생각할 수 있는데, 그렇게 간단하게 이야기할 수 없는 면이 아주 많다.

우선 투표율 91.9퍼센트, 찬성률 91.5퍼센트라고 하면 반공 교육을 받은 사람은 북한이 생각나게 마련이다. 이거 북한하고 똑같

유신 헌법 국민 투표 참여 권장 표어판. 사진 출처: e영상역사관

은 것 아니냐, 그런 식으로 생각하게 만드는 투표율과 찬성률이 나
온 것이다. 아울러 국민 투표는 대개 가부를 묻는 방식 아닌가. 서
유럽을 제외하면 그러한 국민 투표에서 지는 경우가 얼마나 되나.
상당히 높은 찬성률로 이기는 것이 일반적이지 않나.

　　그런 것과 함께 이 국민 투표가 어떤 상태에서 치러졌는지를
살펴볼 필요가 있다. 우선 계엄을 선포한 10월 17일부터 국민 투
표일이던 11월 21일까지 계엄하의 살벌한 분위기에서 모든 매체가
'유신만이 살길이다. 유신 아니면 우리나라는 이제 안 된다'고 역설
했다. 신문이건 TV 지상파건 라디오 방송이건 그걸 계속 홍보하고
선전하게 했다. 그게 아주 강렬하게, 한 달 넘게 계속됐다.

—— 그러한 일방적인 선전, 어느 정도로 이뤄졌나.

언론인 김해식이 쓴 글을 보면 개헌안이 공고된 10월 27일부터 국민 투표가 실시될 때까지 신문의 많은 지면, 방송의 많은 시간은 당국에서 배급한 새 헌법에 관한 해설 기사와 할당된 연사들의 출연으로 차 있었다고 돼 있다. 10월 27일부터 12월 말까지 모든 신문의 1면과 7면에는 "통일 위한 구국 영단 너도나도 지지하자", "새 시대에 새 헌법 새 역사를 창조하자", "뭉쳐서 헌정 유신 힘 모아 평화 통일" 등 문공부에서 정해준 표어가 날마다 6단 크기로 실렸다고 김해식은 썼다. 10월 17일부터 11월 21일까지 방송에서 유신 지지와 관련해 단독 해설이 218회나 나갔고 좌담이 398회, 유신과 관련된 비전 제시 특별 프로그램이 58회나 있었으며 유신을 내용으로 한 스폿 드라마spot drama가 1,268회에 이르렀다는 자료도 있다.

그뿐 아니라 유신 헌법안 찬반 행위가 금지됐다. '국민 투표에서 찬성표를 던져야 한다', '아니다. 반대표를 던져야 한다', 이런 이야기를 아예 할 수가 없게 돼 있었다. 다만 유신 헌법 내용에 대해 지도, 계몽만 할 수 있도록 돼 있었다. 다시 말해 선전, 홍보만 할 수 있게 돼 있었다는 말이다. 그리고 중앙정보부가 '국민 투표 지지율 95퍼센트를 달성해야 한다'고 각 분실에 지시했고 '그건 무난할 것이다'라는 이야기를 자기들끼리 한 것으로 한 자료에는 나와 있다. 어쨌건 유신 체제는 위대한 민족적 과업이라는 얘기만 할 수 있었고, 그래서 일방적인 지지만 할 수 있게끔 국민 투표 규정 자체가 그렇게 돼 있었다. 이 국민 투표만이 아니라 나중에 유신 체제에서 실시되는 다른 국민 투표도 이런 식으로 이뤄진다.

—— 투표는 투표답게 실시됐나.

투·개표를 지키는 참관인 문제도 있었다. 과거 선거에서는 이걸 정당 참관인이 했는데 이 국민 투표에서는 정당 참관인제를 폐지해버렸다. 사회 인사로 한다고 돼 있는데 이게 어떤 사람들이었겠는가. 그러니 사실상 권력 쪽에서 어떤 식으로 투표를 진행해도 되는 것 아니었느냐, 이런 이야기다.

이런 일도 있었다. 국민 투표를 앞둔 11월 3일 새마을 사업 지원금 3,686억 원을 확정했다. 11월 7일에는 박 대통령이 '8년 후인 1980년에 1인당 국민 소득 1,000달러, 수출 100억 달러를 달성한다'는 지시를 내렸다. 11월 16일에는 병역 기피자 1만 7,334명을 적발했다고 발표했다. 유신 체제가 얼마나 좋은 체제가 될 것인가를 보여주는 청사진으로 이런 것들을 제시한 것이다.

군대에서 이뤄진 투표에 대해서도 생각해볼 대목이 있다. 국민 투표 3일 전인 11월 18일 국방부는 '군 부재자 투표 100퍼센트'라고 밝혔다. 여기는 100퍼센트였다. 도대체가 아파서 투표장에 못 갈 사람도 있었을 텐데, 100퍼센트로 돼 있었다.

당시 한 사병은 국민 투표 때 반대표를 찍으려고 했더니, 중대장이 붓두껍을 뺏어버리고는 "네가 아무리 반대표를 찍어도 사단에 가면 모두 찬성표로 바뀐다"고 하면서 중대장 자신이 그냥 표를 찍었다고 한다. 나도 그 당시 모 전방 사단에 있었는데, 투표하러 간 내게 그러더라. "자네도 이렇게 찍을 거지?" 그러고는 찬성표를 찍은 걸 내게 보여주더니만 바로 함에 집어넣어버리더라. 중대장에게 붓두껍을 빼앗겼다는 사병의 사례가 내 경우하고 비슷하다. 그때 많이 생각난 게 있다.

대리 투표, 무더기 투표 고백한
어느 농촌 공화당원의 일기

— 어떤 것인가.

내가 군대에 있을 때 투표를 두 번 했다. 그중 하나가 1971년 4월 27일 대통령 선거였다. 박정희 후보와 김대중 후보가 격돌한 그 선거였는데 그때 육군 1군 사령관이 한신 대장이었다. 그런데 이 양반이 장병들에게 영외로 나와서 투표하라고 했다. 한마디로 공정하게 투표할 수 있게 하려고 그렇게 한 것이다. 나는 심지어 '펀치볼punch bowl'(한국전쟁 때 격전지였던 강원도 양구 해안분지)에 있었는데도 몇 백 리 떨어진 원통까지 나가서 투표했다. 정말 공정하게 투표할 수 있었다. 세상에, 당시 군인들이 어떻게 그런 선거를 할 수 있었나 싶다. 박정희, 전두환 시절 군인들이 한 투표 중 이렇게 할 수 있었던 건 이게 유일할 것이다.

투표 결과는 말할 것도 없었다. 군인들의 다수가 젊은 사람들이니까 김대중 후보를 압도적으로 많이 찍었다. 내가 속했던 사단 말고 그 옆 사단에 있었던 사람 말을 들어봐도 거기도 말할 것도 없이 그랬다고 그런다. 이것 때문에 한신이 윗선에 아주 밉보였다.

한신 장군은 군에서는 전설적인 존재라고 볼 수 있는 사람이다. 사병 급식 같은 것을 떼먹지 못하도록 하면서 철저히 훈련하게 했다. 그러면서 장교들, 특히 장성들의 비리, 부패 같은 건 아주 엄격하게 다스렸다. 시쳇말로 그런 장군들의 '쪼인트 까는' 걸로 유명했던 사람이다. 그렇게 무서운 장군이었다.

그런데 정말 제대로 된 투표 한 번 하려고 했다가 이 양반이 참모총장이 못 됐다. 박정희하고 육사 2기 동기인데, 그때 영외에 나와서 투표하라고 했기 때문에 그렇게 된 것 아니겠느냐는 이야기가 들리더라. 합참의장으로 끝났고, 군복을 벗은 후에도 상동광산으로 대표되던 대한중석광업 사장 정도밖에 못 했다. 군에서 그렇게 대단한 사람이었는데 투표 한 번 제대로 하려고 하다가 그렇게 돼버린 것이다.

— 군인들은 국민 전체를 놓고 보면 특수한 존재다. 다수의 일반 국민들은 이때 투표와 관련해 어떤 모습을 보였나.

일반 국민들은 어떻게 투표했느냐. 나도 그게 참 궁금하다. 전두환·신군부 때 있었던 국민 투표도 그와 마찬가지로 항상 궁금했던 사항이다. 일본군 '위안부'와 관련해 조선총독부의 한국인 말단 관리들이 상당히 관계가 있었을 텐데도 고백이나 증언을 하지 않듯이, 예컨대 1960년 3·15 부정 선거 같은 것도 신문에 난 것을 빼놓고는 부정 선거를 지시한 자나 투·개표소 당사자가 고백한 게 아주 적다. 1972년 국민 투표와 관련해서도 그런 자료가 매우 적은데, 다만 김영미 교수가 한 농촌 새마을 지도자의 일기를 공개한 게 있다.

이 사람은 공화당원이기도 했고 이장도 몇 년 하는, 그러니까 청장년 가운데에는 그 동네에서 활동적이고 유력한 사람이었다. 유신 헌법에 대한 국민 투표가 실시된 11월 21일 이 사람은 일기에 이렇게 썼다. "국민 투표일. 투표라야 하나 마나 결정적이다. 선거관리위원회 종사원 급(및) 참관인 모두 절대 지지자이다." 정당 참관인을 없앴다고 앞에서 이야기하지 않았나. "기권 없이 하라는 바람이(바람에)", 투표장에 다 나가라는 지시가 내려왔다는 뜻이다. "한 사람이 몇 명식(명씩) 하는가 하면 무덕이(무더기) 누표가 있으며 반대가 있을 수 없다. 나 역시 찬표贊票를 했으나", 이 사람은 공화당원이기 때문에도 찬성표를 던져야 했던 것 아니겠나. "공명 투표가 아닌 데서야 불쾌했다. …… 나 역시 대곡부(경기도 평택 대곡마을) 기권자을(기권자를) 적당히 찬표을(찬표를) 하고", 이 사람도 다른 사람 표를 찬성으로 해서 찍어준 것이다.

대리 투표가 있었고 무더기 투표 비슷한 것도 있었다고 일기에 고백한 것이다. 이런 것들이 과연 이 사람이 살던 지역에서만 있었던 특수한 일이었을까? 전국적인 현상 아니었겠나.

정리하면 일방적인 선전, 홍보에 더해 정당 참관인제가 폐지된 상태에서 대리 투표 같은 것이 부지기수로 이뤄지는 등 투·개표도 엉망이었기 때문에 투표율도, 찬성도 아주 높게 나온 것으로 볼 수밖에 없다.

북한 연상시키는 득표율 99.9퍼센트, 선거도 취임식도 체육관에서 한 체육관 대통령 탄생

— 비상 계엄 선포(10월 17일), 비상국무회의에서 유신 헌법 의결(10월 27일), 국민 투표(11월 21일)를 거쳐 통일주체국민회의가 탄생한다. 체육관 대통령을 선출한 바로 그 기구다. 그러한 통일주체국민회의라는 것이 국민을 대표한다고 볼 근거가 있긴 했나.

국민 투표에서 압도적인 찬성률을 기록했다고 발표된 후 통일주체국민회의 대의원 선거가 실시된다. 통일주체국민회의는 '통대'

라고 불렸는데, 유신 헌법 조문을 읽어보면 무시무시한 기구였다. 유신 헌법에 따르면 '통대'는 주권적 수임 기구였다. 헌법에 그렇게 돼 있었다. 민주공화국의 주권은 국민에게 있다고 어디에나 나와 있지 않나. 그런데 국민 대신 '통대'가 주권을 수임한 것이다. 대통령과 국회의원의 3분의 1을 선출하고 그 외에도 형식적으로는 거대한 권한이 부여돼 있기는 하지만 허수아비 기구라는 것은 삼척동자라도 아는 것 아니겠나. '통대'를 주권적 수임 기구로 규정한 것은 '주권'에 대한 모독이다.

휴교한 지 1개월여 만인 12월 1일 대학들이 개교를 했다. 그 다음 날(12월 2일) 통일주체국민회의 대의원 후보 등록이 마감됐다. 5,876명이 입후보해 2.49 대 1의 경쟁률을 보였다. 물론 대의원으로 입후보할 때 중앙정보부의 통제를 받은 걸로 알려져 있다. '통대' 선거를 12월 15일에 했는데 그 이틀 전(12월 13일)에 비상 계엄을 해제하기는 했다.

15일 선거 결과 1,630개 선거구에서 2,359명이 당선됐다. 투표율은 70.4퍼센트로 국민 투표 때보다 20퍼센트포인트 넘게 낮았고 그전에 있었던 국회의원 선거 투표율보다도 낮았다. 특히 서울의 경우 57.0퍼센트로 현저히 투표율이 낮았다. 77.6퍼센트를 기록한 경남과 76.6퍼센트였던 경북, 그리고 강원도, 제주도가 투표율이 높은 지역에 들어간다.

대의원 후보로 나올 사람을 중앙정보부에서 이미 통제를 해놓은 상태에서 이뤄진 투표였는데도 투표율이 국민 투표 때보다 낮았던 데에는 이유가 있었다. 이건 대의원 개개인에 대한 투표였다. 그렇기 때문에 대리 투표라든가 투·개표 조작이 국민 투표 때보다는 상대적으로 어려웠다고 이야기할 수 있다.

1972년 12월 23일 통일주체국민회의 대의원들이
대통령 선거를 하기 위해 대기하고 있다. 이날
2,359명이나 되는 대의원이 전원 참석했다.
사진 출처: 국가기록원

첫 번째 마당

1972년 12월 27일 제8대 대통령 취임식. "유신 대통령을 체육관 대통령이라고 하지 않나. 그건 장충체육관에서 대통령도 뽑고 거기서 취임식도 했기 때문인데, 비루하고 쩨쩨하고 낯 두꺼운 짓이다." 사진 출처: e영상역사관

— 그렇게 해서 구성된 통일주체국민회의는 박정희를 체육관 대통령으로 옹립한다. 그런데 이때 '통대'의 표결 결과는 정말 북한을 연상시킨다. 유신 헌법에 대한 국민 투표의 투표율(91.9퍼센트)과 찬성률(91.5퍼센트)은 저리 가라 할 수준이었다.

통일주체국민회의 대의원 선거 8일 후인 12월 23일, '통대'에서 대통령 선거를 했다. 2,359명이나 되는 대의원이 전원 참석했다. 놀라운 일이다. 예컨대 국회에서 어떤 표결을 할 때 각 당 총무가 참석을 독려하더라도 대개 몇 십 명은 빠지기 마련 아닌가. 그런데 '통대'에선 2,359명이 일사불란하게 다 참석했다. 이건 중앙정보부

유신 쿠데타 왜 일으켰나

1972년 12월 27일 자 경향신문. 신문에는 "유신호에 실은 민족의 저력. 민심과 더불어… 새 역사 여는 박 대통령"이라고 적혀 있다.

같은 기관이 얼마나 강력하게 이들을 통제했는지를 여실히 보여준다. 거기다가 무효표 2표를 제외하고 지지 표가 2,357표나 나왔다. 지지율이 99.9퍼센트였다.

　반공 교육 시간에 배운 북한의 모습을 딱 떠오르게 하는 풍경 아닌가? 무효표는 뭔가를 잘못 써서 그렇게 된 것일 터이니 사실상 100퍼센트 찬성인 건데, 표가 이런 식으로 나온 것도 어딘가에서 다 독려했기 때문 아니겠나. 그럴 거면 뭐하려고 이런 식으로 '통대'를 뽑아 투표하게 한 건지 그것도 도대체 이해하기가 어렵지만, 하여튼 그런 식으로 장충체육관에서 박정희를 대통령으로 선출했다.

— 최초의 체육관 대통령 취임식, 어떻게 치러졌나.

12월 27일 박정희가 대통령 취임식을 했다. 유신 대통령을 체육관 대통령이라고 하지 않나. 그건 장충체육관에서 대통령도 뽑고거기서 취임식도 했기 때문인데, 비루하고 쩨쩨하고 낯 두꺼운 짓이다. 이날 취임식을 장충체육관에서 한 건 보안 때문이었다고 한다. 1948년 정부 수립 이후 처음 있는 희한한 취임식이었는데, 공개된 장소에서는 대통령 경호에 문제가 있을 것이라고 본 모양이다.

내가 이야기하려는 건 특히 유신 체제에 와서 박정희가 자기목숨을 그렇게 중시하는 것을 볼 수 있다는 것이다. 유신 체제라는건 박정희 한 사람의 체제였기 때문에, 도둑이 제 발 저린다지만,혹시 자신에게 무슨 일이 일어날까봐 그랬던 것 아니겠나. 쿠데타대비도 철저히 해서 서울 일대에 어떤 쿠데타 군대도 진입하지 못하도록 유신 시기 내내 만반의 조치를 취하기도 하지만, 대통령 취임식도 밀폐된 장소에서 한 건 그런 것과 관련 있다고 볼 수 있다.

장충체육관에서 12월 27일 취임식을 할 때 '통대' 요원하고 극히 제한된 인사만 초청했다고 한다. 장소 때문에도 그럴 수밖에 없었을 것이다. 유신 대통령으로서 국민들에게 과시했어야 했는데,그렇게 할 만한 '여유'가 없었다고 할까, 그럴 형편이 아니었다.

그런데 이날 인상적인 일이 일어났다. 박정희가 취임 선서를마치고 취임사를 낭독하는데, 단상 옆에 세워둔 큰 국기 게양대가우지끈하면서 흔들흔들하더니만 탁 꺾이고 태극기가 바닥에 떨어지는 사태가 났다고 한다. 박정희는 취임사를 낭독하다가 깜짝 놀라서 몸을 피했고 장내는 잠시 아수라장이 됐다고 그런다. 바람 한 점 없는 밀폐된 실내 체육관에서 취임식을 했는데 어째서 이런 일이 일어났는지 알 수가 없었다고 한다. 이 이야기를 자기 책에 담은 이경재 기자가 옛날에 나한테도 애써 그 점을 강조하고 그러던데, 박정희와 유신 체제의 운명을 말해준 것 아니냐는 이야기도 나왔다.

대통령이 사실상 임명한 유정회 포함해
국회 의석의 3분의 2 장악한 유신 정권

— 해방 후 최초로 체육관 대통령이 탄생한 후 국회의원 선거가 실시된다. 1971년 총선에서 204석 중 89석을 차지하며 약진했던 신민당은 유신 쿠데타 후 치러진 이 선거 결과 의석수가 대폭 줄어든다. 박정희로선 눈엣가시이던 야당을 약체로 전락시키고 국회 위에 군림할 수 있는 기반을 만든 셈이다. 이런 상태로 이어진 이 총선 결과는 구체적으로 어떠했나.

12월 29일 비상국무회의에서 국회의원 선거법, 정당법 개정안을 의결하고 1973년 2월 27일 국회의원 선거를 했다. 한 선거구에서 2명씩 선출하는 이른바 중선거구제였고, 제3공화국 헌법에서 금지했던 무소속 출마를 허용했다. 그렇게 해서 거대 여당 그리고 다당제로도 표현되는 분열된 야권으로, 무소속 일부는 여당 편이었지만, 구도가 짜이게 만들었다.

결과를 보면, 지역구가 146석이었는데 딱 절반인 73석을 여당인 공화당이 차지했다. 다시 말해 73개 전 지역구에서 공화당 후보가 한 명씩 당선됐다. 나머지를 야당과 무소속이 나눠먹었는데 신민당 52석, 민주통일당 2석, 무소속 19석이었다.

박정희가 바라던 방식대로 된 것이다. 여권은 전체 219석 중 최소한 전 의석의 3분의 2인 146석을 확보했다. 지역구에서 당선된 공화당 의원 73명뿐만 아니라 대통령이 사실상 임명한 유신정우회 의원 73명도 있지 않나. 이렇게 여당 쪽에서 3분의 2를 확고히 차지하고 나머지는 복수의 야당과 여당 쪽, 야당 쪽이 뒤섞인 무소속이 나눠먹는 방식, 즉 그렇게 해서 야당을 분열시키고 무력화하는 방식으로 선거가 이뤄졌다.°

° 이 선거에서 공화당은 38.7퍼센트, 신민당은 32.5퍼센트를 득표했다. 득표율 차이는 6.2 퍼센트포인트였다. 그러나 여당 쪽과 신민당의 의석은 각각 146석과 52석으로 아주 큰 차이가 났다. 투표 결과와 의석수 사이의 이 엄청난 괴리는 유신 체제의 기괴함을 보여주는 지표 중 하나다.

모든 권력을 1인이 거머쥔 '총통제 국가' 사실상 민주공화국 부정한 유신 헌법

유신 쿠데타 왜 일으켰나, 두 번째 마당

김 덕 련 유신 쿠데타 세력은 한국적 민주주의라는 걸 내세웠다. 그렇지만 그 골간을 이뤘던 유신 헌법은 민주주의와는 너무나도 거리가 먼 헌법이었다. 유신 헌법의 주요 특징은 무엇인가.

서 중 석 유신 헌법에 대해 일반 사람들이 '참 나쁜 헌법이다. 민주주의를 유린한 헌법이다', 이렇게는 알고 있지만 구체적인 내용은 잘 모른다. 물론 대통령 한 사람한테 모든 권력이 집중된 헌법이라는 건 누구나 알고 있다. 그렇지만 구체적으로 설명해보라고 하면 대개 잘 못한다. 그러면 어떤 식으로 대통령 한 사람한테 권력이 집중됐는지 유신 헌법의 내용을 들여다보자.

우선 형식면에서 권력 쪽에서는 이걸 개정이라고 했다. 1961년 5·16쿠데타 이후 헌법을 만들 때에도 개정이라고 한 것과 마찬가지다. 이어받는다는 뜻으로 그런 것이지만, 실제로는 제정이라고 볼 수밖에 없다. 헌법에 나와 있는 절차에 따라 개정된 게 전혀 아니지 않나. 절차상 있을 수 없는 친위 쿠데타에 의해 탄생했고, 그뿐 아니라 비상국무회의에서 의결하지 않았나. 5·16쿠데타 후 최고회의에서는 그래도 상당한 토론, 논란이 있었고 복잡한 절차를 밟았는데, 유신 쿠데타 후 비상국무회의에서는 그런 것도 없이 속사포처럼 하루아침에 뚝딱 해치웠다. 대통령이 서명하고 국무위원들이 부서하는 데 몇 시간도 안 걸렸다. 그러고 나서 엉터리 국민 투표로 다 끝내버렸다.

박정희가 자신이 주동해 만든 제3공화국 헌법을 유린하고 만들었다는 점도 유신 헌법의 특징 중 하나다. 쿠데타를 일으킨 후 민정으로 가기 위해 만들었던 그 헌법마저 유린하면서 만든 것이다.

주권재민도, 3권 분립도, 천부의 기본권도 부정
야당과 국회는 불구로 만들어

—— 내용면에서는 어떠한가.

유신 헌법은 민주공화국을 부정하는 헌법이었다. 2015년 7월 유승민 의원이 새누리당 원내대표직을 사퇴하면서 "대한민국은 민주공화국임을 천명한 우리 헌법 1조 1항의 지엄한 가치를 지키고 싶었다"고 말한 것이 떠오르는데, 어쨌건 주권재민의 원리가 부정되고 '통대'가 주권적 수임 기구로 엄연히 유신 헌법에 명시돼 있었다. 아울러 민주공화국이라고 하면 3권 분립으로 다들 이해하고 있지 않나. 그런데 이 3권 분립이 부정됐다. 대통령 한 사람에게 모든 권력이 집중된 형태로 국회를 무력화하고 사법부도 대통령에게 종속되게 하는 헌법 체계였다.

국회와 관련된 유신 헌법 조항을 보면 우선 국회의원을 뽑는 방식에서 역사상 처음으로 2인 선거구제를 만들었다. 이런 2인 선거구제를 왜 만들었느냐. 이유는 아주 뻔하다. 대도시의 각 선거구에서 1인씩 뽑으면 야당에서 또 당선된다고 봤기 때문이다. 2인 선거구제로 하면 국회 의석의 3분의 1은 공화당이 차지할 수 있다는 구도가 들어 있는 방식이었다.

이 2인 선거구제와 결부해 무소속 출마를 허용했다. 이건 2인 선거구제의 특징을 잘 보여주는 것이기도 하다. 5·16쿠데타 후 새 헌법과 정당법을 만들 때 무소속 출마를 금지했다고 전에 얘기하지 않았나. 그랬다가 유신 쿠데타 후 무소속 출마를 허용한 건 또 다른 속셈이 있었기 때문이다. 뭐냐 하면 2인 선거구제를 통해 여당이

1973년 2월 27일 제9대 국회의원 선거에서
시민들이 투표를 하기 위해 줄을 서 있다. 당시
박정희는 '통대'에서 뽑힌 국회의원 3분의 1을 유신
체제를 수호하는 앞잡이로 활용했다.
사진 출처: e영상역사관

3분의 1을 확고히 차지해야 하지만, 그렇다고 해서 나머지 3분의 1을 하나의 야당이 확보하는 식이 돼서는 안 된다는 것이었다. 나머지 3분의 1은 나눠먹게 해야 한다, 이것이었다. 그렇게 하려면 야당이 여러 개 있어야 하고 또 무소속으로 여러 명이 나오면 야당은 3분의 1을 도저히 차지할 수 없다, 이 말이다. 그런 식으로 국회 의석의 3분의 1에도 못 미치는 무력한 야당이 되도록 무소속 출마를 허용한 것이다.

그렇지만 전두환·신군부처럼 모 기관에서 야당을 만들어 2중대, 3중대 노릇을 하게 하는 것까지는 생각하지 못했다. 유신 쿠데타 당시 상황에서 그렇게까지는 도저히 할 수가 없었고, 그럴 만한 시간 여유도 전혀 없었다. 그래서 중앙정보부에서 야당 입후보자들을 컨트롤하는 수준에서 이 문제를 처리했다.

— 박정희가 국회의원의 3분의 1을 사실상 임명하게 만들었다는 것이 유신 체제에서 행정부와 입법부의 관계를 단적으로 보여주는 모습 아닌가.

국회의원의 3분의 1은 '통대'에서 뽑게 돼 있었다. 그런데 '통대'는 말이 국민 주권 수임 기관이지 누가 봐도 허수아비 기구 아닌가. 국회의원의 3분의 1은 대통령이 다 임명하는 것이었다. 국회의원의 3분의 1은 대통령에게 추천권이 있다고 헌법에는 돼 있지만 사실은 추천권이 아니라 임명권을 가졌다고 그 당시에 누구나 생각하지 않았나.

'통대' 대의원 임기는 6년, '통대'에서 뽑은 국회의원의 임기는 3년으로 했다. 이렇게 뽑힌 국회의원들이 구성한 교섭 단체가 유신 정우회(유정회)인데, 그 임기를 3년으로 한 데는 이유가 있었다. 박정희가 총애한 사람, 부려먹을 사람, 여러 이유로 자리를 줄 필요가 있던 사람들에게 임기를 6년으로 해서 줘버리면 너무 길지 않나. 그러니까 3년씩으로 해서 되도록 많은 사람을 박정희가 충복으로 만들어 일을 시킬 수 있도록, 그들이 유신 체제를 수호하는 앞잡이로 일할 수 있도록 하기 위해 그렇게 한 것이었다.[*]

이와 함께 대통령은 국회 해산권을 가지고 있었다. 일방적이었다. 국회는 정부에 대해 그에 상응하는 어떤 권한도 갖고 있지 않았다. 그리고 국정 감사권을 삭제해버렸다. 국회의 가장 중요한 기능 중 하나를 없앤 것이다.[**] 또 국회의 회의 일수를 팍 줄였다. 임시 회기는 30일, 정기 회기는 90일을 넘길 수 없게 했다. 이런 식으로 해서 1년간 국회 개회 일수를 150일 이하로 단축시켰다. '국회의원들, 쓸데없이 모이지 말아라', 이런 이야기인 셈이다. 그러면서 대통령은 광범위한 긴급 조치권을 갖고 있었다. 그 때문에 입법부의 역할이 크게 제약을 받을 수밖에 없었다. 민간인을 군법 회의에서 '재판'을 받게 하고 사형, 무기 징역 등 형벌을 부과할 수 있는 긴급 조치를 대통령이 일방적으로 하지 않나.

---

[*] 유정회 의원들과 달리 국민이 총선에서 직접 선출한 국회의원들의 임기는 6년이었다.
[**] 유신 쿠데타가 일어난 시기는 마침 국정 감사가 한창인 때였다. 유신 쿠데타로 국정 감사는 즉시 중단됐다. 국정 감사권은 1987년 6월항쟁 이후 부활한다.

체육관 대통령인데도 박정희 권력은
고려·조선 국왕보다 훨씬 막강했다

—— 사법부도 대통령에게 종속되게 한 헌법이라고 지적했다. 어떤
   장치를 통해 그렇게 했나.

　　법관 추천 회의제가 이 헌법에 의해 폐지됐다. 모든 법관을 대
통령이 임명할 수 있게 된 것이다. 대법원장의 제청에 의해 대통령
이 임명하는 형식을 취했지만, 그건 형식이었다. 재임용도 마찬가
지였다. 그렇기 때문에 법관 임명권이 대통령한테 실질적으로 귀속
됐다고 여러 책에 쓰여 있다.

　　유신 쿠데타 이전에 대법원이 그래도 좀 힘이 있고 3부 중 하
나라는 이야기를 들을 수 있게 한 것 중 하나가 위헌 판결권이었다.
다른 데서는 대개 헌법재판소가 갖고 있지만 제3공화국에는 그게
없지 않았나. 그래서 대법원이 위헌 판결권을 갖고 있었던 것인데,
그 위헌 판결권도 폐지해버렸다. 유신 헌법은 위헌 법률 심사 제청
권만 사법부에 부여했다. 위헌 법률 심사 결정권은 헌법위원회라는
데로 이관했는데, 헌법위원회라는 건 제대로 있어본 적이 없었다.
그러니 있으나 마나 한 기구였다.

　　구속 적부심 제도도 폐지했다. 법원의 중요한 권능 중 하나인
데 그렇게 됐다. 그리고 민주주의 국가라면 어느 나라든 고문 등에
의한 자백을 근거로 처벌할 수 없게끔 법률에 돼 있지 않나. 그런데
고문 등에 의한 자백을 근거로 처벌할 수 없다는 조항을 삭제해버
렸다. 재판을 받을 때 인권을 보장받을 수 있는 두 가지 중요한 제
도를 없애버린 것이다. 그만큼 권력이 자의적으로 재판에 개입 내

1973년 3월 14일 박정희 대통령이 민복기
대법원장에게 임명장을 수여하고 있다. 유신
쿠데타 이후 모든 법관을 대통령이 직접 임명할
수 있게 되었다. 그만큼 권력이 자의적으로
재판에 개입 내지 관여할 수 있는 여지가
커졌다고 할 수 있다. 사진 출처: e영상역사관

유신 쿠데타 왜 일으켰나

지 관여할 수 있게 됐다는 것을 이야기한다.

긴급 조치도 마찬가지다. 이것이 법원의 권한을 굉장히 제약하는 요소로 작용하지 않았나. 4년 넘게 존속한 9호가 특히 그랬는데 긴급 조치는 광범위한 내용을 포함하고 있었다. 법관은 자신의 법률적 판단에 근거해 판결하는 것이 아니라 박정희가 내린 긴급 조치에 쓰여 있는 대로 형량을 부과해야 했다.

이처럼 대통령은 막강한 권한을 갖고 있었다. 국회의원의 3분의 1을 실질적으로 임명한다든가 긴급 조치권, 국회 해산권을 갖는다든가 하는 건 물론이고 법관을 임용 또는 재임용하는 데에도 직접적인 힘을 발휘할 수 있었다. 이뿐 아니라 간접적인 면, 국회와 법원의 기능이 약화됐으니 그만큼 대통령의 권한이 강화되는 면도 있었다.

거기다가 유신 헌법에 의하면 대통령은 국가의 중요 정책을 국민 투표를 통해 결정할 수 있는 권한, 헌법 개정안을 발안해 국민 투표에 의해 확정할 수 있는 권한, 그리고 주권적 수임 기구인 통일주체국민회의 의장으로서 통일 정책의 결정이나 변경을 통일주체국민회의에 부의할 수 있는 권한을 갖고 있었다. 헌법에 그렇게 못을 박아놓았다. 다시 말해 유신 헌법에서 대통령은 국가 지도의 최고 수임자로서 영도자(총통), 퓌러Führer의 지위를 가졌다고 볼 수 있다.

— 이른바 제왕적 대통령제의 폐해를 지적하는 목소리가 요즘에

● 유신 헌법은 대통령의 임기를 6년으로 정했다. 그러나 재선을 제한하는 규정은 없었다. 영구 집권을 제도적으로 보장한 것이다.

도 심심찮게 나온다. 그런데 유신 헌법을 보면 이건 제왕적 대통령제의 폐해 정도가 아니라 제왕을 능가하는 수준 아니었나 하는 생각이 든다.

유신 체제에서 대통령은 국회 해산권, 법률안 거부권, 긴급 조치권, 그와 함께 헌법위원회 위원장, 대법원장, 국무총리 등 공직을 임명할 수 있는 권한을 갖고 있어서 제왕 내지 황제와 같은 권한을 갖고 있지 않느냐는 이야기들을 많이 했다. 그런데 실제로 고려나 조선의 왕보다 유신 체제의 대통령이 훨씬 더 강력했다고 난 본다.

조선의 왕만 보더라도, 고려의 왕은 더 힘이 없었지만, 왕을 견제하는 여러 기구가 있지 않았나. 왕의 잘못을 간하는 기구나 관리를 규찰하거나 탄핵하는 기구도 있었다. 왕이 관리를 임용하는 데에도 제약이 있었다. 3정승 제도도, 그러니까 의정부도 왕권 견제 기구라고 볼 수 있다. 또 고려에서는 도병마사, 나중에는 도평의사사에서 중요 국정을 의논해 결정했는데, 꼭 다수결만은 아니었지만 다수 의견을 중시했다. 조선의 경우 중기 이후에 비변사가 그 역할을 맡았다. 그래서 왕이 하고 싶어도 제대로 하지 못한 게 무척 많았다.

유신 대통령은 그와 달랐다. 명령만 내리면 그걸 수행하는 중앙정보부, 비서실, 특명 기구들이 있었을 뿐만 아니라 유신 헌법이 보장하는 강력한 대통령 권한까지 갖고 있었다.

무엇보다도 박정희 권한을 강하게 만든 것이 하나 더 있었다. 유신 헌법에 의해 언론, 출판, 집회, 결사의 자유가 극도로 위축되고 제한을 받게 됐는데 특히 박정희가 긴급 조치를 발동함으로써 그렇게 됐다. 그중에서도 1975년 5월에 선포한 긴급 조치 9호는 기본적 자유를 아주 폭넓게 제한하지 않았나. 이렇게 국민들의 기본 권이 크게 위축, 제한된다는 건 그만큼 중앙정보부 같은 특수 기구, 특명 기관들이 힘이 커진다는 걸 이야기한다. 다른 말로 하면, 그렇기 때문에 모든 권력을 박정희한테 집중시킬 수 있었다고 이야기할 수 있다. 그런데 이 유신 헌법이 전두환·신군부가 만든 헌법하고 크게 다른 점이 하나 있다.

오로지 박정희 한 사람만 대통령이 되도록 설계, 이 점에서 전두환·신군부 헌법과도 달랐다

— 그게 무엇인가.

뭐냐 하면 대통령으로 박정희만 선출하게 돼 있었다는 것이다. 유신 헌법하고 '통대' 선거법 등을 쭉 보면 그렇게 돼 있다. 그 점이 아주 큰 특징이다. 대통령은 '통대'에서 선출하게 돼 있었는데 박정희가 '통대' 의장이지 않았나. 내가 알기로는 부의장도 없었다. 부의장이 누구인지 들어본 적이 없다. 즉 '통대'는 다 의장 말에 복종해야 했다. 그러니 의장 말고 누가 대통령이 될 수 있겠는가 하는 점도 사람들이 떠올릴 수 있지만, 실제 '통대'에서 대통령을 뽑는 것과 관련된 법률 같은 걸 보면 그 점을 더 확실히 알 수 있다.

유신 체제에서 대통령에 입후보하려면 어떻게 하면 되느냐. 통일주체국민회의에서 대통령을 선출하는 방법을 규정한 법을 보면 "대통령 후보자를 추천하고자 하는 대의원은 국회의원의 피선거권이 있고 계속하여 5년 이상 국내에 거주하고 40세에 달한 자를 대의원 200인 이상의 후보자 추천장과 후보자가 되려는 자의 승인서를 첨부하여 신청하도록 함", 이렇게 돼 있었다. 후보자 승인서를 첨부하라는 건 '난 대통령 선거에 안 나가', 이러면 안 된다는 뜻이었다. 그런데 박정희가 나가려고 하는데 이 당시 분위기에서 누가 감히 승인서를 첨부할 수 있었겠나. 또 대통령 후보자를 추천하는 게 매우 힘들게 돼 있었다. 이런 까다로운 조건 속에서 대의원 200명 이상의 후보자 추천장을 박정희 말고 누가 받을 수 있겠느냐는 이야기가 나오고 그랬다.

어쨌건 대통령 선거를 위한 통일주체국민회의 집회 공고일로부터 선거일 전날까지 사무처에 등록을 신청하고, 후보자 등록이 있을 경우 통일주체국민회의 사무총장은 지체 없이 이를 공고하게 돼 있었다. 통일주체국민회의에서 대통령을 선거할 때는 대통령 후보자에 대한 토론 없이 무기명으로 투표용지에 후보자 한 사람의 성명을 기재하는 것으로 투표가 끝난다. 통일주체국민회의 대의원 2,359명이 모여 찬반 토론 같은 걸 할 필요가 없었다는 말이다. 이미 등록한 사람의 이름을 써넣으면 된다는 것이었다.

— 1972년의 경우 실제로 어떻게 진행됐나.

내가 쭉 살펴보니까, 12월 23일에 대통령 선거를 실시한다는 공고가 1972년 12월 18일에 났다. 시간을 닷새밖에 안 준 것이다. 그 상황에서 대의원 200명 이상의 추천장을 받아내야 하는 것이었다. 그러니까 이건 한 사람밖에 받아낼 수 없었다. 이날부터 대통령 후보 등록을 하게끔 돼 있었는데 12월 22일 곽상훈 등 515명이 박정희를 대통령 후보로 추천해 등록했다. 12월 22일은 대통령을 뽑기 바로 전날이다. 그러고 나서 그다음 날 2,359명이 전원 출석해, 뭔가를 잘못 써서 무효표가 된 2명을 빼놓고는 다 박정희를 찍을 수밖에 없었다.

이러한 과정에서 다른 누군가가 대통령 후보로 추천을 받기도 힘들지만 어떻게 등록을 할 수 있었겠느냐, 이 말이다. 선거 과정을 보면 며칠 내로 오직 한 사람만 등록하고 '통대'가 그 사람에게 투표하는 방식이 될 수밖에 없게 돼 있었다. 그러니 이건 대한민국에서는 자동적으로 단 한 사람, 즉 박정희만 뽑게 돼 있었던 것이다. 전두환·신군부 정권 때에는 그렇지는 않았다. 그때는 그래도 여러 명이 나오도록 돼 있었다. 하여튼 제도 및 그 구체적인 운용 과정을 보면 박정희 한 사람만이 '통대'에서 대통령으로 선출되게끔 돼 있었다. 민주공화국이 아니라 박정희 공화국이 아니냐는 비웃음을 받을 수 있게 된 것이다.

— 곽상훈은 1952년 부산 정치 파동 때 이승만 정권에 밉보여 국제 공산당으로 몰렸던 그 곽상훈인가?

맞다. 그 사람이다. 극우로 아주 유명한 사람이고 보통 반공 투사가 아니었는데, 부산 정치 파동에서는 국제 공산당으로 몰려 구속되는 기막힌 일도 겪었다. 민주당 정부 때 국회의장(민의원 의장)을 지내기도 하는데, 5·16쿠데타가 난 후에는 청와대에 들락거렸다. 쿠데타가 날 때까지 사람들 사이에서 평은 괜찮았다. 그러니까 민의원 의장도 한 것이다. 이 사람은 자유당하고도 말이 잘 통했다. 그런 점에서 특이한 사람인데, 극우 반공 체제를 유지하는 데 공로를 세운 인물 중 하나다.*

이렇게 선거 과정, 투표 과정을 보면 박정희 한 사람만 뽑게 돼 있었다는 것을 알 수 있다. 유신 체제가 대통령으로 박정희 한 사람만 뽑도록 돼 있었다는 건 박정희가 죽은 다음 전개된 상황에서도 잘 알 수 있다.

—— 어떤 점에서 그러한가.

박정희가 10·26으로 죽고 나서 며칠 후인 1979년 11월 2일 뉴욕타임스는 서울 특파원 발 기사로 "한국 군부의 고위 장성들이 10월 29일과 30일 양일간 국방부에서 비밀 회합을 하고 유신 헌법을 폐기하기로 비공식 합의를 봤다"고 보도했다. 1972년 10·17쿠데타에 동원됐고 그다음 날에는 전군 지휘관 회의를 열어 박정희에게 충성을 다하겠다고 맹세했던, 유신 체제를 떠받쳐온 군부 아닌가. 그런 군부가 박정희가 죽은 지 3일밖에 안된 시점에 '유신 체제는 박정희에게만 맞는 옷이다'라는 결정을 내린 것이다.

김영삼 신민당 총재도 11월 6일 "제3공화국 헌법으로 돌아가는 것"을 원칙으로 하면 된다면서 빠른 시일 내에 헌법을 개정하자고 역설했다. 그 후 정승화 계엄사령관 등 군부의 의견이 포함된 성치 일정이 나온다. 박정희 장례를 치르고 나서 일주일 후인 11월 10일 최규하 대통령 권한 대행은 유신 헌법에 따라 새 대통령을 선출하되 새 대통령은 "잔여 임기를 채우지 않고, 현실적으로 가능한 빠른 기간 내에 헌법을 개정하고 그 헌법에 따라 선거를 실시하겠

● 곽상훈의 이름은 1978년 두 번째 체육관 대통령을 만들 때에도 등장한다. 이때 박정희를 단일 후보로 추천·등록한 것은 곽상훈 등 507명의 통일주체국민회의 대의원이었다.

1972년 7월 4일 이후락 중앙정보부장이 7·4남북공동성명을 발표하고 있다. 국민들이 7·4남북 공동성명 같은 빅뉴스에 관심을 돌리는 사이, 박정희는 몰래 유신 헌법 체계를 만들고 있었다. 사진 출처: e영상역사관

다"고 밝혔다. 박정희 한 사람만 대통령이 될 수 있던 유신 헌법은 이제 바뀌어야 한다는 걸 최규하 대통령 권한 대행도 분명히 한 것이다.

12·12쿠데타로 신군부라는 다른 세력이 등장하지만 그런 전두환·신군부 세력조차 '유신 체제는 좀 변형해야 한다. 한 사람만을 위한 체제는 안 된다'고 보고 서로 나눠먹기식으로, 그러니까 전두환이 먼저 대통령을 한다는 식으로 되지 않나. 그 점에서 유신 체제와 적잖은 차이가 있다고 볼 수 있다.

유신 체제가 막을 내리는
궁정동 밀실에서 은밀히 탄생한 유신 헌법

—— 유신 헌법은 어떤 과정을 거쳐 만들어졌나.

박정희는 나중에 궁정동 중앙정보부 안가 밀실에서 총을 맞지 않나. 바로 그 궁정동 안가 밀실에서 유신 헌법을 비밀리에 만들어냈다. 거기서 유신 헌법의 골자를 은밀히 만들어낸 과정에 대해서는 이경재, 김충식, 이상우 이 사람들이 쓴 글이 자세하기 때문에 그 세 사람 글을 참고해 이야기하려 한다.

우선 이 글들을 보면 유신 헌법을 만든 이들이 언제부터 궁정동 별실에 드나들었느냐 하는 것에 대해 1972년 5월 초라는 설도 있고 5월 중순부터라는 설도 있다. 5월 중순이 더 사실에 맞지 않겠나, 난 그렇게 생각한다.

이후락 중앙정보부장이 그해 5월 2일 북한에 가서 5일에 돌아오지 않나. 박정희로서는 이후락이 어떤 선물을 안고 내려오느냐에 따라 구도가 달라질 수밖에 없었다고 본다. 굉장한 선물을 가지고 오느냐, 그와 달리 대단한 건 못 가지고 오느냐를 예의 주시할 수밖에 없었다는 말이다. 그런데 이후락이 정말 굉장한 선물을 안고 오지 않았나. 그건 나중에 일정한 과정을 거쳐 7·4남북공동성명으로 나타나게 된다. 다시 말해 7·4남북공동성명 같은 빅뉴스로 국민들이 통일 문제에 쫙 빠지게 할 수 있는 굉장한 선물을 가져왔다는 것을 확인하면서, 5월 중순경 유신 체제로 나중에 알려지는 유신 헌법 체계를 만들기 시작한 것으로 보인다.

— 훗날 유신 체제가 처참하게 막을 내리는 그곳이 다름 아닌 유신 헌법을 만든 곳이라는 사실은 여러 가지를 생각하게 만든다. 누구를 중심으로, 어떤 단위에서 유신 쿠데타 계획을 그토록 은밀하게 추진한 것인가.

유신 헌법을 만드는 데 또는 유신 체제의 골격을 만드는 데 핵심적인 역할을 한 자들이 누구냐. 이것을 가지고도 논자에 따라 한두 명씩 차이를 보이기도 하는데, 핵심은 세 사람이다. 박정희가 총지휘자이고 이후락 중앙정보부장이 부지휘자, 그리고 김정렴 청와대 비서실장이다. 이 세 사람이 면밀히 밑에 일을 시키고 거기서 올라오는 보고 같은 걸 검토하면서 하나하나 구체적으로 결정해나간 것 아니냐, 이렇게 파악된다.

김충식 기자의 취재에 따르면, 감나무 잎이 필 무렵인 1972년 5월 중순경 이후락 중앙정보부장이 중앙정보부 판단기획국 부국장 김 아무개를 불러 암호명이 풍년 사업인 비밀 작업을 안가에서 숙식하면서 하도록 했다. 김 아무개라는 사람은 프랑스, 스페인, 대만 등지의 헌법 자료를 참조하면서 입법, 사법, 행정 3권이 박정희 한 사람한테 집중되는 권력 구조를 기안해 이후락에게 보고했다.

이 마스터플랜을 궁정동에서 세우는 데 참여한 사람들은 "국회의원들이 반발하고 국민들도 의아해 할 게 뻔하므로 전광석화처럼 작전을 전개하고 긴장을 유발해 새로운 체제에 대한 국민의 기대를 이끌어내는 것이 가장 중요하다"는 결론을 내렸다고 한다. 그러한 작전으로 구체적인 작업 결과가 나오면 그걸 거의 매주 박정희, 이후락, 김정렴, 이 3인 회의에 넘겼다고 한다. 청와대 정무비서관 홍성철, 유혁인 같은 사람들도 이 작업에 더러 참여한 것으로 나와 있다.

—— 박정희는 구체적으로 어떤 식으로 관여했나.

이렇게 실무팀에서 구체적인 작업을 하고 그걸 세 명이 점검하고 때로는 홍성철, 유혁인 같은 사람도 끼어서 했다고 하더라도 기본 방향을 제시하고 감독, 점검한 것의 중심엔 박정희가 있었다고 이야기하고 있다. 이상우에 따르면, 유신 헌법 가운데 핵심인 대통령의 긴급 조치권이나 대통령 선출 방법 등에 관해서는 마지막 단계에서 박정희 자신이 직접 조항을 기초하거나 수정한 것으로 알려져 있다. 유신 헌법은 바로 박정희의 정치 철학과 통치 방식을 제도적으로 구현한 산물임을 그 헌법이 구상·제정된 과정에서도 인식할 수 있다는 얘기다.

기획소위원회라고 불린 청와대와 중앙정보부 팀이 이처럼 박정희의 지시, 보완 작업을 거쳐 유신 헌법의 골격을 마련했다. 그 골자를 받아, 10·17쿠데타가 일어나고 계엄이 선포되자 구체적으로 헌법을 조문화, 법제화하는 작업은 법무부의 헌법심의회에서 맡았다고 한다. 헌법심의회는 신직수 법무부 장관을 비롯해 이형호 보사부 장관, 서일교 총무처 장관, 유민상 법제처장, 그리고 한태연, 갈봉근 교수로 구성돼 있었다. 그리고 실무진으로 안경렬, 이영환 대검 검사 그리고 김기춘, 성민경, 김유후 검사 같은 검찰 엘리트 등이 차출돼 참여했다.

신직수는 박정희와 군 시절부터 인연을 맺은 인물이다. 박정희가 1군 참모장을 할 때 검찰과장이었다. 5·16쿠데타 후에는 중앙정보부 차장, 검찰총장, 법무부 장관 같은 요직을 맡았다. 신직수는 박정희의 정치적 구상을 법률로 구체화할 수 있는 적임자였다. 한태연, 갈봉근 이 두 교수는 나중에 유정회 국회의원으로 들어가 유신 체제의 법률적 자문역을 맡게 되는데 유신 체제가 만들어지기 전에 이미 스페인, 대만 등을 직접 돌아다니면서 대만의 장개석식 총통제, 스페인의 프랑코식 총통제, 프랑스의 드골식 대통령제를 쭉 연구해온 사람들이었다. 이런 사람들로 헌법심의회를 구성해 구체화한 것이다.

김종필도, 여당 최고위층도
따돌림을 당했다

── 젊은 독자들에게도 낯익은 이름이 나왔다. 김기춘. 박근혜 정부 출범 후 대통령 비서실장을 지낸 바로 그 사람이다. 박정희 정권 때에는 유신 헌법 탄생에 일조하고 1990년대에는 초원복집 사건으로 많은 국민을 충격에 빠뜨렸던 김기춘은 21세기 박근혜 정부에 들어서도 정권의 실세로 불렸다. 김기춘이 걸어온 길을 기억하는 많은 국민들에게도, 한국 민주주의에도 참 씁쓸한 풍경이었다. 다시 돌아오면, 당시 박정희 정권의 고위층 중 상당수도 유신 쿠데타가 나기 얼마 전에야 알았던 것으로 돼 있다. 구체적으로 언제 알게 되나.

극비 속에 만들었기 때문에 이경재 기자에 따르면 총리였던 김종필조차 3일 전에야 알았다고 한다. 그 시기에 대해 약간 다르게 나오는 자료도 있다. 유신 체제와 비슷한 것이 만들어진다는 것은 그보다 조금 앞서 알았을 가능성이 있는데 그 구체적인 내용을 언제 알았겠느냐, 이게 문제일 것이다.

국무위원들의 경우 유신 헌법 작업에 참여한 극소수를 제외한 대다수는 10월 17일 오후 6시 청와대에 소집된 국무회의 자리에서 알게 됐다고 한다. 쿠데타의 성격에 대해, 그러니까 왜 군이 출동해 서울 한복판에 들어온 것인지를 그때서야, 그러니까 당일 그것도 특별 선언 1시간 전에야 공식적으로 들었다는 말이다. 정일권 공화당 의장 서리, 백두진 국회의장도 17일 당일 청와대에 불려가 통고를 받은 것으로 나와 있다.

청와대 특보들과 비서진, 이 사람들은 어땠느냐. 17일 오전 이 사람들은 대통령이 '집무실로 모여라'라고 해서 거기에 갔다. 박 대통령은 유인물을 보여주면서 한 번씩 읽어보고 각자 의견을 말해보라고 했다. 그런데 그게 바로 특별 선언 내용을 담은 것이었다. 이경재 기자의 표현에 의하면 너무도 엄청난 일에 모두 할 말을 잃었다고 한다. 질문을 하거나 의견을 말해보라고 박정희가 지시했지만, 그 상황에서 아무도 입을 떼지 않으려 했다고 그런다. 그야말로 어안이 벙벙한, 청천벽력 같은 정말 놀라운 사태가 일어난 것이다.

— 다른 기관은 어땠나.

중앙정보부가 유신 체제를 떠맡는다든가 책임진다고까지 하기는 뭐할지 몰라도, 유신 체제를 맞이하면서 중앙정보부처럼 중요한 임무를 맡게 된 데가 없었다고 이야기할 수 있다. 그만큼 혹독하게 유신 체제에 대한 반대 세력을 탄압해야 하는 곳 아니었나.

그러면 풍년 사업을 진행한 이들 말고 중앙정보부의 여타 고

위 간부들은 언제 알았느냐. 중앙정보부 국장들은 10월 17일 비상 계엄을 선포하기 일주일 전쯤 알게 된 것으로 돼 있다. 그래도 일찍 알려준 편이다.

김충식 기자에 따르면 이때 국장단을 소집한 이후락 중앙정보부장이 말 그대로 비상한 조처가 있다고 이야기했다. 공식 발표 때까지 절대 보안을 강조하고 나서 이후락 중앙정보부장은 이렇게 말했다고 한다. "이번 특별 조처는 냉전 시대에서 남북 대화 시대로 넘어가기 위한 체제 강화가 목표입니다. 헌법도 바꾸고 거기에 따라 국회도 해산해버리고 새로 구성하는 것입니다." 국장들은 이게 무슨 소리인가 싶어 깜짝 놀랐다고 한다. 어안이 벙벙했고, 너무나 엄청나고도 충격적인 사태가 온 것이어서 우선 중앙정보부 각 부서의 임무가 아주 복잡해질 게 분명하다는 점만 느꼈다고 돼 있다. 이들 중 한 사람은 앞으로 어떻게 해야 할지, 어떤 식으로 헤쳐가야 할지 아득하기만 했다고 그때의 느낌을 말했다.

중앙정보부장 다음 직위라고 볼 수 있는 보안사령관 강창성은 9월 2일 박정희한테 직접 통고를 받았다. 상당히 빨리 알려준 셈인데, 거기엔 이유가 있었다.

— 그 이유는 무엇이었나.

나중에 자세히 이야기하겠지만 '질 나쁜 야당 의원 몇 명을 달아매야 한다'는 걸 알려주려고 그런 것이다. '때가 되면 바로 이런 작업에 착수하라'고 이야기하려니까 그 날짜를 일찍 알려준 것이다.

여기서 유신 체제의 특이한 성격을 생각해볼 필요가 있다. 박정희 1인 체제라는 점도 있지만 유신 체제는 경제 상황을 포함해 정치적, 사회적, 경제적 위기의 산물로 나타난 것이 전혀 아니었다는 점을 기억할 필요가 있다. 워낙 특수한 정치 권력으로서 유신 체제의 성립도, 붕괴도 박정희를 빼놓고는 생각할 수 없는 독특한 체제가 나타난 것이라고 이야기할 수 있다. 그런데 이 유신 체제에는 굉장히 중요한 모순이 있었다.

—— 어떤 모순인가.

뭐냐 하면 10월 17일 쿠데타 이전까지 한국에서는 서구적 민주주의를 하고 있지 않았나. 그렇기 때문에 유신 체제에서도 복수 정당제 또는 야당의 존재를 부정할 수는 없었다. 그래서 복수 정당제를 인정했고 국회의원의 3분의 2는 선거로 뽑았다. 불완전한 파시즘 체제라고 할 수도 있는 그런 체제는 박정희 1인 체제와 모순 관계를 형성하게 된다. 유신 반대 운동과 함께 그런 모순이 중요한 한 요인이 돼서, 그리고 나중에 살펴보겠지만 경제 실패까지 겹치면서 유신 체제가 1978년 말 제2기로 넘어간 후 채 1년도 버티지 못하고 붕괴하는 모습을 볼 수 있다.

박정희 유신 체제와 김일성 유일 체제의 1972년 성립을 어떻게 이해해야 하나

유신 쿠데타 왜 일으켰나, 세 번째 마당

김 덕 련 용어 문제를 짚었으면 한다. 박정희 세력은 5·16쿠데타에 대해서는 '혁명'이라는 강변을 많이 했다. 그렇지만 1972년 10월 17일의 이 사건에 대해서는 그런 식으로 내세우는 대신 10월유신으로 규정했다. 혁명이라고 하기에는 자신들도 낯 뜨거워 그렇게 한 것 아닌가 하는 생각도 든다. 그러한 10월유신이라는 말을 그대로 써도 무방할지, 아니면 유신 쿠데타나 10·17쿠데타로 불러야 할지도 따져볼 문제다. 어떻게 보는지 궁금하다.

서 중 석 10월 17일 일어난 사건을 1972년 10월 17일 국가 변란 또는 쿠데타라고 하면 너무 긴 것 같고, 유신이라는 이름이 공식적으로 붙은 건 그 이후이기 때문에 이걸 유신 쿠데타라고 할 수 있느냐 하는 점도 조금은 생각해볼 수 있다. 그런 면에서 딱 적당한 말이 없는데 10·17쿠데타, 유신 쿠데타를 병용하면서 어떤 말이 제일 적합한지 찾아봤으면 좋겠다.

10월 17일 박정희가 발표한 특별 선언을 보면 "유신적 개혁"이라는 말이 나온다. 그러니까 10월 17일 이때 이미 유신이라는 말을 쓰고 있었다고 볼 수 있다. 1주일 후인 10월 24일 유엔데이를 맞아 한 치사에도 "유신적 개혁"이라는 말이 나온다. 그러다가 쿠데타 열흘 후인 10월 27일, 헌법 개정안에 대통령과 국무위원들이 서명하는 날이던 이날 윤주영 문공부 장관이 10·17 특별 선언을 10월유신으로 통일해서 부르기로 했다고 발표했다. 이때부터 10월유신이라는 말이 쓰이면서 10·17쿠데타를 10월유신이라고 권력 쪽에서는 부르게 된다. 그러면서 그 헌법을 유신 헌법이라고, 또 그 헌법으로 있었던 권력 체제를 유신 체제라고 부르게 된다.

— 유신이라는 말은 근대 들어 동아시아에서 특정한 맥락에서 쓰이는 경우가 많았다. 메이지 유신과 쇼와 유신도 그렇고, '위안부' 관련 망언 등으로 악명이 높은 일본 극우 정치인 하시모토 도루가 만든 정당이 유신당이라는 데서도 이를 느낄 수 있다. 그런데 사실 유신이라는 말은 동아시아에서 아주 오래전부터 쓰인 표현이다. 어떤 식으로 사용됐나.

원뜻을 살펴보면 유신은 혁신이라는 말과 비슷한 점이 있다. 일본에서는 1930년대 같은 때에 파시스트, 군국주의자들이 혁신이라는 말을 많이 썼다. 우리나라에서도 극우 세력이 혁신이라는 말을 쓴 경우가 있다. 그런데 우리나라나 일본에서는 혁신이라는 말이 대개 진보 세력을 가리키는 것으로 일반인들이 알고 있는 경우가 많다. 어쨌건 혁신이든 유신이든 뭔가를 새롭게 고친다는 뜻이다.

한자 사전에서 유신 뜻풀이를 찾아보면 모든 걸 고쳐 새롭게 함, 묵은 제도를 아주 새롭게 고침, 이런 식으로 돼 있다. 중국의 《서경》을 보면 구염오속함여유신舊染汚俗咸與維新(예전에 물든 더러운 습속을 모두 새롭게 하다)이라는 말이 나온다. 여기서 유신이라는 말은 만사가 개신된다는 뜻으로 사용됐다. 《시경》에도 유신이라는 표현이 나온다. 주수구방기명유신周雖舊邦其命維新, 그러니까 주나라가 비록 오래된 나라지만 그 명을 새롭게 해서 오래오래 간다는 뜻이다. 여기서 유신이라는 표현은 정치 체제가 새롭게 혁신된다는 뜻으로 쓰였다. 내가 알기로는 메이지 유신을 할 때 이러한 뜻을 차용했다.

그러면 박정희의 유신은 뭘 가리키는 것이냐. 이것과 관련해 메이지 유신이냐 쇼와 유신이냐를 가지고 얘기가 나오고 있다.

유신 쿠데타와 더 깊은 관계가 있는 건
메이지 유신이 아닌 쇼와 유신

── 메이지 유신의 주역들에게 깊은 감명을 받았다는 이야기를 박
정희 본인이 한 것으로 알려져 있지 않나.

메이지 유신은 몇 가지로 얘기를 할 수 있다. 우선 존왕양이尊
王攘夷를 생각할 수 있다. 존왕양이는 어떻게 보면 척사적인 것 같은
데 이게 막부를 타도하고 천황을 내세우는 운동으로 된다. 메이지
유신에는 이런 뜻도 들어 있었다. 그리고 서양의 새로운 문명, 문화
를 일본식으로 받아들인다는 것을 메이지 유신으로 해석하기도 한
다. 천황 절대주의나 관료제, 그리고 조슈와 사츠마의 두 번을 중심
으로 하고 천황을 정점으로 해서 형성된 과두 권력에 의한 개혁을
메이지 유신으로 보기도 한다.

박정희는 1961년 11월 미국에 가기 전 일본에 들르는데, 이때
메이지 유신과 관련해 이야기한 것으로 돼 있다. 일본에 들른 박정
희는 기시 노부스케 전 총리를 두 차례에 걸쳐 만났다. 《기시 노부
스케의 회상》에 따르면 이때 박정희가 '5·16쿠데타를 일으킬 때 메
이지 유신 지사들을 떠올렸'고 말했다고 한다. 이 부분은 꽤 많이
인용되는 대목이다. 이런 부분을 근거로 박정희의 유신이 메이지 유
신 지사를 본받으려 한 것이라든가, 쿠데타 때 메이지 유신 지사를
떠올렸다고 한 것과 연관해 유신을 설명하려는 사람이 적지 않다.

그런데 박정희가 유신 쿠데타를 일으킬 때 정말 그런 생각을
갖고 있었을까? 박정희는 1963년 발간된 《국가와 혁명과 나》에 세
계사에서 부각된 혁명의 각 양태에 대해 썼는데, 거기에 두 번째로

'명치 유신(메이지 유신)과 일본의 근대화'라는 6쪽짜리 짧은 글이 있다. 거기서 박정희는 메이지 유신이 그 사상적 기저를 천황 절대주의의 국수주의적인 애국에 두었다고 설명했다. '천황 절대주의의 국수주의적인 애국'은 박정희에게 매우 큰 영향을 끼쳤다. 박정희는 천황제 국수주의 또는 일본 군국주의, 국수주의를 존숭했다. 메이지 유신을 박정희가 어떻게 이해했느냐 하는 문제의 핵심이 바로 여기에 있다.

—— 《국가와 혁명과 나》에서 박정희는 메이지 유신의 주역들에 대해 뭐라고 얘기했나.

일본에서 그렇게 많이 얘기되고 우리도 잘 아는, 막부 말 메이지 유신을 일으키려 할 때 활약한 지사들에 대해 이 책에서는 한마디도 언급하지 않았다. 내가 이야기하려는 게 바로 이 점이다. '메이지 유신 지사들에 대해 박정희가 이러저러하게 말했다'고 기시 노부스케가 이야기한 것과 부합하는 내용이 이 책엔 안 나온다.

물론 이 책에서 메이지 유신과 일본의 근대화 부분은 전문가들이 써준 것으로 보인다. 거기에다가 박정희가 부분적으로 자기 의견을 달았다고 난 본다. 그렇지만 아무리 전문가들이 조력자로서 상당 부분을 써줬다고 하더라도 박정희 자신이 '막부 말, 메이지 유신기의 지사들이 중요하다. 난 거기에서 감동을 받았다'고 하면 그에 관한 이야기가 있어야 자연스러운 것 아닌가. 예컨대 '지사들이 메이지 유신에서 중요한 역할을 했다'든가 하는 말이 들어가야 했을 텐데 그러한 언급이 없다. 이런 것으로 볼 때 박정희의 유신이라는 것이 거기서 연유한 것인가 하는 부분은 조금 불확실한 점이 있다.

박정희는 메이지 유신보다는 군인들이 쿠데타를 일으켜 개혁을 하고 강력한 통치를 해야 한다고 주장한 쇼와 유신의 영향을 더 많이 받은 것으로 보인다. 사진은 2·26쿠데타의 주역 중 한 명인 구리하라 야스히데 중위(가운데).

— 메이지 유신보다는 쇼와 유신 쪽이 박정희의 유신 쿠데타와 더 직접적으로 연결돼 있다는 뜻인가.

박정희가 《국가와 혁명과 나》에서 메이지 유신의 사상적 기저로 천황 절대주의의 국수주의적인 애국을 들지 않았나. 그게 사상 극적으로 나타나는 것이 1930년대 쇼와 유신이라고 이야기할 수 있다. 군국주의자들은 천황을 절대화, 신격화하면서 현인신現人神, 살아 있는 인간신이라고까지 하지 않았나. 그러면서 일부 군인들이 쿠데타를 일으켜 자신들을 중심으로 단칼에 굉장한 개혁을 하고 강력한 통치를 해야 한다는 쇼와 유신을 부르짖지 않나. 황도파의 영향을 받은 일본 청년 장교들이 1936년 2·26쿠데타를 일으킨 것도 그것과 연관돼 있는데, 박정희가 영향을 크게 받은 건 이쪽이 아니겠느냐고 여러 연구자가 쓰고 있다. 나도 그쪽이 더 맞지 않겠느냐고 본다. 박정희는 2·26쿠데타에 심취했다고 하는데, 실제로 그것으로부터 심대한 영향을 받았다는 것이 여러 자료에 나온다.

물론 메이지 유신이 중요한 것도 틀림없고 박정희가 그걸 중요한 것으로 봤던 것도 틀림없다. 그렇지만 박정희가 왜 유신 쿠데타를 일으켰는가와 관련해서 볼 때에는 쇼와 유신과 박정희 유신 체제가 더 근접성이라고 할까, 상관성이 많다고 이야기할 수 있다.

유신 체제와 유일 체제는
박정희와 김일성이 짜고 친 고스톱?

── 유신 쿠데타 문제를 짚을 때 빼놓을 수 없는 것이 이 시기 국제 정세와 북한의 변화다. 1970년대 초 국제 사회에 데탕트 흐름이 나타난다. 한반도에서도 1972년 7·4남북공동성명이 나오며 그에 발맞추는 듯했다. 그런데 이러한 긴장 완화 조류를 뒤집고 그해 연말 남한에서는 유신 체제가 나타나고 북한에서는 유일 체제가 강화된다. 남북한에서 거의 같은 시기에 1인 독재 권력이 강화된 것을 두고 '박정희와 김일성이 모종의 뒷거래를 한 것 아니냐'는 의문을 품는 이들도 있다. 이 문제, 어떻게 보나.

박정희의 유신 체제와 주체 사상의 나라, 수령 유일 체제가 1972년 남북한 양쪽 헌법에 같이 나타난다. 남한에서는 그해 10월 헌법안으로 나와서 11월 국민 투표로 결정되고 북한에서는 12월에 수령 유일 체제, 주체 사상의 나라 헌법이 공포됐다. 이것에 대해 미러mirror, 즉 거울 효과로도 보고 '짝퉁'이라는 식으로 설명하는 학자도 있다. 심지어는 남북한 권력자들이 짜고 친 고스톱 아니었느냐, 7·4남북공동성명을 이용해 서로 독재를 해먹은 것 아니냐고 비난하는 사람도 의외로 많다. 그게 사람들한테 설득력 있는 설명으로 다가가는 모양이다.

이 시기에 공포된 북한의 사회주의 헌법은 국가주석직을 설정하고 국가주석이 막강한 권력을 행사할 수 있게끔 했다. 또한 국가주석이 명실공히 국가의 최고 지도자임을 헌법에 규정했다. 그런 점에서는 유신 헌법과 비슷한 점이 있다. 그렇지만 북한이 실질적으로 주체 사상의 나라가 되고 김일성의 수령 유일 체제와 비슷한 면모를 갖추는 건 1972년 사회주의 헌법 공포 이전이다. 그전에 이미 그런 모습이 나타나는 것을 볼 수 있다.

—— 김일성 유일 체제가 수립되기 전 북한의 권력 구조는 어떠했나.

해방 후 북한 정권은 여러 세력이 권력을 나눠 갖는 형태로 출범하는데, 그 후 김일성 계열을 제외한 여타 세력이 차례로 세서된다. 한국전쟁을 거치면서 남로당 계열이 숙청되고 특히 1956년 8월사건을 거치면서 연안파와 친소파, 이 두 중요 세력이 거세된다. 8월사건에 연루된 세력들이 완전히 제거되는 게 확인되는 시기는 1958년인데, 이 사건을 거치면서 김일성을 실질적으로 견제할 수 있는 어떤 세력도 없는 상태가 된다.

그러면서 이 무렵 천리마운동이 본격적으로 전개된다. 이 운동은 사상 개조 운동과 병행해 1958년 크게 확대되고 1959년에 거대

김일성은 북한에서 '영원한 수령'으로 불린다.
1958~1959년에는 김일성 중심의 사회주의
체제가 북한에서 자리를 잡았다고 볼 수 있다.
《천리마》 1970년 10월호에 실린 사진.

하게 일어난다. 그리고 큰 규모의 농업 협동조합에 의한 농업 협동화가 1958년에 완수되고, 시장 경제 요소를 없애는 것이나 공업 부문을 사회주의적 공업 소유 형태로 바꾸는 작업도 그전에 이미 이뤄진다. 이처럼 여러 면에서 1958~1959년에는 김일성 중심의 사회주의 체제가 북한에서 자리를 잡았다고 볼 수 있다.

그렇다고 1960년대에 들어가서 바로 수령 유일 체제, 주체 사상의 나라로 가진 않았다. 이것이 주체 사상의 나라, 수령 유일 체제로 가는 데에는 1960년대 북한의 상황이 큰 영향을 끼쳤다.

── 어떠한 상황 변화가 그러한 전환에 영향을 줬나.

무엇보다도 북방 3각 체제와 남방 3각 체제가 1960년대에 엄청난 변화를 맞게 된다. 남쪽의 경우 1950년대까지는 한일 관계가 좋지 않았다. 그런데 1965년 한일 국교 정상화가 이뤄짐으로써 미국이 구상하고 있던 미국-일본-한국의 수직적 안보 체계, 공산권에 대항할 수 있는 동아시아 안보 체계 작업이 잘돼가고 있었다. 그에 비해 북쪽 권력과 깊은 관계에 있던 중국과 소련은 1950년대 말부터 심각한 갈등을 빚었다. 중소 분쟁은 1960년대에 가면 한층 더 심해진다. 즉 북한-소련-중국의 3각 체제는 이미 1958년경부터 균열을 보이고 1960년대에 들어서면 도저히 회복할 수 없는 상태로 가게 된다. 1960년대 말에 가면 중국과 소련이 국경 문제로 무력 충돌하면서 일촉즉발의 전쟁 위기로 치닫기까지 한다.

그뿐만 아니라 월남전에 대해서도 남북이 굉장히 긴장하고 예민하게 반응했다. 남쪽에서는 월남에 대규모 파병을 하지 않나. 그에 맞서 북베트남을 지원하는 방법, 그리고 그것과 함께 한미일 안보 체제와 남의 군사력 강화에 대응해 북한의 군사력을 강화하는 것이 북한으로서는 중요한 문제로 등장하게 된다.

그런데 이때 북한과 긴밀한 관계에 있어야 할 중국과 소련은 심각한 분쟁 상태에 놓여 있었다. 이 때문에 북한으로서는 남방 3각 체제에 대항하기 위해 혼자 힘으로 엄청난 군사비를 쓸 수밖에 없었다. 사상에서 주체, 정치에서 자주, 경제에서 자립, 국방에서 자위 같은 정책이 나온 것도 이 무렵인데, 어쨌건 1967년에 가면 북한이 군사비에 쏟아부은 금액이 예산의 30퍼센트를 넘어섰다. 북한에서는 예산이 GNP와 별 차이가 없는데, 정말 굉장한 비용이 들어간 것이다.

그러면서 경제가 계속 곤경에 빠지게 된다. 그런데 북한은 경제를 살리기 위해 나중에 중국에서 하게 되는 개혁·개방 같은 방식을 택하지 않았다. 인민의 열정과 사상에 의해, 그러니까 나중에 주체 사상 또는 혁명 사상이라고 이야기하는 그런 사상으로 경제난을 타개하려는 움직임이 이미 천리마운동에서 나타났지만, 1960년대부터 더욱 전면적으로 보이게 된다. 다시 말해 1960년대 북한에는 강력한 유일 지도자가 존재하고 있었는데, 이러한 여러 상황 변화 속에서 수령 유일 체제로 나아가는 움직임이 구체화되고 있었다고 볼 수 있다.

한 가지 덧붙이면, 문화혁명이 일어났을 때 중국 쪽에서 김일성을 공격한 것도 김일성 쪽으로 하여금 주체 사상의 나라로 가게 하는 데 상당한 역할을 했다. 이 시기에 북한 쪽에서 중국에 대해

1965년 4월 김일성은 인도네시아에서 한 강연을 통해 사상에서 주체, 정치에서 자주, 경제에서 자립, 국방에서 자위가 조선노동당의 일관된 방침이라고 강조했다.

아주 강한 반발과 비판을 하는 걸 볼 수 있다. 소련하고는 이미 사이가 나빠진 상태였다. 그러면서 북한은 '우리 식', 즉 자기들 방식으로 독자적으로 생존할 수밖에 없다는 것을 더 뼈저리게 느끼게 된다.

1972년 헌법 공포 전에 이미
김일성 유일 체제는 실질적으로 등장했다

— 한국전쟁 이후 북한의 변화를 되짚어보면 1956년 8월사건이 중요한 분수령이었다는 생각이 든다. 8월사건의 밑바탕에는 전후 복구 및 경제 건설을 둘러싼 노선 갈등이 있었다. 중공업 중심 노선을 내세우고 사회를 급속히 사회주의 체제로 개조하려 한 김일성 계열과 달리, 연안파(연안 독립동맹 계열)는 인민의 생활 수준을 높이기 위한 경공업 건설과 농업 발전에 무게를 두고 당내 민주주의도 주장했다. 그러한 연안파가 8월사건으로 제거된 것은 북한 역사에 여러모로 어두운 그림자를 드리운 것 아닌가 하는 생각이 든다.

1955년을 전후해 북한의 일각에서 나왔던 주장대로 더 부드러운 사회주의 체제로 갔으면 북한이 앞에서 이야기한 방향으로 가지는 않았으리라고 본다. 그렇지만 북한은 권력이건 경제 체제건 훨씬 더 경직된 체제로 나아갔다. 북한 사람들은 사회주의 체제라고 부르지만 난 아주 경직된 체제라고 보는데, 어쨌건 그것으로 강하게 나아가고 그걸 더 몰아붙이는 쪽으로 가려다보니까, 그리고 남한 및 남방 3각 체제와 대결하려다보니까 북한을 더욱더 체제 면에서 한 사람의 지도자 속에 묶어 넣으려는 움직임이 커져갔다고 볼 수 있다.

일제 때 있었던 빨치산 활동을 높이 평가하는 작업이 1950년대 말부터 이뤄지고 그 사람들의 활동 기록 같은 것이 연달아 나오는데, 처음부터 개인숭배하고만 연관됐던 건 아니지만 나중에 가면 연관이 된다.° 그러면서 1965년에 사상에서 주체, 정치에서 자주, 경제에서 자립, 국방에서 자위가 나오고, 1966년 조선노동당 제2차 당 대표자 대회 이후 수령에 대한 숭배가 훨씬 더 강화된다.

—— 북한에서 김일성 숭배가 이때 처음 나타난 건 아니지 않나.

북한에는 1945~1946년부터 김일성 숭배가 있었지만 그때와 이때는 양적, 질적으로 차이가 난다. 1967년을 전후해서는 김일성 개인은 물론이고 그 어머니 강반석을 비롯한 김일성의 가족, 그것도 외가까지 포함해 김일성 일가를 숭배하는 모습이 나타난다. 만경대 생가를 신성시하는 것도 이 시기에 나타난다.

이 당시 휴전선 이남 서해안 지방 중 일부에서도 북쪽 방송이 들리는 경우가 있었다고 그런다. 예컨대 농민이나 어민들이 일기 예보를 들으려고 라디오를 틀어놓으면 북쪽 방송이 잡히는 경우가 있었다고 한다. 서해를 통해 그렇게 된 것 같은데, 그렇게 들려온

• 북한 정권은 1959년부터 《항일 빨찌산 참가자들의 회상기》를 널리 배포하고 이를 학습하게 했다. 만주 일대에서 전개됐던 항일 무장 투쟁에 대한 학습은 초기에는 그 역사를 이어받는다는 측면에 무게를 뒀으나, 그 후 김일성 개인숭배 성격이 강화됐다. 특히 1960년대 중반 이후 이런 현상이 심해졌다.

북쪽 방송에서 1967년 무렵 김일성 개인과 그 일가에 대한 숭배가 너무 심해서 '저런 사회가 어떻게 있을 수 있느냐'고 했다고 하더라. 그때 중국은 문화혁명 시기였고 문화혁명이 최고조에 이르렀을 때 모택동(마오쩌둥) 이름 앞에 그 사람을 숭배하는 수사가 두세 개 붙기도 했지만, 김일성 앞에 붙은 것과는 비교도 안 될 정도로 적었다고 한다.

그렇게 김일성 숭배가 강조되던 시기인 1967년 조선노동당 중앙위원회에서 대남 총책이던 이효순, 당 간부였던 박금철 같은 사람들이 숙청됐다. 갑산파라고 불린 이 사람들은 대개 조국광복회와 관련 있던 사람들이었다. 이 사람들도 김일성 지지 세력이었다. 김일성 지지 세력으로 빨치산 세력과 이 세력, 이렇게 두 세력이 있었는데 그중 더 직접적인 쪽은 빨치산 세력이었다. 그리고 이효순은 이 시기에 온건 세력을 대표한 인물로 꼽힌다. 그러한 갑산파까지 제거되고 거의 같은 시기에 강경파가 등장하면서 1968년 남북 간에 여러 사태가 일어나게 된다.

— 갑산파 숙청을 통해, 김일성 유일 체제를 공식화하기 전 마지막 관문을 통과한 것 아닌가 하는 생각이 든다.

지금까지 쭉 살펴본 것처럼, 1960년대 한반도를 둘러싼 동아시아 상황 변화 속에서 김일성 신격화라고 할까, 주체 사상의 나라, 수령 유일 체제가 1967년쯤 되면 상당히 구체적으로 모습을 드러낸다고 할 수 있다. 내가 이야기하려는 건 바로 그것이다. 1970년 11월에 열린 조선노동당 제5차 대회, 이건 1961년 이후 9년 만에 열린 대회였는데 여기서 사상, 기술, 문화의 3대 혁명을 더욱 심화하자고 하면서 그러한 수령 유일 체제가 강화되는 것을 볼 수 있다.

거듭 이야기하지만 1972년 사회주의 헌법이 나타나기 전에 이미 북한에서는 김일성을 신격화하는 작업이 이뤄졌다. 유일 지도 체제를 구축하고 사상 개조 또는 혁명 의식 강화를 통해 경제난을 타개하려는 움직임이 1960년대 후반에 나타났고 그게 1970년대에 더 강화되는 모습을 보일 뿐이었다. 그렇기 때문에 1972년 북한과 남한에서 나타난 권력 체계의 경직화 현상을 동일시해서 거울 효과라는 식으로 설명하는 건 무리한 점이 있다고 본다. 난 예전부터 이 것을 거울 효과라는 식으로 설명하는 건 좀 안 맞지 않느냐는 생각을 했다.

북한의 분수령이 된 1956년 8월사건
반대 세력의 존재, 어디서나 인정해야

── 데탕트 흐름에 대한 반응으로 북한에서 유일 체제가 등장한 것 아니냐는 시각도 있는데, 실제로는 그것과 별개였다는 이야 기로 들린다.

그 이전에 이미 그렇게 됐다. 북한으로서는 북방 3각 체제 붕괴가 제일 무서운 일이었다. 그것에 반비례해 남방 3각 체제가 이 시기에 강화되지 않았나. 그 이전에 없었던 현상이 안보, 경제, 그리고 월남 파병을 포함한 군사 부문에서 생긴 것이다. 그러니까 북한이 그 방향으로 무섭게 나아갔던 것이다.

그리고 이 시기에 북한 경제가 잘 안 돌아가지 않았나. 이미

1958~1959년 무렵부터 제대로 돌아가지 않는 모습을 보였는데, 1960년대에 와서는 그게 더 안 돌아가는 쪽으로 나아갔다. 그럴수록 북한은 사상 개조를 통해 뭔가를 해보려는 방향으로 가버린 것이다. 수령 주위에 하나로 굳건히 뭉쳐 난국을 헤쳐 나가자는 식이었는데, 아주 잘못된 방식이었다.

1955~1956년 논쟁이 그래서 중요하다. 연안파에서 주장한 것처럼 부드러운 사회주의 체제로 나아가고, 아울러 8월사건을 그런 식으로 처리하지 말고 자신에게 비판적인 연안파, 친소파의 존재를 인정하면서 협력과 비판을 병행하는 자세가 필요했다. 그러나 김일성은 그렇게 하지 않았다.

─ 정리하면, 유신 헌법과 유일 체제 헌법이 거의 동시에 나타났지만 그 맥락과 경로는 달랐다고 이해하면 되나.

그렇다. 북한에서는 이미 그전에 다 그렇게 형성돼가고 있었던 것이고, 김일성 노선에 따른다면 그렇게 형성될 수밖에 없는 측면이 있었다. 내가 보기에 김일성 노선은 아주 경직된 노선이고 그런 노선을 택한 게 잘못이었다. 그렇지만 잘못된 길을 택했다 하더라도 한 번 그렇게 정해지면 그것을 더욱 강화하는 쪽으로 나아가게 되는 것 아닌가.

이런 문제는 오늘의 북한을 이해하는 데에도 아주 중요하다. 오늘의 북한까지 다 연결되는 문제다.

─ 용어 문제를 하나 더 짚었으면 한다. 1956년 8월사건을 북한에서는 반反종파 투쟁으로 규정한다. 한국 사회에서도 이 용어

를 그대로 사용하는 경우가 여전히 적지 않다. 그런데 반종파 투쟁이 적절한 규정인지 의문이다. 반종파 투쟁이라는 용어는 연안파에 종파라는 낙인을 찍고 그걸 제압한 김일성 세력만이 옳았다는 뜻을 담고 있기 때문이다. 아울러 계파 간 권력 다툼의 성격만이 아니라, 북한 사회가 나아갈 길을 둘러싼 노선 갈등이 중요한 요소로 작용했다는 점을 가린다는 점에서도 부적절해 보인다.

반종파 투쟁이 아니라 1956년 8월사건으로 불러야 한다. 연안파는 종파가 아니었고 종파 싸움을 하려던 것도 아니었다. 소련에서 흐루쇼프가 스탈린주의를 비판하자, 그것에 동조하면서 사회주의 원칙을 견지하려 했다. 남로당의 경우 문제가 있었고 종파주의라는 비판을 받을 만한 게 그 안에 있었다고 보지만, 연안파는 그렇게 봐선 안 된다. 공생했어야 한다.

중국의 경우 모택동은 문화혁명 때 등소평(덩샤오핑)을 죽이지 못하도록 막았다. 모택동이 죽은 후 등소평은 4인방(장칭, 왕훙원, 장춘차오, 야오원위안)을 제거하고 권력을 잡는다. 그러고 나서 오리아나 팔라치라는 유명한 이탈리아 여기자와 인터뷰를 했다. 오리아나 팔라치가 천안문 광장에 걸려 있는 모택동 초상을 어떻게 할 것이냐고 묻자, 등소평은 "영원히 보존할 것"이라면서 "주석(마오쩌둥)의 과오는 공적에 비해 부수적인 것"이라고 답했다. 또한 "우리는 흐루쇼프가 스탈린을 다루듯이 마오쩌둥 주석을 대하지는 않을 것"이라고 말했다.

등소평이 이런 태도를 취한 데에는 여러 가지 이유가 있지만, 자신이 죽임을 당하지 않도록 모택동이 보호해준 것도 그와 연관해 생각해볼 수 있다. 모택동이 말기에 가서 사실상 황제 역할을 하긴 했지만 반대파를 완전히 없애려고 하지는 않았다. 당이라는 건 반대파가 있어야 하는 것 아닌가.

반대 세력의 존재는 어디에서나 인정해야 한다. 그래야 그 사회가 동맥 경화증에 걸리지 않는다. 그러나 박정희건 김일성이건 그것을 용납하지 않았다.

북한을 더욱 경직된 사회로 몰고 간 후계자 문제
김정일이 '주체 사상의 나라' 만드는 데 앞장섰다

── 문화대혁명을 거치며 마오쩌둥의 주요 정적으로 꼽히던 류사오치 등 수많은 사람이 희생됐다. 그렇지만, 지적한 것처럼 모든 정적이 목숨을 잃지는 않았다. 덩샤오핑을 비롯해 살아남은 사람들이 있었고, 이들은 마오쩌둥 사후 다른 노선으로 중국을 이끌었다. 그렇게 해서 중국은 그전과는 다른 길을 가게 된다. 이와 달리 북한에서는 그렇게 할 수 있는 세력을 찾아보기 어렵다. 8월사건에서도 단적으로 드러나듯이, 권력 중심부에서 한때 밀려났다고 하더라도 북한이 위기에 처했을 때 돌아와서 다른 노선을 제시할 수 있는 세력을 남겨놓지 않았다. 북한 정권의 그러한 잘못된 선택이 위기 상황에서 돌파구를 찾을 가능성을 스스로 대폭 축소한 것 아닌가 하는 생각이 든다.

그런 세력이 없어지고 김일성 노선 하나만 있게 된 것이다. 그러니 마땅한 방법을 찾기 어렵게 된 것이다.

이와 관련해 김정일 문제도 생각해볼 수 있다. 1964년 대학을 졸업한 김정일은 1967년 갑산파를 제거하는 데 관여한 것으로 돼 있다. 중국에서 임표(린뱌오) 사건이 나고 나서 3년이 지난 1974년 김정일은 김일성의 후계자로 공식 추대되는데, 임표 사건도 여기에 영향을 줬다.

난 김정일이 여기서 큰 잘못을 저질렀다고 본다. 김정일이 나중에는 어떻게든 북한을 구해보려는 노력을 나름대로는 했다고 보지만, 이 무렵 김정일은 3대 혁명 소조 운동 같은 걸 너무 강조하고 김일성 우상화에 박차를 가했다. 전국에 그 거대한 김일성 동상을 만든 작업도 김정일이 지휘한 것이다. 북한이 아주 경직된 노선으로 가게 하는 데 김정일이 결정적 작용을 했다. 그러면서 주체 사상을 체계화하는 데에도 앞장서지 않나.

그 후 언젠가부터 그게 잘못이었다는 걸 김정일이 알았다고 본다. 더욱이 1994년 김일성이 죽은 후 지독한 자연재해가 계속되면서 정말 심각한 위기를 만나지 않았나. 그 이전인 1990년대 초반에도 북한은 정치적·경제적으로 아주 심각한 상황에 놓여 있었다. 사회주의 국가들이 무너지고 소련, 중국도 남한하고 국교를 맺지

저명한 홍군 지휘관 출신인 린뱌오는 문화대혁명 기간에 마오쩌둥의 후계자로 떠올랐다. 그 후 자신의 입지가 흔들리자 린뱌오는 마오쩌둥을 암살하고 쿠데타를 일으키려 했다. 계획이 발각되자 린뱌오는 소련으로 망명하려다 도중에 생을 마감했다.

린뱌오 사건은 마오쩌둥에게 상당한 정치적 타격을 줬을 뿐만 아니라, 김일성에게도 후계자 문제를 깊이 고민할 수밖에 없게 만든 계기로 꼽힌다. 린뱌오 사건 2년 후인 1973년 김정일은 조선노동당 조직지도부장 겸 선전선동부장으로 임명되며, 당의 핵심 기구인 조직과 선전 부문을 장악하게 된다. 이듬해인 1974년 2월에는 당 중앙위 정치위원회 위원으로 선출되는 한편 후계자로 추대된다.

사회주의와는 거리가 먼 부자 세습 결정을 북한이 곧바로 대외에 공표한 것은 아니다. 김정일이 후계자임을 북한에서 공식 천명한 때는 1980년이다. 그 사이에 김정일은 북한 신문 등에서 "당 중앙"으로 불렸다.

않았나. 북한으로서는 말이 안 되는 상황이 초래된 것이다. 그러니
핵무기로 간 것이다.

'통일 위해 유신 쿠데타' 주장한 박정희,
1960년대에 통일 논의조차 탄압·봉쇄

유신 쿠데타 왜 일으켰나, 네 번째 마당

김 덕 련 지금까지 유신 쿠데타가 어떤 식으로 발생해 박정희 1인 체제가 됐는지를 살폈다. 그런데 박정희가 왜 유신 쿠데타를 일으 켰는지에 대해서는 논자마다 의견이 엇갈린다.

서 중 석 유신 쿠데타는 어떻게 보면 해방 이후 최대의 정치적 사건 이라고도 할 수 있다. 이렇게 큰 사건, 그리고 상상할 수조차 없던 사건이 그야말로 돌연히 일어났다. 그렇기 때문에 이런 일이 왜 일 어났는지를 궁금하게 여기는 사람이 많은 것 같고, 연구자들이 그 에 관해 많은 논의를 하게 됐다. 그런데 난 유신 체제에 대한 논의 는 활발했지만 다른 큰 사건에 대한 논의는 그동안 별로 없었던 건 좀 문제가 아니냐는 생각을 하고 있다.

── 다른 사건이라 하면 구체적으로 어떤 걸 가리키는 것인가.

예컨대 유신 체제와는 다르게 이승만이 발췌 개헌(1952년)을 하 고 사사오입 개헌(1954년)을 하고 3·15 부정 선거(1960년)를 저지르 고 한 것 등에 대해 왜 그러한 일이 일어났는가도 별로 연구하지 않았고, 사회경제적 배경 같은 걸 가지고 설명히려는 시도도 별로 하지 않았다. 발췌 개헌이나 사사오입 개헌은 순전히 개인의 권력 적 동기에 의해 이뤄졌다는 식의 설명을 하면서, 유신 체제 성립에 대해서는 그와 다르게 대하는 것이 아니냐는 생각이 그전부터 들 더라.

또 전두환·신군부의 12·12쿠데타(1979년), 5·17쿠데타(1980년) 에 대해서도 마찬가지다. 유신 쿠데타에 대해서처럼 12·12쿠데타, 5·17쿠데타가 일어난 배경, 요인에 대해 연구한 게 있느냐 하면 별로 없다. 주로 과정을 설명하는 것들이 많다. 그런 점에서도 유신 체제 등장의 배경, 요인에 대해 자세히 분석한 것과는 좀 다르다.

내가 말하려는 핵심은 이것이다. 왜 박정희 유신 체제를 이승만 독재나 전두환·신군부 체제와 다른 방식으로 보려고 하는지 이상하다는 생각이 든다는 것이다. 박정희의 3선 개헌만 깊이 있게 연구했어도 그러한 시각을 갖지는 않았을 것이다.

그리고 박정희 유신 체제 등장의 배경, 요인에서 1969년 3선 개헌이 아주 중요한데, 그럼에도 3선 개헌의 배경이나 요인을 충실히 연구한 것을 거의 볼 수 없다. 이것도 이상하지 않나. 꼭 유신 체제 등장 하나만 가지고 문제 삼는다는 것은 논란이 될 수 있다. 유신 체제가 논란이 돼서는 안 된다는 이야기가 아니다. 논란이 되는 건 당연한데, 그러면 왜 다른 사안에 대해서는 그와 같이 묻지 않고 연구도 충분히 하지 않느냐는 이야기를 우선 하고 싶다.

유신 체제 성립과 관련해 박정희의 성격이나 권력 의지를 분석하거나 연구하지 않은 것은 더욱더 이해가 되지 않는다. 이것은 아돌프 히틀러의 집권과도 차이가 있기 때문에 비중을 둬 연구해야 할 주제다. 다 알다시피 히틀러는 선거를 통해 집권했다. 그런데 박정희는 극소수 추종자와 밀실에서 모의해가지고 쿠데타를 일으켜 유신 체제를 만들었다. 이처럼 과정이 전혀 다르기 때문에도 박정희의 성격이나 권력 의지, 3선 개헌 연구는 아주 중요한데 유신 체제 등장과 관련해 그러한 연구가 없다는 것은 참으로 이상한 일이다. 유신 쿠데타가 왜 일어났느냐 하는 것과 관련해 또 하나의 큰 허점이 있다.

— 그게 무엇인가.

유신 쿠데타를 일으켰을 때, 또 유신 헌법을 만들 때 박정희 본인이 어떤 이야기를 했는지를 첫 번째로 고찰할 필요가 있는데 그렇게 하지 않았다는 점이다. 어떤 사건을 연구하든 그 사건과 직접적으로 관계있는 당사자의 말을 들어보는 것이 중요하지 않나. 그렇다면 박정희는 무엇 때문에 10·17 쿠데타를 일으켰는지, 박정희의 말을 가지고 그것이 맞는지 틀리는지를 분석하는 작업이 먼저 이뤄져야 한다고 본다. 그런데 놀랍게도 그 작업 또한 그다지 돼 있지 않다.

10·17 특별 선언에서 12·27 대통령 취임사까지
평화 통일 위해 유신 쿠데타 일으켰다고 주장

── 유신 쿠데타를 일으킨 이유를 박정희는 어떻게 설명했나.

박정희가 유신 체제와 관련해 제일 말을 많이 한 건 쿠데타를 일으킨 1972년 10월 17일부터 체육관 대통령에 취임한 12월 27일까지다. 이때 박정희는 통일을 위해 또는 남북 대화와 한반도 평화를 위해 10·17 계엄을 선포했다고 이야기했다. 10·17 특별 선언이라든가 그 이후에 나오는 여러 자료에서 박정희는 그와 같은 주장을 폈다.

10·17 특별 선언의 경우 어떻게 읽느냐에 따라서 차이가 있지만, 박정희는 대부분을 바로 이 한반도 평화, 긴장 완화 그리고 남북 관계와 평화 통일을 위해 자신이 비상 조치를 취했다고 이야기하는 데 할애했다. 10월 17일 특별 선언을 보면 남북 간의 대화도

1972년 10월 13일 경기도 파주 판문점에서 이후락 중앙정보부장(오른쪽)과 북한 박성철 제2부 수상(왼쪽)이 악수를 하고 있다. 이 회담이 있은 며칠 뒤 박정희는 쿠데타를 일으킨다. 박정희는 평화 통일을 위해 유신 쿠데타를 일으켰다고 주장했다. 사진 출처: e영상역사관

중요시했다. 민족의 과업을 성취하기 위해서는 북한 공산주의자들과 계속 대화를 해나가야 한다는 주장이었다.

그런데 우리 헌법을 보면 그렇게 하게 돼 있느냐 하면 그렇지 않다는 얘기였다. "우리 헌법과 각종 법령, 현 체제는 동서 양극 체제 하의 냉전 시대에 만들어졌고 하물며 남북의 대화 같은 건 전혀 예상치도 못했던 시기에 제정된 것이기 때문에 오늘날과 같은 국면에 처해서는 마땅히 이에 적응할 수 있는 새로운 체제로의 일대 유신적 개혁이 있어야겠다"고 피력했다. 데탕트에 전면적으로 순응하기 위해 헌법을 바꿔야 한다고 이야기한 것이다. 그리고 여기에 "유신적 개혁"이라는 말이 나온다. 그게 바로 평화 통일을 성취하

기 위한 남북 대화를 진정으로 뒷받침할 수 있는 제도를 만들어내는 것이고, 그렇게 하기 위해 만들어낸 것이 유신 체제라고 설명한 것이다.

── 1인 독재를 위한 쿠데타의 명분으로 남북 대화, 평화 통일을 갖다 붙인 점이 씁쓸하다.

그로부터 열흘 후인 10월 27일에 나온 헌법 개정안 제안 이유 서에서도 같은 이야기를 한다. 이유서 첫머리에 "국가의 안전과 번영, 그리고 조국의 평화적 통일을 위하여, 민족의 활로를 개척해나가기 위해서" 이 체제를 만든 것이라고 나와 있다. 그러면서 이 헌법 개정안의 주요한 특징을 요약하면 다음과 같다면서 그 골자를 이야기한다. 그중 첫 번째는 "조국의 평화적 통일이라는 역사적 사명 완수를 지향하였으며", 이렇게 이야기한다.

이렇게 박정희는 유신 쿠데타를 일으킨 것도, 그래서 유신 헌법 개정안을 제안하게 된 것도 조국의 평화적 통일, 바로 이것 때문이라고 이야기했다. 아울러 평화 통일 전에 이산가족 상봉도 해야겠고 한반도 평화의 토대도 다져놔야겠는데, 그걸 위해 유신 체제가 필요하다는 주장을 폈다.

── 통일주체국민회의 대의원들이 체육관에서 대통령을 선출한 1972년 12월 23일과 그 취임식이 열린 12월 27일에는 어땠나.

'통대'에서 대통령을 선출할 때에도 한반도 평화를 위해 유신 쿠데타를 일으켰다는 주장을 한다. 통일주체국민회의 의장이 박정희이지 않았나. 12월 23일 박정희 의장의 통일주체국민회의 개회사를 보면, 이 개회사에서도 평화 통일을 위해 유신 체제를 만드는 것이라고 설명했다. 거의 전부 그러한 설명으로 돼 있다.

더더군다나 이날 통일주체국민회의 대의원 일동 이름으로 나온 결의문을 보면, 결의문이 온통 박 대통령의 평화 통일 계획을 뒷받침하겠다는 것을 아주 강조하면서 계속 그 점을 되풀이하는 내용으로 이뤄져 있다. 그야말로 평화 통일만 이야기했다. 이들이 어쨌건 일반인을 '대표'해 나왔기 때문에 '평화 통일을 뒷받침하겠다'는 것을 더 강조했는지는 몰라도, 그렇게 돼 있다.

박정희의 개회사를 살펴보자. 방금 말한 것처럼 거의 전적으로 통일 이야기를 하고 있는데, 그것도 감상적으로까지 하는 게 특징이다. 첫머리는 이렇다. "우리 조국의 산하가 남북으로 분단된 지도 어언 27년, 그동안 5,000만 겨레가 목메도록 잊지 못한 한결같은 소망이 있었다면 그것은 다름 아닌 갈라진 국토를 재결합하고 조국을 평화적으로 통일하려는 것, 바로 그것뿐이었을 것입니다." 이것처럼 호소력 있는 말이 어디 있겠나. 그러면서 "나는 이 남북 대화야말로 이제는 그 누구도 저해할 수 없으며 또한 중단돼서는 안 되는 민족의 지상명령이라고 굳게 믿는 바입니다", 이렇게 밝혔다. 참, 이렇게 말은 무슨 말이든 해도 된다고 생각한 모양이다.

이번엔 '통대 일동'으로 나온 결의문 중 1번만 보자. "1. 우리들은 박정희 대통령 각하의 영도 하에 추구되는 조국의 평화 통일을 위한 모든 노력을 전적으로 지지하고 이를 적극 뒷받침한다." 앞에서 말했듯이 이 결의문은 100퍼센트 통일만 이야기하고 있다. 일반 민중에게 제일 설득력이 있었던 게 바로 이 통일 문제라고 봤기 때문에 그랬을 것이다.

12월 27일 체육관 대통령 취임사에서 박정희는 앞으로 어떻게 하겠다는 것에 대해, 첫 번째로 앞으로 한반도에서 다시는 전쟁이 발생하지 않도록 미연에 방지하고 두 번째로 남북이 하나의 민족으로서 평화와 번영을 추구해나갈 수 있도록 북한 공산주의자들과 대화를 계속하고 이를 넓혀나가겠다고 이야기했다. 첫 번째, 두 번째 모두 한반도 평화와 평화 통일 이야기, 그리고 거기에다가 새로운 시대를 만들어가겠다는 설명을 한 것이다. 유신 체제를 왜 만들게 됐는가에 대해 이렇게 얘기했다.

통일 운동을 '특수 반국가 행위'로 처단한
5·16쿠데타 세력의 본모습

— 평화와 분단 해소를 위해 진정으로 노력한다면 그건 바람직한 현상이다. 그렇지만 이는 5·16쿠데타 후 박정희 정권이 보인 모습과는 여러모로 대조적인 태도 아닌가.

유신 체제 등장과 관련해 그간 박정희의 담론을 분석하거나 연구하지 않은 이유는 아주 간단하다. 박정희의 통일 담론은 그 이전 박정희의 행태와 다르고, 유신 체제 시기의 반공 교육과도 다르기 때문이다. 유신 체제가 출범한 지 1년도 되지 않아 남북 대화가 중단됐고, 그 무렵부터 박정희는 반공·반북 캠페인이라는 극우들의 전가의 보도를 가지고 유신 체제를 수호하려 했다. 또 많은 연구자들이 데탕트와 연관시켜 유신 체제 등장을 분석했는데, 박정희의 통일 담론은 그러한 연구를 무색하게 만들 수 있기 때문에 유신 체제 등장과 관련된 박정희의 담론이 무시되는 이상한 현상이 나타났다.

박정희는 1972년 10월 17일 특별 선언, 12월 23일 '통대' 개회사, 12월 27일 대통령 취임사에서 평화 통일, 한반도 평화를 그토록 강조했다. 그런데 그건 1960년대에 박정희가 통일 논의를 탄압하고 봉쇄한 것과 비교할 때 너무나도 다른 모습을 보여준 것이라는 생각을 안 할 수가 없다.

무엇보다도 1961년 5·16쿠데타 후, 통일 운동을 폈던 혁신계 리든가 여러 통일 운동 활동가들을 잡아들이지 않았나. '혁명 검찰부', '혁명 재판부'는 이들이 '특수 반국가 행위'를 저질렀다고 하면서 이들에게 중형을 선고했다. 통일 운동을 '특수 반국가 행위'로 본 것이다. 그리고 중형을 때림으로써 통일 세력, 혁신계 진보 세력의 씨를 말렸다는 이야기까지 듣는다.

3·15 부정 선거를 저지른 자들, 그와 함께 4·19 때 발포한 자들, 마산 시위에 대해 발포한 자들, 1960년 4월 18일 고려대 학생들을 습격한 깡패들 등 3·15 부정 선거와 관련된 수많은 사건에 관여한 자들에 대해서보다 더 강하게 통일 운동 관련자들을 중죄로 처단했다. 통일 운동을 한 사람들 가운데에는 임시정부 국무위원을 했던 장건상이라든가 김성숙 같은 이들도 있었다. 그런데 '특수 반국가 행위' 또는 범죄를 저질렀다고 하면서 이들을 막 질타하고 이들에게 가혹한 형을 선고했다.

그런 현상은 분단국가가 민족하고 어떤 관계에 있는 건가 하는 생각까지 하게 한다. 우리가 애국·애족이라는 말을 쓰고 있지 않나. 그런데 민족을 위해 통일 운동을 편 것이 반국가 행위로 처벌을 받는 경우 그러면 애국과 애족이 다른 것인가, 민족을 위하는 것과 (분단)국가를 위하는 것이 다른 것인가 하는 근본적인 문제까지 부딪히게 된다.

박정희 쿠데타 세력은 그런 위험한 경계선에 이를 정도로 철저하게, 통일 세력에 대해서는 극단적인 초강경 탄압을 했다. 5·16 쿠데타 때 내건 '혁명 공약' 1항에 있는 것처럼 반공을 재정비, 강화하기 위해 그랬을 것이고 미국에 잘 보일 필요가 있어서 그랬을 것이라는 이야기를 듣고 있지만, 그렇다 하더라도 그렇게까지 할 수 있느냐는 이야기를 들을 만큼 몹시 심하게 탄압했다. 5·16쿠데타 직후뿐만 아니라 그 이후에도 통일 문제에 대해 이렇게 통제 내지 금압할 수 있느냐고 볼 수 있는 여러 사건이 있다.

"아버지!"-"금단아!"
1964년 신금단 부녀 상봉에 방방곡곡이 눈물바다

── 어떤 사건들이 일어났나.

1950년대에는 북진 통일론을 가지고 평화 통일론을 비롯한 여러 통일 논의를 막았다고 본다면, 1960년대에 와서는 선건설론을 가지고 모든 통일 논의를 통제하고 억압했다고 이야기할 수 있다. 그런 속에서 유명한 신금단 사건이 벌어지게 된다.

신금단은 400미터, 800미터 달리기에서 세계 신기록을 세운 북한 여자 선수로 1964년 도쿄올림픽에서 금메달을 틀림없이 두세 개 딸 것이라는 이야기를 들었다. 그러나 1963년 인도네시아에서 열린 가네포GANEFO(대안 올림픽을 지향한 신흥국 경기 대회)에 참가했다고

1964년 올림픽이 열린 도쿄에서 북한의 육상 선수 신금단이 한국에서 온 아버지와 극적으로 상봉했다. 한국전쟁 때 헤어진 부녀가 "아버지!", "금단아!"라고 절규하는 모습에 당시 한국인들은 굉장히 많이 울었다. 사진 출처: 국가기록원

해서 도쿄올림픽 출전이 금지됐다.

　도쿄올림픽은 1964년 10월 10일 개막했는데, 바로 전날인 10월 9일 신금단은 남쪽에 살던 아버지 신문준을 도쿄에서 만나게 된다. 두 사람은 한국전쟁 때 헤어졌는데, 1964년이면 전쟁 발발 후 14년이라는 시간이 흐른 때 아닌가. 그 오랜 시간 동안 만날 수 없었던 부녀가 극적으로 만나서 "아버지!", "금단아!"라고 절규하는 모습에 한국인들은 굉장히 많이 울었다. 휴전 협정 체결 이후 이때까지 한국인이 제일 많이 운 날이 바로 이 두 사람의 상봉 소식을 라디오라든가 신문을 통해 접했을 때 아니었나 싶다. 신금단이 아버지를 만난 짧은 시간, 15분으로 돼 있는 것도 있고 그보다 더 짧았다고 써놓은 경우도 있는데 어쨌건 그건 사회에 대단한 충격을 줬다.

우리나라의 남북 이산가족을 살펴보면, 반공으로 월남한 경우도 있지만 1951년 1·4후퇴 당시 눈 내리는 겨울날 월남한 사람도 많다. 예컨대 개마고원 장진호 일대에서 미군이 중국군에 크게 패배했을 때 함경도 지방에서 수많은 사람이 미군의 권유를 받으며 흥남항을 통해 부산으로 피란을 왔다. 그 시기에 미군이 엄청난 규모로 피란민 수송 작전을 펴지 않았나. 신금단도 그때 아버지와 헤어졌다. 얼마 안 지나 딸을 다시 만날 줄 알았던 아버지가 전쟁 발발 14년 만에야 딸을 만나게 된 것이다. 부녀가 상봉하는 장면이 그래서 더 애절하게 보였던 것 같다.

— 전쟁의 비극을 온몸으로 견뎌내야 했던 한국인들이었기에 그렇게 많이 울지 않았을까 하는 생각이 든다. 그중에서도 특히 이산가족들은 더 그랬을 것 같다. 신금단 부녀 정도의 그 짧은 만남조차 이룰 수 없던 때였으니 그 마음이 오죽했을까 싶다. 1983년 KBS에서 이산가족 찾기 생방송을 했을 때 방방곡곡이 눈물바다가 될 수밖에 없었던 것도 그런 정서가 쌓이고 쌓였기 때문이었을 것이다. 그 후 남북 간에도 이산가족 상봉이 때때로 이뤄지긴 했지만, 이산가족들의 아픔을 어루만지기엔 여전히 부족한 게 사실이다. 다시 돌아오면, 신금단 사건은 한국 사회에 어떤 영향을 끼쳤나.

두 사람의 짧은 만남과 슬픈 이별 장면을 동아일보 1964년 10월 10일 자는 도쿄 발 기사에서 이렇게 전했다. "삼팔선 장벽은 국경보다도 높았다. 국경도 가르지 못하는 부녀의 정을 한칼로 잘라버리는 비정의 금은 또 하나의 비극을 낳아 세계를 울렸다."

이 사건을 계기로 이산가족 문제, 통일 문제가 다시 대두됐다. 그런데 박 대통령은 두 사람이 만난 지 4일 후인 그해 10월 13일 "신금단 사건에서 보인 북괴의 비인도적 처사를 규탄하는 국민적인 여론을 조성하라", 이렇게 지시했다. 신금단 사건을 계기로 남북 문제, 남북 관계에 새롭게 대처하는 것이 아니라 과거와 같은 방식의 반공 궐기 대회를 벌이라는 박정희다운 지시를 했다. 그래서 10월 18일 '북괴 만행 성토 국민 대회'가 열리고 "공산주의는 눈물도, 피도 없다"고 절규하는 장면도 보도되었다. 많은 사람을 울린 신금단 부녀의 상봉에 대한 반응이 박정희 정권에 의해 반공 운동으로 펼쳐진 것이다. 그렇지만 국회에서는 이제 더 이상 이산가족을 나 몰라라 외면할 수는 없지 않느냐고 해서 공화당의 이만섭 의원 외 여야 의원 45명이 10월 27일 남북 가족 면회소 설치에 관한 결의안을 제출했다.

　　이 무렵 조선일보사에서 각계 식자층을 상대로 여론 조사를 한 걸 보면 남북한 가족 면회소 설치안에 적극 찬성한 사람이 49.3퍼센트, 무방하다며 그냥 찬성한 사람이 25퍼센트, 이렇게 해서 74퍼센트 넘게 찬성했다. 이만섭 의원 등이 내놓은 결의안도 바로 그런 분위기에서 나온 결의안이었다. 더욱이 박정희 정부는 통일 논의 자제를 강하게 주장하면서 통제해왔는데, 통일 논의를 해야 한다는 의견이 여론 조사에서 69.4퍼센트나 나왔다. 국시와 관련되니까 삼가야 한다는 의견은 20.8퍼센트밖에 안 나왔다. 그 당시 상황을 잘 보여주는 한 단면이었다.

　　어쨌건 국회에서 이런 결의안이 나오자, 박 대통령이 가만히 있을 리 없었다. 11월 3일 "국시로 내걸고 있는 유엔 감시 하의 남북 자유 선거라는 통일 방안 이외에 여하한 통일 방안도 있을 수 없다"고 역설하면서 통일에 대한 "무작정한 여론이나 감상적 공론"을 경계해야 한다고 발표했다. 그것에 이어서 김형욱 중앙정보부장은 11월 6일, 남북 교류론의 근거를 색출하겠다고 으름장을 놨다. 그러니 이 결의안은 흐지부지될 수밖에 없었다.

황용주, 리영희, 서민호 등을 반공법 등 위반 혐의로 구속

—— 분단의 장벽을 해소하려는 움직임을 권력 쪽에서 매우 경계했음을 잘 드러내는 사례 중 하나라는 생각이 든다. 그와 같은 당시 분위기를 보여주는 사례로는 또 어떤 것들이 있나.

신금단 사건이 발생한 1964년에 몇 가지 사건이 더 일어났다. 《세대》라는 월간지 1964년 11월호에 문화방송 사장인 황용주가 쓴 글이 문제가 됐다. 황용주는 박정희하고 대구사범학교 동기 동창이기 때문에 문화방송 사장이 된 사람인데, 통일에 관한 글을 《세대》에 썼다. 제목은 〈강력한 통일 정부에의 의지〉, 부제는 '민족적 민주주의의 내용과 방향'이었다. 박정희가 이야기하는 민족적 민주주의가 이런 방향으로 가야 한다는 것을 박정희의 측근이라고 볼 수 있는 사람이 쓴 것이다.

그런데 이 글에 극우 반공 세력의 주장과는 다른 이야기가 나온다. 두 개의 한국을 인정해 유엔에 동시 가입하자고도 했고, 미국과 중국 등 외국군을 철수시키고 유엔 경찰군 감시 아래 남북 총선거를 실시하자는 주장도 했다.

중앙정보부 등 공안 당국은 좌시하지 않았다. 검찰은 반공법 위반 혐의로 황용주를 즉각 구속했다. 이러한 황용주 사건도 당시 많이 이야기됐다.•

── 중앙정보부장 김형욱은 훗날 김일성의 항일 운동에 대해 언급하며 회고록에 이렇게 썼다. "김일성이 완전한 '가짜'가 아니고 사실은 '진짜'라고 교정하는 데 있어서는 중앙정보부장인 나도 겁을 먹고 조심을 해야 할 만큼 한국의 반공 문화는 무서운 존재였다. 한국에서 용공이란 딱지는 천형만큼 잔인한 저주였다." 나는 새도 떨어뜨린다는 얘기를 듣던 김형욱이 이럴 정도였으니, 박정희의 동창이긴 했지만 극우 반공 세력과는 다른 주장을 한 황용주는 공안 당국의 표적이 될 수밖에 없었다. 이래저래 무서운 사회였다.

11월 하순, 이번에는 조선일보 편집국장 선우휘, 정치부 리영희 기자가 반공법 및 특정 범죄 처벌에 관한 임시 특례법 위반 혐의로 검찰에 구속됐다. 리영희 기자가 쓴 〈남북한 동시 가입 제안 준비〉라는 기사를 문제 삼아 그렇게 한 것이다.

'우탄트 유엔 사무총장이 연례 보고에서 제의한 것을 공식화하기 위해, 통일아랍공화국 등 비동맹 그룹 국가군 일부가 남북한 유엔 동시 가입안을 유엔 총회에 정식 의제로 제출할 것 같은 움직임

• 황용주는 5·16쿠데타 후 박정희 세력이 김지태로부터 부일장학회를 강탈해 5·16장학회 (오늘날 정수장학회)를 만드는 데 관여한 인물이다. 5·16쿠데타 전 황용주는 김지태가 소유한 부산일보의 주필 겸 편집국장이었다.

이 있다'고 해외 공관이 보고한 것을 정부 고위 소식통한테 듣고 쓴 기사였다.* 그러니까 사실을 그대로 보도한 것이다. 그럼에도 두 사람은 구속됐다. 리영희 기자는 나중에 1970~1980년대 학생 운동, 진보 운동에 지대한 영향을 끼치는 글을 많이 쓴 사람으로 널리 알려진다.

1966년 5월에는 민주사회당(민사당) 발기 때 대변인 이필선이 구속됐다. 민사당이라는 이름 자체에서 혁신계 냄새가 나는데, 이 민사당의 발기 취지문에 "국제적 여건을 감안하여 민족 자결을 토대로 부분적 통일로부터 완전 통일을 성취할 수 있는 정치 실현"이라는 문구가 있었다. 그것에 대해 이필선 대변인이 남북한 서신 교환, 기자 교류, 문화인 및 체육인 교류, 동서독에서 이뤄지고 있는 친척 교류를 뜻한다고 설명했는데 그게 반공법에 저촉돼 구속된 것이다.

얼마 안 지나서 민사당 창당준비위원장 서민호도 구속됐다. 서민호는 5월 27일 민사당 창당 준비 확대 대회 자리에서 "언론인 교류, 서신 교환 등 부분 통일로부터 완전한 남북 통일을 이룩해야 한다는 우리의 주장은 결코 국시에 위반될 수 없다"고 말하고 "내가 만약 집권한다면 북괴의 김일성과", 여기서도 북한이라고 말하지 못하고 북괴라고 했는데, "국제 기구를 통하거나 직접 면담을 통해 대질할 용의가 있다"고 이야기했다. 이 발언이 문제가 돼 이 사람도

● 미국이 유엔을 좌지우지하던 시절, 한국 문제는 매년 북한을 배제한 상태에서 유엔 총회에 상정·토의됐다. 그런데 1955년 반둥 회의를 계기로 제3세계 비동맹 국가들이 조직적으로 목소리를 높이면서 분위기가 달라졌다. 남북한 유엔 동시 가입, 남한 대표와 동등한 자격으로 유엔에 북한 대표 초청 등의 이야기가 나온 건 그처럼 변화된 상황 때문이었다. 리영희 기자는 그러한 국제 사회의 동향을 보도한 것이었다. 그렇지만 정부는 그런 사실을 보도한 것 자체를 있을 수 없는 일로 규정하고 리영희 기자 등을 단죄했다.

반공법 위반 혐의로 구속됐다. 서민호는 옥중에서 1967년 총선에 입후보했는데, 역시 옥중 출마한 장준하와 함께 국회의원으로 당선 됐다.

이처럼 1960년대에는 남북 교류를 한다든가 통일 논의를 하는 것이 굉장히 많은 제한, 통제를 받았다. 그런데 1970년대에 들어오면서 변화를 보이게 된다.

한국인을 환호케 한 7·4남북공동성명,
그러나 10·17쿠데타 가는 징검다리였다

유신 쿠데타 왜 일으켰나, 다섯 번째 마당

김 덕 련 5·16쿠데타 이후 남북 교류 주장은 말할 것도 없고 통일 논의 자체를 억제했던 박정희 정권이 1970년대에 들어서는 상당히 다른 모습을 보였다고 지적했다. 구체적으로 어떤 변화가 나타났나.

서 중 석 그런 변화가 첫 번째로 나타난 것은 1970년 박정희 대통령의 8·15선언이다. 그해 8·15를 맞이해 박 대통령은 그전에 볼 수 없던 성명을 냈다. 여기서 박 대통령은 "북괴가 무장 공비 남파 등 모든 전쟁 도발 행위의 즉각 중지와 이른바 무력 적화 통일 및 폭력 혁명에 의한 대한민국 전복 기도의 포기를 내외에 명백히 선언, 행동으로 실증"할 것을 촉구하고 "이 같은 우리의 요구를 북괴가 수락, 실천함을 우리가 확실히 인정하고 유엔에 의해 확인되면 나는 인도적 견지와 통일 기반 조성에 기여할 수 있으며 남북한에 가로놓인 인위적 장벽을 단계적으로 제거해나갈 수 있는 획기적이고 보다 현실적인 방안을 제시할 용의가 있다"는 이야기를 했다. 이게 8·15선언이다. 데탕트라는 세계 분위기에 어느 정도 부응하는 조치였다.

물론 북한으로서는 도무지 용납할 수 없는 단서가 앞에 줄줄이 달려 있었다. 예컨대 북한을 괴뢰로 규정한 것도 북한으로서는 '이건 도무지 있을 수 없다'고 여기며 화만 잔뜩 나게 만들 주장이지만, 무력 적화 등의 포기를 내외에 '명백히' 선언하고 행동으로 '실증'하라는 것도 협상 조건으로는 있기 어려운 주장이었다. 또 '명백히' 선언한다는 것도 그렇지만 행동으로 '실증'한다는 것이 무엇을 가리키는지조차 알기 어려웠다.

그러나 통일 논의를 통제하고 북한과 대화한다는 건 결코 있을 수 없다는 극단적인 정책을 고수해왔던 박정희가 어쨌든 휴전 협정 체결 17년 만에, 분단 정부가 들어선 지 22년 만에 "남북한에 가로놓인 인위적 장벽을 단계적으로 제거해나갈 수 있는 …… 방안을 제시할 용의가 있다"고 말했다는 것은 큰 변화로 받아들일 수 있었다. 이때까지 이승만 정부, 장면 정부, 박정희 정부는 북한을 있을 수 없는, 있어서는 안 되는 정권으로 규정하지 않았나. 지난번에 말한 민사당 창당준비위원장 서민호 구속 사건 등에서도 잘 드러난 것처럼 박정희 정권은 북한과 접촉하자는 주장을 하면 다 잡아넣었다. 그랬는데 박정희 스스로 이런 주장을 했다는 건 의의가 있다. 북한이 응하기 어려운 이야기를 단서로 붙여놨다고 하더라도 의미가 있는 변화였다.

8·15선언, 적십자 예비 회담 이어
7·4남북공동성명… 한국인은 덩실덩실 춤췄다

── 8·15선언은 어떠한 상황 속에서 나오게 된 것인가.

이런 주장이 나온 배경으로 우선 국제 정세 변화를 생각할 수 있다. 앞에서 말한 것처럼 8·15선언은 국제적 해빙 무드, 데탕트 현상에 한국 정부도 부응한다는 면을 보여줬다. 그와 함께 '유엔이 엄

이 선언에서 어느 쪽이 국민을 더 잘살게 할 수 있는 체제인지 선의의 경쟁을 할 용의는 없느냐고 물어본 대목도 눈길을 끌었다. 멸해야 할 대상으로만 간주하던 북한을 경쟁 대상으로 언급했다는 점 때문이다. 한편 8·15선언 초안에는 서신 교환과 언론, 문화, 교역 등 비정치적 분야의 교류를 제안하는 내용이 들어 있었으나 법무부 쪽에서 공안 논리를 내세워 강하게 반발해 최종안에는 담기지 않았다고 한다.

1971년 9월 20일 남북 가족 찾기 남북 적십자
제1차 예비 회담이 열렸다. 남북 양측 대표
5명씩, 총 10명이 만나서 이산가족 상봉 문제를
논의했다. 휴전 협정 체결 후 남북 대표가 이렇게
공식적으로 만난 건 이때가 처음이다.
사진 출처: e영상역사관

다섯 번째 마당

1971년 9월 16일 판문점에서 남북 가족 찾기
남북 적십자 예비 회담 쌍방 명단 교환을 남북
기자들이 취재하고 있다. 사진 출처: e영상역사관

유신 쿠데타 왜 일으켰나

청난 변화를 하고 있다. 옛날식으로 할 수 없게 됐다', 이런 것도 작용했다. 1971년이 되면 중국이 압도적인 다수결에 의해 유엔에 들어가고 안보리 상임 이사국이 되지 않나. 공산권과 비동맹국들이 제안한 '유엔에 북한을 초청하자'는 결의안 통과도 시간문제였다.

그것에 못지않게 중요한 것으로 '1971년 대선을 앞두고 야당이 중요한 이슈로 틀림없이 통일 방안을 들고나올 것이다. 그것에 대해 먼저 유리한 고지를 선제적으로 차지할 필요가 있다', 이런 면도 작용했을 것이라고 본다. 실제로 1970년 9월 야당 대통령 후보로 결정된 김대중은 10월 16일 후보 지명 후 첫 회견에서 한반도에서 4대국의 전쟁 억제 공동 보장을 통한 안보를 주장한다. 4대국은 우리를 둘러싸고 있는 네 강대국(미국, 소련, 중국, 일본)을 말한다. 그리고 남북 간 서신 교환, 기자 및 체육 경기 등의 교류를 하면서 경제적, 정치적 접촉을 통해 통일하자는 3단계 통일론을 내세운다. 8·15선언은 이런 것들에 대한 선제적 조치라고 해석할 수 있다.

─ 그 후 남북 관계에서 어떠한 변화가 나타났나.

1년 후인 1971년 8월 12일 최두선 대한적십자사 총재가 북한 적십자사에 '남북으로 흩어진 1,000만 이산가족들의 실태를 확인하고 소식을 알려주며 재회를 알선하는 가족 찾기 운동을 하자'고 제안했다. 바로 이틀 후인 14일 북한 적십자사는 '좋다. 환영한다'고 하면서 제안을 받아들였다. 북쪽은 한 단계 더 나아가 '남북 간에 흩어져 있는 가족, 친지들의 자유 왕래와 서신 교환을 논의하자. 판문점에서 바로 예비 회담을 하자'고 구체적인 제안까지 덧붙였다.

드디어 9월 20일 역사적인 판문점 회의가 열렸다. 판문점에 있는 중립국감시위원회 회의실에서 양측 대표 5명씩, 총 10명이 만나서 이산가족 상봉 문제를 논의했다. 휴전 협정 체결 후 남북 대표가 이렇게 공식적으로 만난 건 이게 처음이다. 물론 적십자사니까 민간인 대표이긴 하지만, 그렇다고 하더라도 놀라운 변화였다.

—— 이 시기 남북 교류에서 빼놓을 수 없는 것이 바로 7·4남북공동성명이다. 이 성명이 발표됐을 때 사람들이 말 그대로 폭발적인 반응을 보였다고 들었다.

7·4남북공동성명은 1972년 7월 4일에 발표되는데, 정말 전혀 예상하지 못한 굉장한 소식이었다. 7·4남북공동성명이 발표되자 한반도 주민들은 그야말로 뛸 듯이 기뻐하고 열렬히 환영했다. 5·16 쿠데타가 나면서 감옥에 들어갔고 감시를 받았던 혁신계 인사들은 언제 박정희 때문에 고생했느냐는 듯 환호했고, 일부 인사들은 박정희를 '민족의 영웅'으로 보기도 했다.

이 7·4남북공동성명은 워낙 중요한 것이기에 자세히 살펴볼 필요가 있다. 조국 통일을 촉진하기 위해 다음과 같은 문제들에 완전한 견해의 일치를 봤다면서 7월 4일 서울과 평양에서 이 성명을 동시에 발표했는데, 주요 내용은 이렇다.

1. 쌍방은 다음과 같은 조국 통일 원칙들에 합의를 보았다.
   첫째, 통일은 외세에 의존하거나 외세의 간섭을 받음이 없이 자주적으로 해결하여야 한다.
   둘째, 통일은 서로 상대방을 반대하는 무력행사에 의거하지 않고 평화적 방법으로 실현하여야 한다.

1972년 7월 4일 자 동아일보 1면. 7·4남북공동성명이 발표되자 한반도 주민들은 그야말로 뛸 듯이 기뻐했다.

셋째, 사상과 이념, 제도의 차이를 초월하여 우선 하나의 민족으로서 민족적 대단결을 도모하여야 한다.

2. 쌍방은 남북 사이의 긴장 상태를 완화하고 신뢰의 분위기를 조성하기 위하여 서로 상대방을 중상, 비방하지 않으며 크고 작은 것을 막론하고 무장 도발을 하지 않으며 불의의 군사적 충돌 사건을 방지하기 위한 적극적인 조치를 취하기로 합의하였다.

3. 쌍방은 …… 다방면적인 제반 교류를 실시하기로 합의하였다.

4. 쌍방은 …… 남북 적십자 회담이 하루빨리 성사되도록 적극 협조하는 데 합의하였다.

5. 쌍방은 …… 서울과 평양 사이에 상설 직통 전화를 놓기로 합의하였다.
6. 쌍방은 …… 이후락 부장과 김영주 부장을 공동 위원장으로 하는 남북조절위원회를 구성, 운영하기로 합의하였다.

　남쪽에서는 김일성의 동생이자 조선노동당 조직지도부장이라는 요직에 있던 김영주를 북한의 실력자로 보고 있었다. 그런 김영주와 남쪽의 중앙정보부장 이후락, 양쪽의 실력자들이 이와 같이 합의했다고 발표한 것이다. 한국 현대사에서 그야말로 천지개벽이랄까 파천황적인 사태였다. 정말 놀라워도 보통 놀라운 일이 아니었다. 그야말로 해방 후 최고로 들뜬 분위기였다. 물론 아주 엄격하게 얘기하면, 양쪽의 실력자들끼리 합의하긴 봤지만 이게 양쪽에서 법적인 효력을 갖게끔 하는 합의를 본 것인가 하는 게 논란이 될 수 있었다.⁕

　7·4남북공동성명에 대해서는 미국도 적극적으로 지지하고 나섰다. 데탕트 문제에 대한 미국의 입장을 잘 보여주는 것인데 7월 4일 당일 미국 국무부 브레이 공보관은 "우리는 남북한의 정부 대표가 공동 성명을 발표하고 금후의 접촉을 위한 합의에 도달한 것을 환영한다. 남북한의 지도자들에 의한 이니셔티브는 한반도의 평

⁕ 이 성명의 서명자 부분은 "서로 상부의 뜻을 받들어 / 이후락 김영주", 이렇게 돼 있다. 정식 국호도, 서명자들의 직책도 넣지 않았고 "서로 상부의 뜻을 받들어"라는 문구 역시 일반적인 공식 문서에서는 찾아보기 어려운 것이었다. 공문서인지 사문서인지 구별하기 어려울 정도로 애매모호하게 표현한 건, 그간 북한의 존재 자체를 불법으로 규정했던 한국 정부가 갑자기 북한의 공식 국호 및 그 직함을 인정하는 모양새를 취할 수 없다고 봤기 때문이다. 이와 관련, 성명서 문안 조정 작업에 참여한 정홍진은 이 성명을 공식 문서로 만들면 남북 관계가 급선회하고 통일 정책이 크게 바뀌는 인상을 국민들에게 줄 우려가 있어 그렇게 한 것이라고 설명했다.

화와 안정에 더할 수 없는 격려이고 유익한 자극이 될 것이다", 이렇게 적극 환영·격려했다.

이렇게 한국인들이 뛸 듯이 기뻐하며 열렬히 환영하고 해방 후 가장 들뜬 분위기였다. 그렇지만 과연 박정희 대통령이나 이후락 중앙정보부장 그리고 야당 수뇌부, 이 사람들이 이것을 좋아했겠는가. 난 그렇지 않았으리라고 본다.

'통일이 꼭 이뤄져야' 90.6퍼센트
박정희 정권을 놀라게 한 여론 조사

── 그렇게 생각하는 이유는 무엇인가.

그때 이미 야당 쪽에서는 '이건 상당히 문제가 있는 것 아니냐'면서 '우선 이후락이 무슨 자격으로 갔느냐'는 이야기가 나왔다. 이건 옳은 지적이기도 하다. 중앙정보부장이 갔으니까 문제가 충분히 될 만했다. 그런 것과 동시에 상당한 의아심, '이런 식으로 해서 되겠는가' 하는 두려움과 걱정이라고 할 수 있는 것을 난 일부 야당 측 인사가 쓴 글이나 발언에서 봤다. 수뇌부가 더 심했지만, 야당 인사 중에는 박정희 못지않게 극단적인 반공주의자들이 꽤 있었고 분단이야말로 자연스러운 현상이라고 인식하고 있었던 사람들도 있었다. 그들 중에는 남북 교류나 통일이란 말만 나와도 두려워하는 사람들이 적지 않았다.

사실 그해 5월 2일 이후락을 평양으로 보낼 때 박정희는 여러 가지 생각을 했을 것이다. 그러면서도 긍정적인 걸 얻어오기를 바

다섯 번째 마당

1972년 8월 29일 평양에서 열린 제1차 남북 적십자 본회담에 앞서 북한 학생들이 남측 대표단을 환영하고 있다. 당시 한국인들은 대부분 꼭 통일이 이뤄져야 한다고 생각했다. 사진 출처: e영상역사관

라고, 이후락이 그걸 얻어오니까 바로 궁정동 밀실에서 유신 쿠데타를 위한 특별 작업에 돌입했다고 지난번에 이야기하지 않았나. 7·4남북공동성명을 발표하면 엄청난 분위기가 만들어질 것임을 난 박정희, 이후락 이 사람들은 충분히 예상했다고 생각한다.

이건 국토통일원의 여론 조사 결과를 통해서도 유추할 수 있다. 1969년 3월 1일 국토통일원이 개원했는데, 이건 우리나라에서 처음으로 통일 문제를 다루는 국가 기구였다. 그러면서 여론 조사를 했다. 그런데 이 여론 조사 결과에 박정희 정부는 물론이고 야당 의원 상당수를 포함한 반공주의자들이 볼 때에는 깜짝 놀랄 만한 것이 많았다.

── 결과가 어떠했기에 깜짝 놀랄 만했다는 것인가.

예컨대 '통일이 꼭 이뤄져야 한다', 그러니까 그냥 이뤄져야 한다가 아니라 '꼭 이뤄져야 한다'는 응답이 90.6퍼센트나 나왔다. 통일을 꼭 할 필요가 있는 건 아니라는 응답은 아주 조금밖에 나오지 않았다. 더 놀라운 건 통일 성취 시기에 대해 '10년 이내'라는 응답이 39.5퍼센트나 나왔다는 것이다. '10년 내에는 불가능하다'는 19.5퍼센트였고, 나머지는 '잘 모르겠다'고 응답했다. 응답자의 39.5 퍼센트나 되는 이 사람들은 통일 문제에 대해서는 혁신계와 비슷한 사람들인 셈이었다. 요즘 기준으로 보면 '뭐 이런 사람들이 다 있나' 싶을 정도로 통일에 대한 열망이 강했고 그게 '10년 이내'라는 응답으로 나온 것 아니겠나.

그리고 '전쟁 없이 통일이 가능할까'라는 물음에 '그렇다'고 대답한 게 21.7퍼센트나 된다. '불가능하다'는 응답이 37.9퍼센트로 '그렇다'보다 높긴 했지만, 어쨌건 반공주의자들이나 박 대통령으로선 놀랄 만한 일이었다. 아울러 박정희 정권이 철저히 탄압하고 봉쇄했던 남북한 간 서신 교환에 찬성하는 의견이 24.8퍼센트 나왔다. 물론 '통일이 될 때까지 불가'는 38.1퍼센트로 그보다 높게 나오긴 했다. 그렇지만 이런 여론 조사의 경우 응답자들이 이런저런 걸 계산하면서 답하는 것임을 감안하면 실제로는 이것과 다르다고 봐야 한다.

통일 방안에 대해서는 '유엔 감시 아래 남북 총선', 이게 정부가 계속 주장한 것인데 31.9퍼센트가 여기에 응답했다. 반공 통일, 요즘 식으로 말하면 흡수 통일에 해당하는 '북한 지역에서만 선거해야 한다', 이건 1.4퍼센트밖에 안 나왔다. 그런데 '중립국 감시 아래 총선', 이게 8.3퍼센트나 나왔다. 박정희 정권이 5·16쿠데타 후 이런 주장을 했다고 해서 많은 사람을 잡아넣었는데도 그런 결과가 나왔다. 다시 말해 이 주장이 여전히 살아 있었던 것이다. 심지어 이보다 더 강한 주장인 '남북 협상'도 9.5퍼센트나 나왔다.

조사 결과가 이렇게 나오자 정부는 반공 교육을 전면 개편해 반공 의식을 고쳐하겠다고 발표했다. 어쨌건 이런 여론 조사 결과 는 이 당시 분위기를 말해준다. 그러니 7·4남북공동성명이 나오면 분위기가 어떻게 되리라는 걸 박 대통령이나 이후락 중앙정보부장 은 잘 알고 있었다고 봐야 한다.

역사적인 7·4남북공동성명, 그러나 유신 쿠데타와 연계돼 있었다

— 7·4남북공동성명 이전 남북 관계를 돌아보면 자주, 평화, 민족 대단결이라는 통일 3원칙에 북한과 합의한다는 건 당시 생각 하기 어려운 일이었다. 이게 어떻게 가능했던 것인가.

문제는 7·4남북공동성명이 휴전 협정 체결 이후 남쪽 분위기 를 보면 도무지 납득이 되지 않는다는 점이었다. 어떻게 그런 합의 를 할 수 있느냐, 이것이었다. 3원칙 중 두 번째(평화적 방법으로 통일 실현)는 그럴 수 있다 하더라도 첫 번째(통일은 자주적으로 해결)와 세 번째(사상과 이념, 제도의 차이를 초월해 민족적 대단결)의 경우 남쪽에서 이 런 이야기를 하면 그전에는 다 잡혀갔다. 해서는 안 될, 있을 수 없 는 주장으로 간주됐다. 그런데 어떻게 이런 합의까지 하게 됐느냐

하는 걸 여러 연구자가 논의했지만, 이런저런 현실적 문제도 있고 해서 결론이 애매한 경우가 많더라.

7·4남북공동성명 발표 두 달 후인 그해 9월 김일성은 일본 마이니치신문과 한 인터뷰에서 "남조선 당국자들은 …… 적십자 예비 회담과 별도로 남북 고위급 비밀 회담을 열자고 요청했으며 그 결과 우리가 제시한 조국 통일의 대원칙을 기본 내용으로 하는 남북공동성명이 발표됐다"고 설명했다. 물론 이건 일방적인 주장이라고 볼 수 있다. 그렇다고 하더라도 3원칙 중 첫 번째와 세 번째는 북쪽이 주장해왔던 것과 일치하는 점이 있고 남쪽에서는 있을 수 없다고 생각했던 것을 담고 있다. 그렇다면 여기에 뭔가 이면이 있는 것 아닌가 하는 생각을 당시 이성적인 분위기였다면 했어야 하는데, 그런 생각을 하지 못한 상태에서 10·17쿠데타를 맞이했다.

사실 10·17쿠데타를 맞이하고 상당 기간이 지나도록 '7·4가 10·17과 연계돼 있다'는 생각을 사람들이 별로 하지 않았던 것 같다. 이것도 특이한 점인데, 그 두 가지가 연결되는 것이라는 생각은 한참 후에야 하게 된 것 같다. 우리에겐 이런 게 많다.

—— 다른 사례로는 어떤 것이 있나.

예컨대 1945~1947년의 자료들을 보면, 분단이 된다는 걱정을 하는 사람들이 일반 국민 사이에서 별로 나오지 않는다. 물론 좌우 합작 운동 또는 단정 운동을 하는 쪽에서는 그런 생각을 하는 이들이 있었지만, 보통의 한국인들은 대체로 그렇지 않았다. 그렇지만 실제로는 이미 1945년부터 분단으로 갈 가능성이 매우 높은 상황 아니었나. 이것도 비슷할 텐데, 하여튼 7·4남북공동성명에 워낙 고 무돼서 혁신계 일각에서는 10·17쿠데타를 지지하기까지 했다.

그런데 정부에서 우려할 만한 현상이 나타났다. 1970년 박 대통령의 8·15선언, 1971년 대선에서 김대중 후보의 '새로운 남북 관계를 열자'는 정책 제안, 1972년 7·4남북공동성명, 그리고 세계적인 데탕트 흐름, 이런 것들이 분위기를 타면서 5·16쿠데타 이후 보기드물게 통일 논의가 터져나오기 시작했다. 이때 함석헌, 장준하 같은 사람들이 《씨알의 소리》 같은 것을 중심으로 해서 많은 이야기를 했다. 동아일보 주필을 하다가 권력에 의해 쫓겨났고 당시 재야의 주요 인물이던 천관우도 복합 국가론을 들고나온다. 그 이전에 천관우는 상당히 보수적인 사람으로 알려졌는데, 이때는 통일 논의에 적극 가담했다. 복합 국가론은 지금 기준으로 보면 연합 국가론과 비슷하다고 볼 수 있다. 그리고 장준하는 조금 있으면 김구처럼 통일 운동의 사도 비슷한 모습도 보이게 되는데, 그의 글은 대부분 정부 통제 때문에 햇빛을 보지 못했다.

그럼에도 7·4남북공동성명의
의의는 살아 있다

— 7·4남북공동성명과 10·17쿠데타가 연결돼 있다는 생각을 그 당시에는 별로 하지 않았다고 이야기한 대목이 눈에 들어온다. 개인적으로 1990년대 중반 이후 한국 현대사 책 등을 접했는데 '10·17쿠데타를 하고자 박정희 세력이 7·4남북공동성명의 경우 철저히 이행할 생각 없이 합의·발표한 것 아니냐'는 식으로 설명하는 경우가 꽤 있었다. 그래서 7·4와 10·17을 연결

해서 생각하는 것에 익숙하다. 그런데 당시에는 그렇지 않았다
는 것이 인상적이다.

박정희 집권기의 정치 이면을 다룬 이상우, 이경재 같은 사람
들의 책이 나오고 저들이 유신 체제를 만들려는 모의를 언제부터
했는지에 대한 이야기가 구체적으로 밝혀지면서 양자를 연결해서
파악하게 된 것이다. 그런 작업은 1987년 6월항쟁 이전에도 부분적
으로 나타나긴 하지만, 6월항쟁 이후에야 그런 것이 본격적으로 이
야기됐다고 볼 수 있다. 그런 가운데 통일 운동이 1988년부터 굉장
히 강렬하게 일어나지 않았나. 그런 분위기 속에서 과거를 돌아보
는 움직임도 생겼는데, 이 사람들은 유신 체제에 대한 강한 비판 의
식을 갖고 있었다. 이런 것들이 결합되면서 상당수가 7·4와 10·17
을 바로 연계해 생각하게 된 것이다.

그렇지만 1970년대 당시 분위기를 보면 장준하조차 시간이 좀
지나서야 그걸 어느 정도 연계해서 생각하는 모습을 보였다. 어떤
면에서는 아주 놀라운 일이다. 그리고 아무리 유신 체제로 가기 위
해 국민을 기만하고 합의한 것이라 하더라도 7·4남북공동성명 자
체의 역사적 의의는 살아 있고, 잘한 것으로 봐야 한다는 것이 장준
하, 함석헌의 기본 생각이었다.

—— 당시 권력층이 7·4남북공동성명을 제대로 이행할 의지가 있었
는지는 의심스럽지만, 그 문제와 별개로 이 성명의 통일 3원칙
은 오늘날까지도 하나의 기준선으로서 적잖은 의미가 있는 것
아닌가.

그래서 그 당시 함석헌, 장준하 같은 분들도 그런 주장을 강하게 한 것이다. 7·4남북공동성명이 설사 정치적 이용물로 나온 것이라고 하더라도, 거기에 표현된 평화, 자주, 민족적 대단결이라는 3가지 통일 원칙은 우리 민족이 가야 할 큰길을 제시한 것으로 우리가 평화 통일을 달성하려면 반드시 항상 염두에 둬야 한다는 이야기를 했다.

난 그 말이 맞다고 본다. 권력 쪽에서 유신 체제로 가기 위한 이용물로 7·4남북공동성명을 발표했다고 해서, 이 성명의 의의가 죽는 건 결코 아니다. 박정희의 유신 체제는 언젠가 역사 속으로 사라지게 돼 있지만, 7·4남북공동성명의 의의는 우리 민족의 가슴속에 계속 살아 있는 것으로 봐야 할 것이다.

'평화 통일'은 정치적 이용물일 뿐
극단적 반공주의로 유신 체제 수호

유신 쿠데타 왜 일으켰나, 여섯 번째 마당

김 덕 련 박정희 대통령은 유신 쿠데타의 명분으로 통일 문제를 거듭 제시했다. 그 이유는 무엇인가.

서 중 석 박정희는 유신 체제를 만들면서 통일 문제를 아주 중시하는 모습을 보였다. 통일을 위해 유신 체제를 만들었다는 설명을 많이 했다. 이건 그전에 박정희 자신이 보인 모습과는 너무나 거리가 있는 것 아닌가. 그런데 왜 그렇게 주장했는지를 연구할 필요가 있다. 아울러 박 대통령이 1972년 10·17 특별 선언에서 그해 12월 27일 유신 대통령 취임사에 이르기까지 통일 문제를 그렇게 강조했는데도 그간 학계는 왜 이 부분을 사실상 무시했는지도 함께 생각해볼 필요가 있다. 이 두 가지를 모두 연구해야 한다. 그냥 넘어갈 수 있는 문제가 아니라고 생각한다.

유신 쿠데타 바로 전해인 1971년 12월 6일 박정희는 '국가 비상사태 선언'을 선포했다. 이어서 대통령에게 비상대권을 부여하는 내용을 담은 '국가 보위에 관한 특별 조치법'(국가보위법)을 그해 12월 27일 여당 단독으로 통과시킨다.

그렇게 날치기로 통과시킬 때까지 박정희가 강조한 건 침략에 광분하는 북한의 남침 위협이었다. 그걸 굉장히 강하게 내세웠다. 그런데 1년도 안 지나서 나온 1972년 10·17 특별 선언이나 그 직후에 나온 글들을 보면 오히려 '야당하고는 대화할 수 없다. 야당은 나쁘다', 이렇게 역설하면서, 그 반면 북한에 대해서는 비난을 퍼붓는 대신 북한과의 대화를 강조하고 '평화 통일을 하고 한반도에 평화를 정착시켜야 한다. 그렇게 하기 위해서는 유신 체제와 같은 대결단이 필요하다', 이렇게 나온다.

1971년 12·6 국가 비상사태 선언과 너무나 다른
1972년 10·17 특별 선언, 왜 그렇게 달랐나

—— 왜 그런 태도를 취한 것인가.

10·17 특별 선언 때부터 침략에 광분하는 북한의 남침 위협 같은 이야기가 쑥 빠진 이유는 간단히 설명할 수 있다. 10·17쿠데타에서 12·27 유신 대통령 취임에 이르기까지 일부에서는 '이건 북한의 협조를 얻어 일어난 일 아니겠느냐'며 거울 효과를 이야기하고 남과 북의 권력자들이 짝짜꿍했다는 식으로까지 이야기하는데, 여기에서 만일 협조가 있었다면 통일 문제일 것이라고 난 본다.

뭐냐 하면, 북한에 대해 1960년대 내내 그렇게 강경하게 비난을 퍼부었고 1971년 국가 비상사태 선언을 발표할 때에도 북한이 침략에 광분한다고 하면서 남침 위협을 그렇게 강렬하게 이야기했는데, 1972년 10·17 특별 선언 등에서는 평화 통일, 남북 대화를 강조하지 않았나. 그렇게 한 이유로 우선 남한 주민들을 설득할 필요가 있었다는 것을 생각해볼 수 있다. 그렇지만 우선 당장 북한이 여기에서 적극적으로 계속 협조를 해줘야만 유신 체제로 가는 데 좋은 분위기를 만들 수 있다고 봤기 때문에 그 이전에 했던 식으로, 예컨대 국가 비상사태 선언 때 한 것처럼 북한을 강하게 비난하지 않았다고 볼 수 있다.[*] 그런 식으로 북한의 협조가 필요했기 때문에도

---

[*] 1971년 국가 비상사태 선언이 나오자 박정희 정권을 강도 높게 비난했던 북한이 유신 쿠데타 초기에는 다른 모습을 보인 점도 흥미로운 대목이다. 10·17쿠데타가 일어난 때부터 1972년 세밑까지 북한은 유신 쿠데타와 박정희 정권에 대한 강한 비판을 자제하는 모습을 보였다. 남한에 대한 강한 비난은 1973년 이후 다시 늘어난다.

그랬겠지만 그건 부분적이다.

— 더 중요한 다른 이유가 있었던 것인가.

내가 보기에 제일 큰 요인은 통일에 대한 국민들의 열망을 박정희 쪽에서 잘 알고 있었다는 것이다. 거듭 강조하지만 유신 쿠데타는 도무지 상상할 수 없는 국가 변란 아닌가. 민주 헌법 체제를 전면적으로 싹 뒤집는 짓이었다. 그런 엄청난 일을 가능하게 만들려면 국민들에게 상당 부분 설득력이 있게끔 해야 했는데, 거기서 통일처럼 호소력이 큰 건 없다는 것을 1964년 신금단 사건 같은 것들을 통해 알게 된 것이다. 그래서 1972년 5월 이후락이 평양에 갈 때 대담하게 합의를 볼 수 있도록 길을 열어놓고, 박정희가 예상했을 반향이 7·4남북공동성명 발표 후 실제로 일어나는 것을 확인하면서 10·17쿠데타로 간 것 아니냐고 볼 수 있다.

그런데 10·17 특별 선언에서 12·27 대통령 취임사에 이르기까지 공식 성명 등에서는 북한을 강하게 비난하지 않았던 박정희 정부가 그러면 7·4남북공동성명의 통일 3원칙 같은 걸 정말 받아들일 생각을 갖고 있었느냐. 난 이 부분은 그것대로 충분히 논란을 벌여야 한다고 본다. 유신 체제로 갈 때 박정희가 왜 그렇게 통일을 중시하는 모습을 보였는가를 연구해야 하는 것과 마찬가지로, 이런 문제를 제대로 연구할 필요가 있다.

공동성명 발표 직후 반공 태세 강화 지시,
처음부터 남북 대화 진전을 원치 않았다

── 7·4남북공동성명 발표 후 박정희 정권은 어떤 모습을 보였나.

7·4남북공동성명이 발표된 바로 그날 오후 박정희는 김성진 청와대 대변인, 유혁인 정무비서관 등을 불러서 "통일이 눈앞에 다가온 것처럼 착각하고 기뻐하는 사람이 많은 것 같은데 공산당과의 대화에 성공한 일이 세계에 거의 없었어. …… 자네들이 할 일은 일방 협상과 아울러 책임 전가에 대한 대비책을 세우는 것이야", 이렇게 말했다. 이 성명 발표 첫날부터 대화가 깨질 것이라고 예상하면서 그 책임을 북한에 전가하기 위한 대비책을 세우라고 지시한 것이다. 그리고 7·4남북공동성명 발표 직후 열린 기자 회견에서 이후락은 "이번 합의로 인한 종래의 통일 원칙의 변동은 아무것도 없다"고 말했다. 정말 소름 끼치는 답변 아닌가.

두 사람 다 정말 무서운 사람이다. 민족의 열망과 염원이 담긴 7·4남북공동성명을 짓밟아 휴지 조각으로 만드는 주장 아니냐고 볼 수 있지 않나. 이런 부분들은 분단 이래 최대 환호를 불러온 7·4남북공동성명이 유신 체제를 만들어내기 위한 이용물에 지나지 않았다는 점을 적나라하게 보여준다.

다음 날인 7월 5일, 얼굴마담에 지나지 않았다고는 하지만 그래도 총리였던 김종필은 국회에서 "이 시점에서 지나친 상상이나 환상은 금물"이며, 7·4남북공동성명은 북한에 의해 강점돼 우리의 실질 행정권이 미치지 못하는 부분이 없도록 하는 방법을 대화로 마련하자는 것이지 북한과 공조하는 것을 뜻하는 게 아니라고 설명

1969년 8월 18일 첫 공판정에 나온 박노수,
김규남, 김신근, 김판수(오른쪽부터). 김규남과
박노수는 7·4남북공동성명이 있은 얼마 뒤에
갑자기 처형된다.

　　　　　　　　　　　　　　　유신 쿠데타 왜 일으켰나

했다. 그리고 7월 7일 국무회의에서 박정희는 이 성명에 대해 지나친 낙관을 하지 말라고 경고하고, 지금까지 해온 반공 교육을 계속 강화하라고 지시했다. 이날 박정희 정권은 7·4남북공동성명에 담긴 남북조절위원회의 주요 임무는 충돌 방지라고 설명하고, '회색적인 통일 방안'은 절대 불가하다고 밝혔다.

7월 13일과 28일에는 유럽 거점 간첩단 사건으로 사형 선고를 받았던 김규남과 박노수가 처형된다. 다른 사상범 30여 명도 이 무렵 모두 처형됐다. 상식적으로 판단하면, 7·4남북공동성명이 발표됐으면 거기에 따라 처형이 오히려 연기돼야 하는 것 아닌가. 김규남과 박노수는 2013년 법원에서 재심을 통해 무죄로 확정됐다. 하여튼 이것도 반공 태세를 강화하고 허점을 만들지 않겠다는 박정희다운 조치가 아니겠는가.

—— 이 무렵 남북 정상 회담 이야기도 오가지 않았나.

이후락에 앞서 1972년 3월 정홍진(중앙정보부 협의조정국장)이 방북했을 때도 그렇고, 그 이후에도 북한은 정상 회담을 하자고 한 것

동백림 사건 2년 후인 1969년, 김형욱이 이끌던 중앙정보부에서 박노수, 김규남 등을 잡아들여 간첩으로 몰아갔다. 유럽 거점 간첩단 사건은 그렇게 시작됐다. 사건 당시 박노수는 케임브리지대에 재직 중이던 연구자였고 김규남은 민주공화당의 현역 의원이었다. 1970년 대법원은 두 사람에게 사형 확정 판결을 내렸다. 두 사람은 재심을 청구했지만, 1972년 7월 돌연 형장의 이슬로 사라졌다.
진실·화해를 위한 과거사 정리 위원회(진실화해위)는 2009년 10월 이 사건에 대한 진상 규명 내용을 의결하고, 국가의 사과와 법원의 재심을 권고했다. 진실화해위는 사건 당시 영장 없이 불법 연행·구금, 김형욱 중앙정보부장이 박노수를 권총으로 위협한 것을 비롯해 중앙정보부 요원들이 각종 가혹 행위를 한 점, 재심 개시 심리 중 사형을 집행한 점 등의 문제점을 지적했다. 2013년 10월 서울고등법원은 박노수와 김규남에 대한 재심에서 무죄를 선고했다.

1972년 12월 1일 박정희가 남북조절위원회 북측 대표단과 악수를 하고 있다. 이날 박정희는 아무런 구체적 제안 없이 소극적인 태도만 취했다. 사진 출처: e영상역사관

으로 나와 있다. 그러나 박정희는 그것을 거부했다. 남북 관계의 진전이 불러올 변화를 바라지 않았기 때문이다. 그리고 김연철 교수가 쓴 글을 보면, 한때 박정희 정권은 7·4남북공동성명의 발표 자체를 하지 않으려 했다고 나온다. 이 부분에 대해 미국은 북한의 적극적인 평화 공세 때문에 박정희 정권이 공개하지 않을 수 없었다고 분석했다.

1972년 11월 2일 이후락 등이 방북해 제2차 남북조절위원회 공동 위원장 회의를 여는데, 여기서 실질적 논의가 이뤄진다. 그런데 박정희는 이 회의 결과에 불만이 많았다. 남북 대화가 '실질적으로' 뭔가 진척되는 것에 대해 불만이 많았다는 뜻이다. 그해 11

월 30일 제3차 남북조절위원회 공동 위원장 회의가 이번에는 서울에서 열렸는데, 이때는 북한의 압박에도 불구하고 회의에서 별다른 진척이 없었던 것으로 나와 있다. 남쪽은 시간 벌기를 하고 있었다. 12월 1일 북한 대표단을 만난 자리에서 박정희는 아무런 구체적 제안 없이 단계론만 이야기하는 모습을 보였다. 이렇게 남쪽이 소극적인 태도를 취하자 1973년에 들어서면서 북쪽도 남북조절위원회 회의에 흥미를 잃어가는 것처럼 보였다고 홍석률 교수의 책《분단의 히스테리》에 쓰여 있다.

김대중 납치 사건으로 남북 대화 중단
더 강한 반공·반북 운동으로 유신 체제 수호

── 최고 권력층의 속내, 남북 대화의 구체적인 상황 등을 충분히 파악하기 어려웠던 이 당시에는 어느 장단에 춤춰야 할지 판단하기가 쉽지 않았을 것 같다는 생각이 든다.

어떻게 보면 연극 같기도 하고 앞뒤가 안 맞는다고도 볼 수 있는 통일 관련 여러 사항은 조금 지나면 안개가 걷히게 된다. 1973년 6월 23일 박정희는 '평화 통일 외교 정책에 관한 특별 선언'(6·23선언)이라는 중요한 선언을 발표한다. "우리는 긴장 완화와 국제 협조에 도움이 된다면 북한이 우리와 같이 국제 기구에 참여하는 걸 반대하지 않는다"고 하면서 놀라운 제안을 한다. "국제연합 다수 회원국의 뜻이라면 통일에 장애가 되지 않는다는 전제 하에 우리는 북한과 함께 국제연합에 가입하는 것을 반대하지 않는다. 그리고

1973년 6월 23일 '평화 통일 외교 정책에 관한 특별 선언'(6·23선언)을 발표하고 있는 박정희. 박정희는 "우리는 긴장 완화와 국제 협조에 도움이 된다면 북한이 우리와 같이 국제 기구에 참여하는 걸 반대하지 않는다"고 말했다.

우리는 국제연합 가입 전이라도 대한민국 대표가 참석하는 국제연합 총회에서 한국 문제 토의에 북한 측이 같이 초청되는 걸 반대하지 않는다. 대한민국은 호혜 평등의 원칙 하에 모든 국가에 문호를 개방할 것이며 우리와 이념과 체제를 달리하는 국가들도 우리에게 문호를 개방할 것을 촉구한다", 이런 내용이다.

이처럼 6·23선언은 여러 측면에서 중요한 내용을 담고 있었다. 물론 유엔 총회에서 이뤄지는 한국 문제 토의에 북한과 같이 초청되는 걸 반대하지 않는다는 건 현실을 반영한 것에 지나지 않았다고 이야기할 수는 있다. 그렇다고 하더라도 현실을 긍정하는 그 자체가 중요하다. 그리고 유엔 동시 가입 건도 당시 통일 세력한테는 비난을 받았지만 과거의 통일 정책을 전면 수정한 것으로, 이 제의 자체는 중요하다.

── 북한 쪽은 어떠했나.

6·23선언이 나온 그날 김일성도 조국 통일 5대 강령이라는 것을 발표했다. 여기서 여러 중요한 제안을 했는데, 그중 제일 중요한 것이 단일 국호에 의한 남북 연방제를 실시하자는 것이었다. 그러면서 고려연방공화국이라고 하는 게 좋을 것이라고 이름까지 붙였다. 아울러 유엔에 남한과 북한이 각각 들어가서는 안 된다고 주장하면서, 연방제라도 실현한 다음에 고려연방공화국이라는 국호를 가지고 하나의 국가로 들어가야 한다고 역설했다.

어쨌건 박정희가 6·23선언을 한 건 데탕트 추세에 맞춘 것이라고 볼 수 있는데, 그해 9월 18일에 열린 유엔 총회에는 남북한이 옵서버로 동시에 참석했다. 그해에는 남북한을 유엔 총회에 동시에 초청할 수밖에 없는 분위기가 있었고 그런 속에서 6·23선언이 나오게 된 것이다.＊ 그런데 6·23선언이 나온 후 얼마 지나지 않아 바로 문제가 불거진다.

—— 어떤 문제가 발생했나.

6·23선언 후 두 달도 안 지난 1973년 8월 8일 김대중 납치 사건이 일어난다. 그러자 북한은 남쪽과 이제 대화를 할 수 없다고 나왔다. 김대중 납치 사건에 중앙정보부가 깊숙이 개입한 것이 계기 또는 핑계가 된 것이겠지만, 8월 28일 김영주 남북조절위원회 평양 측 공동 위원장은 "이후락과 같은 자들을 제거하고, 민족적 양심이

＊ 1973년 5월 북한은 유엔 산하 기구인 세계보건기구에 가입했다. 이를 계기로 뉴욕에 유엔 주재 대표부를 설치하고, 유엔 총회에서 이뤄지는 한국 문제 토의에 옵서버 자격으로 처음으로 초청됐다. 한편 남북한이 처음으로 동시에 참석한 1973년 9월 18일 유엔 총회에서는 동서독의 유엔 동시 가입안이 만장일치로 통과됐다.

있고 쌍방 사이의 신의를 지킬 줄 알며 민족 분열의 고정화를 반대하고 진정으로 평화 통일을 염원하는 사람으로 교체할 것을 제기한다"고 발표했다. 남북조절위원회 남측 공동 위원장을 이후락 중앙정보부장이 아닌 다른 사람으로 바꾸라는 것이었다. 이와 함께 "김대중을 비롯하여 체포, 투옥한 애국자들을 석방해야 한다"고 주장했다. 실질적으로 대화를 중단하겠다는 것을 이런 성명으로 표현한 것이다.

그때부터 박정희는 1971년 국가 비상사태 선언에 나온 것과 같은 강렬한 반북, 반공 캠페인을 벌이게 된다. 1975년 인도차이나 사태, 1976년 판문점 도끼 사건이 일어나면서 그것은 훨씬 더 격렬한 형태로 전개된다.

정리하면, 1960년대에 분단 고착화 정책을 강력하게 폈던 박정희는 1970년에는 8·15선언 등을 통해 국제 데탕트 분위기에 호응하는 것 같기도 했다. 그렇지만 다른 한편으로는 국제 정세와 북한의 동향을 볼 때 중대 위기에 처해 있다고 하면서 1971년 12월 6일 국가 비상사태 선언을 공표했다. 그러면서 10·17쿠데타 무렵, 그러니까 7·4남북공동성명에서 시작한다고 말할 수 있지만, 북한을 협조 대상으로 간주하면서 한반도 평화 정착과 평화 통일을 위해 유신 체제를 성립시켰다고 주장했다.

그러다가 1973년 8월 남북 대화가 중단된 것을 계기로 유신 체제를 수호하고 공고화하는 데 극우들의 전가의 보도인 반공, 반북 캠페인을 적극 활용했다. 유신 체제 중반기와 후반기를 보면 반공, 반북 운동이 없으면 어떻게 유신 체제가 유지될 수 있겠는가 하는 생각이 들 정도다. 그 정도로 한국 역사상 가장 심한 반공, 반북 캠페인이 전체주의적 방식으로 벌어졌다. 다시 말해 유신 쿠데타를 일으키는 데에는 통일보다 더 좋은 명분은 없다는 점을 잘 알고서 통일을 이용했고, 유신 체제를 지키고 굳건히 하는 데에는 반공, 반북 운동보다 더 좋은 건 없다는 점을 잘 알고 그 방식을 택했다. 여기서 한 가지 논의할 것이 있다.

극렬한 반공·반북 캠페인이 빚은 파시즘적 비인간성, 그 일그러진 초상

— 무엇인가.

박정희 추종자들, 극우 반공 세력 가운데 일부는 '박정희가 유신 정변을 일으킨 건 통일을 준비하기 위해서였다. 1990년대에 들어와서 남북 관계가 급속히 진전된 것, 즉 1991년 남북기본합의서도 발표하고 하게 된 것은 박정희가 통일 준비로 경제를 발전시켰기 때문이다', 이런 주장을 폈다. 이런 주장이 얼마나 허구인가 하는 것을 두 가지 측면에서 이야기할 수 있다.

우선 유신 시대에 그야말로 극단적인 반공 캠페인을 여러 형태로 전개하지 않았나. 교육이나 TV 또는 대중 동원을 통해 그런 게 이뤄졌고 한편으로는 애인도, 친척도, 이웃도 간첩일 수 있다면서 간첩을 색출하자는 데 총력을 기울였다. 그런데 그때 반공 이데올로기가 강하게 뿌리박힌 사람들은 2000년 6·15 남북 정상 회담 이후에도 남북 관계가 잘되는 걸 적대시한다고 할까, 남북 교류 등이 잘되고 한반도 평화 조성 작업이 잘돼나가는 것에 대해 강렬한 적대감과 공포감 같은 걸 보여주면서 비난하고 반대했다. 그러면서

1972년 5월 1일 여의도 5·16광장(오늘날
여의도광장)에서 열린 반공 국민 총궐기 대회.
1975년 이후에 전개된 반공 캠페인은 그 이전보다
모든 면에서 훨씬 극렬한 형태로 전개됐다.
사진 출처: e영상역사관

긴장을 고조시키고 전쟁을 불사하면서 '북한은 곧 망한다'는 식의 흡수 통일론을 강하게 주장했다. 한반도 평화를 이뤄내고 통일로 나아갈 수 있는 남북 협력과 교류의 길을 차단하는 역할을 한 것이다.

예전에 조봉암의 평화 통일론을 이야기하면서 이승만 대통령의 북진 통일론이 통일 논의를 철저히 억제하고 차단하는 역할을 수행했다는 점을 설명한 바 있다. 바로 그러한 북진 통일론과 비슷한 효과를 유신 세력들이 발생시키는 것을 볼 수 있다.

— 그런 의미에서도 유신 쿠데타 이후 7년에 걸친 암흑기를 돌아보는 것은 한국 사회의 미래를 열어가는 작업과 이어져 있다는 생각이 든다.

이들은 박정희 시대에만 철저하게 분단을 고착화하는, 그래서 분단 체제라고 할 만한 현상까지 나타나게끔 하는 일을 한 것이 아니다. 1987년 6월항쟁 이후 남북 관계가 새로운 방향으로 나아갈 때에도 그것에 대한 가장 강한 반대 세력으로 여전히 큰 역할을 하면서, 말로는 '통일 준비로 유신 체제를 만든 것이다. 경제를 발전시켰기 때문에 통일할 수 있는 여건이 마련된 것이다', 이렇게 강변했다. 그러면서 이명박·박근혜 정권이 남북 간의 소통을 모두 두드려 막았고, 1970년대 후반처럼 한반도 위기 상황은 한껏 고조됐다. 하여튼 박정희 정권 시대, 그중에서도 유신 체제, 특히 유신 후기인 1975년 이후 전개된 반공 캠페인은 특정 지역 사람들 및 일정한 연령층의 사람들을 포함한 상당수의 국민들로 하여금 굉장히 강한 반북, 반공 감정을 지금도 강렬히 갖게끔 하는 영향을 끼쳤다.

— 두 가지 측면 중 다른 하나는 무엇인가.

달리 이야기하면 이들은 인간이 살 수 없는 곳, 이리 떼나 흡혈 귀 같은 사람들이 사는 곳이 북한이라는 식으로 1970년대에 주장했다. 특히 1975년 이후 초·중등학교 복도나 교실에 붙어 있던 포스터라든가 구호에 그런 것이 잘 나타나 있다. 이건 반공 이데올로기라는 것을 떠나서 교육면에서 있을 수 없는 것이라고 본다. 인간에 대한 증오심을 갖게 하는 교육, '북한에는 인간이 사는 것 같지 않네' 하는 감정을 갖게 하는 교육은 동포애 문제 이전에 인간이 보편적인 인류애를 가지고 접근하는 걸 다 막아버리는 것 아닌가. 그런 식으로 증오심과 적대감을 품게 해서 어린 학생들에게 비인간성을 강제한 것이다. 난 이걸 파시즘적 비인간성이라고 본다.

어쨌건 1970년대에도 북한이 쫄딱 망하기만을 바라고 북한의 인간들이 어떤 식으로 살아가야 하나, 어떻게 살아갈 것인가에 대해서는 조금도 고민하지 않았는데, 오늘날에도 그와 같이 생각하는 것 아닌가. 인본주의, 인도주의와는 상반되는 인간형이 아직도 상당히 존재하는 것 아닌가. 이런 건 남북 관계를 떠나서 우리 사회 자체를 아주 위태롭게 하는 두려운 현상이 아닌가 하는 생각을 난 항상 갖고 있다.

— 박정희 집권기 남북 대화와 관련해 예전에 이런 의견을 접한 적이 있다. 1960년대까지는 남한이 전반적인 국력에서 북한을 압도하지 못했고 그런 상황에서 교류는 북한에 흡수되는 통로로 이용될 수 있기에 남북 대화 자체가 어려웠지만, 1970년대는 그와 달랐다는 주장이다. 1960년대에 경제력을 키우며 북

한과 대화를 해볼 수 있는 여건을 마련한 박정희 정부가 1970년대 들어 남북 대화 쪽으로 나아간 건 자연스러운 것 아니냐는 의견이다. 이런 주장, 어떻게 보나.

그런 설명을 한다면, 그러면 유신 쿠데타 이듬해인 1973년 이후, 그중에서도 특히 1975년 이후 그렇게까지 극렬하고 과격한 표현을 써가면서 반공 캠페인을 벌인 건 도무지 이해가 안 가는 일 아닌가. 1975년 이후에 전개된 반공 캠페인이라는 건 1950~1960년대와는 비교가 안 된다. 그 규모도 그렇고 모든 면에서 아주 극렬한 형태로 전개된다. 북한에 대한 적개심, 증오심이 말할 수 없이 컸다.

다시 말해 어째서 박정희 쪽에서 1973년 6·23선언 때까지만 통일에 대해 간절한 뜻을 품는 모습을 보이다가 그 이후엔 갑자기 변한 것인지를 설명해야 하지 않나. 그렇지만 그런 시각으로는 이런 걸 도무지 설명할 수 없다고 본다.

1968년 북한의 잇단 무력 공세, 그러나 3선 개헌조차 그 영향 안 받았다

유신 쿠데타 왜 일으켰나, 일곱 번째 마당

김 덕 련 1960년대 후반에서 1970년대 초반에 걸쳐 국제 정세에 큰 변화가 일어난다. 데탕트로 불리는 일련의 긴장 완화 흐름이다. 박정희의 유신 쿠데타를 그러한 데탕트와 연결해 생각하는 경향도 있다. 데탕트라는 국제 정세 변화가 한반도 안보 환경을 바꿨고 그로 인한 위기의식이 1971년 말에는 국가 비상사태 선언, 이듬해에는 유신 쿠데타라는 형태로 표출된 것 아니냐, 큰 틀에서 보면 이런 주장으로 파악된다.

서 중 석 '데탕트라는 위기를 만났기 때문에 10·17쿠데타를 단행한 것이다', 이렇게 노골적으로 주장하는 정치학자가 많지는 않다. 그러나 데탕트라는 위기가 유신 체제로 가는 데 중요했다든가, 데탕트라는 위기와 유신 체제를 연관시켜 연구한 것은 유신 체제의 성립 과정에 대해 지금까지 이뤄진 연구들 중에서 가장 많이 볼 수 있는 형태가 아닌가 하는 생각이 든다.

미국과 중국을 중심으로, 또 유럽에서 데탕트가 한창 진행되고 있던 1972년 박정희가 10·17 특별 선언에서 데탕트 문제를 제기하고 있다. "지금 우리 한반도를 둘러싼 열강들의 기존 세력 균형 관계에 커다란 변화가 있다"고 지적하고 "이것은 우리의 안전 보장에 직접적 또는 간접적으로 위험스러운 영향을 미칠 것으로 보고 있다"면서 데탕트가 한국에 위험한 영향을 줄 수 있다는 이야기를 한 건 사실이다. 그러나 이 특별 선언에서 박정희가 "그렇기 때문에 우리가 우리 운명을 스스로 개척해나가지 않을 수 없다"고 한 것을 사람들이 잘못 해석하는 경향이 있다고 본다.

데탕트 위기가 유신 체제 불렀다는 연구자들,
10·17 특별 선언과 12·27 취임사 제대로 읽었나

── 그렇게 판단하는 근거는 무엇인가.

"우리 운명을 스스로 지키고 개척해나가지 않을 수 없다"고 피력한 박정희는 그것에 이어 "전화의 재발을 미연에 방지하고 평화로운 조국 통일의 길을 모색하기 위해 우리는 27년간의 기나긴 불신과 단절의 장벽을 헤치고 이제 하나의 민족으로서 남북 간의 대화를 시작하는 것입니다"라고 설명했다. 데탕트 분위기에 맞춰가겠다는 것을 아주 분명하게 얘기한 것이다. 데탕트 상황을 정면으로, 주체적 힘으로 소화해 평화로운 조국 통일의 길을 열겠다는 주장이었다.

지난번에 1970년 8·15선언을 다루면서도 이야기했지만, 여기서 "27년간의 기나긴 불신과 단절의 장벽을 헤치고"라고 한 건 결코 지나친 표현이 아니라고 본다. 뭐냐 하면 27년은 1945년부터 계산한 것이지만, 적어도 1953년 휴전 협정 체결 이후 상황을 보면 '우리 스스로 평화로운 조국 통일의 길을 모색하자. 남북 대화를 하자', 이런 주장을 정부 차원에서 한 건 1970년 이전에는 찾아보기 어렵다. 그런 면에서 굉장히 중요하다. 이건 1950~1960년대에는 전혀 볼 수 없는 주장이었다.

그러면 이런 주장이 왜 나왔는가를 데탕트 위기론과 결부해 설명해야 하는 것 아닌가. 그런데 데탕트 위기론과 결부해 유신 체제를 설명하는 사람들은 통일 문제와 관련해 박정희가 계속 강조한 '우리 스스로 평화 통일을 이룩하고 한반도 평화를 위해 유신 체제라는 대결단을 내리게 됐다'는 이 부분을 연관해서 분석하고 설명하지 않는다. 그 점이 난 중요한 약점이라고 할까, 심각한 문제점이 아닌가 하는 생각을 한다. 박정희가 데탕트 위기론에 어긋나는 주장을 펴는 것은 그 이후를 보면 더욱더 분명하게 나타난다.

—— 구체적으로 어떤 부분에서 그러한가.

1972년 10월 27일 헌법 개정안 제안 이유서에서 평화 통일을 어떤 식으로 강조했는지 지난번에 이야기하지 않았나. 그런데 거기서도 데탕트 문제는 핵심이 아니었다. 물론 데탕트가 우리한테 시련과 도전을 안겨준다는 이야기는 당연히 했지만, 헌법 개정안의 주요한 특징으로 제시한 첫 번째가 "조국의 평화적 통일이라는 역사적 사명 완수를 지향"하는 것이고 두 번째가 "민주주의의 한국적 토착화"였다. 헌법 개정안의 주요 특징으로 제시한 부분에 데탕트 위기 이야기는 안 나온다.

그 이후에 나온 주요 담화를 봐도 데탕트 위기론이 빠져 있다. 그게 특색이다. 그해 12월 23일 박정희 의장의 '통대' 개회사도 마찬가지다. 더군다나 그날 통일주체국민회의 대의원 일동 이름으로 나온 결의문에는 그에 관한 이야기가 한마디도 안 나온다. 그리고 12월 27일 유신 대통령 취임사를 다시 한 번 보면, 여기서 박정희는 데탕트로 가야 한다는 이야기를 노골적으로 강조했다. "이제 우리는 분단의 논리가 지배하는 냉전의 대결 구도에서 벗어나 서로 번영을 추구하는 평화와 조화의 구조로 전환하고 있습니다." 국제적인 데탕트 분위기에 조응하겠다는 걸 이것보다 더 강력하게, 잘 표현한 게 어디 있겠는가. 서독의 빌리 브란트 수상이 얘기한 것과 아주 흡사하지 않나. 그런데 이처럼 데탕트 위기론의 논지에 불리한 부분은 그런 연구들에서 별로 중시하지 않고 있다. 이런 점을 우선 지적하고 싶다.

동아시아와 유럽에 불어온
데탕트 바람

—— 당시 데탕트 흐름으로 어떤 일들이 있었나.

이 시기에 주한 미군 일부 철수, 미국의 아시아 정책 변화, 미국과 중국 간의 데탕트 및 유럽에서 해빙 현상이 있었다. 먼저 유럽 쪽을 보면, 1969년 서독 수상이 된 빌리 브란트는 적극적인 동방 정책을 폈다. 빌리 브란트는 1970년 12월 바르샤바에서 폴란드 쪽과 정치 회담을 하고 나서, 나치 희생자 추모비 앞에서 무릎을 꿇고 독일의 침략 행위를 사과했다. 이 사진은 과거사에 대한 반성과 성찰을 대표하는 사진 중 하나로 전 세계 시사 잡지나 역사책에 많이 실려 있지 않나. 1970년 3월에는 동독에서 동서독 수상이 첫 회담을 했고, 1972년에는 동서독 일반 통행 협정이 조인되고 그해 연말에는 동서독 관계 정상화 기본 조약이 조인됐다.

동아시아 쪽에서도 큰 변화가 이뤄졌다. 리처드 닉슨 미국 대통령은 1969년 7월 아시아 문제에 대한 미국의 군사 개입에 일정하게 한계를 그은 닉슨 독트린을 발표했다. 1971년 3월에는 주한 미군 7사단이 철수했다.

바로 그해 미국과 중국의 관계에 지구를 뒤흔든 엄청난 변화

서독 수상 빌리 브란트는 1970년 12월 폴란드 바르샤바의 나치 희생자 추모비 앞에서 무릎을 꿇고 독일의 침략 행위를 사과했다. 이는 과거사에 대한 반성과 성찰을 상징하는 대표적인 모습으로 널리 회자되고 있다.

가 왔다. 4월에 미국 탁구팀이 베이징에 도착했고, 7월과 10월 두 차례에 걸쳐 헨리 키신저가 대통령 특사로서 베이징 방문길에 올랐다. 10월에는 압도적인 표차로 중국이 유엔에 가입하고, 유엔 안전보장이사회 상임 이사국이 됐다. 자유중국(대만)은 어쩔 수 없이 유엔에서 탈퇴했다. 1972년 2월 17일 닉슨은 역사적인 중국 방문길에 나섰고, 2월 27일 미국-중국 공동 성명을 냈다.[•] 9월 29일에는 중일 수교가 발표됐고 일본과 자유중국은 단교했다.

[•] 2월 17일 워싱턴을 떠난 닉슨은 괌, 상하이를 거쳐 21일 베이징에 도착해 마오쩌둥을 만났다.

한마디로 놀라운 변화가 일어난 것이다. 국가와 정권의 운명을 냉전과 진영 논리에 맡긴 정권이라면 두려움을 가질 수도 있었다. 다시 말해 과거의 행태를 볼 때 박정희 정권으로서는 대단한 두려움을 가질 수도 있었다. 그렇지만 적어도 유신 체제 성립 과정에서 박정희가 발표한 여러 문건 등을 볼 때 박정희는 그런 것에 대해 자신 있는 태도를 보여줬다. 이 점은 뒤에 가서 다른 문제와 결부해 다시 논의하자.

휴전 후 최대의 전쟁 위기 부른
1·21사태와 푸에블로호 사건

── 데탕트라는 조류가 국제 사회에 그 모습을 드러내기 시작할 무렵 한반도에서는 그와 다른 상황이 전개됐다. 특히 1968년을 전후해 북한의 무력 공세가 늘어나고 남북 간 긴장이 고조됐다. 1968년은 북핵 위기가 있었던 1994년과 더불어 휴전 협정 체결 후 전쟁 위기가 가장 고조됐던 때로 꼽힌다. 유신 쿠데타가 1968년을 전후한 전쟁 위기 고조 분위기와 무관치 않다는 의견도 있다. 어떻게 평가하나.

박정희 정권에서 남북 관계에 최대의 위기가 있었다면 1968년, 1969년의 그 상황이 맞다. 그때의 위기라는 것은 휴전 협정 체결 이후 최대였다고 이야기할 수 있다. 박정희 집권 전 기간 중 안보상의 이유로 정치 체제를 바꾼다면 1968년이나 1969년에 하는 것이 그래도 그럴싸했다. 1966년 10월 조선노동당 제2차 당 대표자 대회 이후 북한은 대남 무력 공세를 강화하면서 남한의 베트남 파병과 관련해 한반도에서 제2전선을 펴고자 했다. 그런 것의 일환으로 1968년에 큰 사건이 잇달아 일어나게 된다.

1968년 1월 6일 박정희 대통령 주재로 효율적인 대간첩 작전을 마련하기 위한 비상 치안 회의가 제1군 사령부 회의실에서 열렸다. 여기에는 정일권 총리를 비롯한 모든 국무위원, 김형욱 중앙정보부장, 임충식 합참의장, 각 군 참모총장 및 해병대 사령관, 사단장급 이상의 각 군 일선 지휘관, 전국 도지사, 지방 검사장, 경찰국장 등 160여 명이 참석했다. 박 대통령은 "북괴는 작년도의 10배에 달하는 무장 간첩을 밀파하여 전면적인 유격전을 시도하고 있다"고 경고했다.

이런 큰 회의가 열린 후 1월 15일 연두 기자 회견에서 박 대통령은 "북괴 김일성이가 간첩을 많이 보내 가능하면 게릴라전을 벌이려고 기도하고 있는 것 같다"고 말했다. 북한의 기본 전략을 다 알고 있었다, 이 말이다. 이어서 박 대통령은 "따라서 정부는 휴전선, 해안선, 내륙 지방, 국가 중요 시설의 경비 등 만반의 대비책을 강구하고 있다"고 밝혔다.

—— 그 직후 1·21사태가 발생하지 않았나.

만반의 대비책을 강구하고 있다는 주장은 1·21사태로 설 자리를 잃었다. 박정희 발언이 있고 나서 불과 일주일도 안 지난 1월 21일 일요일 밤 10시경 서울 종로구 청운동과 그 부근에 31명의 무장 게릴라가 침투했다. 군경 합동 수색대는 교전 끝에 22일 그중 한 명(김신조)을 생포하고 일부를 사살했다. 그 뒤에도 계속 교전하면서

군경 합동 수색대에 체포된 김신조(왼쪽)가 1968년 2월 1일 기자 회견을 하고 있다. 김신조는 청와대를 불과 수백 미터 남겨놓고 청운동 고갯길에서 종로경찰서장한테 저지될 때까지 단 한 번의 검문이나 검색도 받지 않았다고 이야기했다. 사진 출처: 국가기록원

이 문제가 마무리되는 데 여러 날 걸린다. 이 과정에서 종로경찰서장 최규식 총경이 전사했고 민간인도 여러 명 희생됐다.

　문제는 무장 게릴라들이 1월 19일 파주 삼봉산을 지나갈 때 이를 발견한 나무꾼들이 당국에 신고했는데도, 이틀이나 지난 21일 밤 10시경 청와대 근처인 청운동 입구까지 오게 만들었다는 것이다. 이 나무꾼들, 그러니까 민간인 4명한테 들켰을 때 무장 게릴라들은 '신고하지 말라'고 협박만 하고 민간인들을 놔줬다. 그렇지만 나무꾼들은 협박에 굴하지 않고 신고했다. 그런데도 청와대 부근에서 그런 일이 벌어졌다. 대비책에 아주 심각한 문제가 발생한 것이다.

　북한이 무장 게릴라를 보내 청와대까지 노린 건 매우 심각한

● 1968년 1월 26일 대간첩 대책 본부는 작전 과정에서 군인 22명, 경찰 2명, 민간인 8명 등 총 32명이 사망했다고 발표했다.

1968년 1월 23일 원산 앞바다에서 나포됐던
푸에블로호 승무원들이 1968년 12월 23일
풀려나 귀환하고 있다. 사진 출처: e영상역사관

일곱 번째 마당

문제다. 북한이 그렇게까지 도발적으로 나왔다는 것은 분명히 심각한 사안이다. 그렇지만 도대체 어떻게 대비했기에 이렇게까지 됐느냐 하는 점도 지적해야 하는 것 아닌가. 바로 15일 전에 박정희 주재로 대규모 비상 치안 회의까지 열지 않았던가. 그런데 당시 언론이 이걸 두려워했고 야당도 이 문제에 대해 강하게 나서지 못했다. 유일하게 생포된 김신조가 이야기를 하면서 모든 게 드러났는데, 청와대를 불과 수백 미터 남겨놓고 청운동 고갯길에서 종로경찰서장한테 저지될 때까지 단 한 번의 검문이나 검색도 받지 않았다고 밝혔다. 그래서 나중에 어떻게 이런 일이 일어날 수 있느냐는 이야기를 들었다. 김신조가 속했던 이 부대는 북한에서 1967년에 창설한 특수 부대인 124군 부대로 나중에 알려진다.

— 1·21사태 직후 푸에블로호 사건까지 일어나면서, 전면전이 재발하는 것 아니냐는 걱정을 하게 만드는 상황까지 치닫지 않나.

1월 23일 미군의 정보함인 푸에블로호가 원산 앞바다에서 정찰하다가 북한에 나포돼 끌려갔다. 1·21사태가 일어난 지 48시간도 안 지난 때였다. 미국으로서는 당시까지 이런 일이 아주 드물었고 어느 지역에서나 감히 미국에 도전한다는 건 생각하기 어려운 일이었는데, 그런 일이 현실에서 일어난 것이다.

그러자 미국의 핵 추진 항공모함인 엔터프라이즈호가 기동 함대를 이끌고 동해 현장으로 항진했고, 극동 주둔 제5공군에 전투태세를 갖추라는 명령이 떨어졌다. 미국 국무장관 딘 러스크는 푸에블로호 사건을 일종의 전쟁 행위로 규정할 수 있다고 말했다. 린든 존슨 미국 대통령은 25일 공군과 해군에 대한 부분적인 동원령도 내렸다. 그런데 이 사건이 났을 때 미국 소식통에서는 '한미 양국이 한국 전선에서 더 이상 병력을 빼내지 못하게 하는 방식으로 북베트남을 간접 지원하고, 이미 베트남에서 싸우고 있는 한국군 5만 명에 더해 병력을 증파하는 문제가 제기됐는데 이를 더 논의할 여지가 없게 만들기 위해 이런 일이 일어났다'고 지적했다.

공교롭게도 1월 30일에는 베트남에서 그 유명한 구정 대공세가 전개된다. 냐짱(나트랑), 다낭 등 10개 시에서 공방전이 치열하게 벌어졌고 무려 7개의 성도가 일시적으로 점령되는 사태가 일어났다. 사이공 주재 미국 대사관이 한때 점거되기도 했다. 사이공의 대통령 관저 피격에 이어 '응웬 반 티에우 대통령은 어디로 갔느냐'고 하는, 즉 대통령 소재 불명 상황도 발생했다. 그리고 월맹(북베트남)이 미국 해병대와 월남 특수 부대가 주둔하고 있던 케산 기지를 공격하면서 도처에서 격전이 벌어졌다.

이러한 베트남전쟁과 어느 정도는 연관성이 있어 보이면서도 북한 내부의 과격 모험주의 노선이 1·21 청와대 기습 작전과 1월 23일 푸에블로호 나포 사건으로 이어진 것으로 몇몇 연구자들은 판단했다.

한반도 긴장 고조 상황을 활용해
권력을 강화한 박정희 정권

── 이러한 일련의 위기 상황에서 박정희 정권과 미국은 엇박자 행보를 보이지 않나.

1968년 1월 31일 서울운동장에서 열린 한국반공연맹 주최 북괴 만행 규탄 범시민 궐기 대회에 10만여 명의 시민들이 몰렸다. 사진 출처: 국가기록원

　홍석률 교수가 책에 상세히 썼는데, 박 대통령은 1·21사태와 푸에블로호 사건에 미국이 아주 다른 방식으로 대처하는 것에 굉장한 배신감을 느끼고 미국에 강경히 항의했다. 그와 함께 궐기 대회가 대대적으로 열렸다. 1월 말경 서울 시내 중·고등학생들이 가두 시위를 벌이면서 김일성 화형식을 했고 다른 지역에서도 궐기 대회를 열었다. 30일에는 서울 시내 중·고등학교 및 지방 일부에서 궐기 대회가 열렸고, 31일에도 시민, 학생 10만 명이 서울운동장에 모여 '북괴 만행 범시민 궐기 대회'를 열었다. 이런 궐기 대회를 2월 5

1968년 1월 31일 서울시청 앞에서 열린 북괴
만행 규탄 범시민 궐기 대회에서 김일성 모형
화형식을 거행하고 있다.
사진 출처: 서울사진아카이브

일경까지 대대적으로 열었다.

다른 한편으로 박 대통령은 '대책을 강구해야 한다. 북한에 보복해야 한다'고 미국에 강력히 요구했다. 한국은 월남전에 미국 다음으로 많은 전투병을 파견했기 때문에 미국으로서는 한국 정부를 무시할 수 없었다. 박 대통령을 달래기 위해 2월 8일 존슨 미국 대통령은 한국에 1억 달러 추가 군사 원조를 특별히 배정하겠다며 의회에 이를 요청했다. 그럼에도 박 대통령은 '제한적인 범위 내에서라도 보복해야 한다. 경고 조치로서 그렇게 하지 않으면 안 된다'고 계속 강조했다. 그러자 2월 중순에 사이러스 밴스 특사가 한국에 와서 '한국의 안전이 위협을 받게 되면 미국이 즉각 행동을 취하겠다'는 양국 간의 방위 조약 약속을 재확인하게 된다. 그러면서 4월 17일 한미 정상 회담이 열린다. 원래 그전에 예정돼 있었던 것인데 미국에서 흑인 투쟁, 흑인 폭동이 발생하면서 잠시 연기됐다가 이때 하와이 호놀룰루에서 열린다. 5월 27일과 28일에는 워싱턴에서 양국 국방부 장관이 한미 국방 각료 회담을 열고 안보 문제를 논의했다.

그런데 나는 이러한 큰 사태가 일어나면 박 대통령이 '국가 안보가 굉장한 위기에 처한 것 아니냐', 이런 주장을 하면서 중요한 정치적 행동을 할 수도 있었다고 생각하는데 박 대통령은 그렇게 하지 않았다. 오히려 국가의 통제 능력, 전쟁 대비 능력을 계속 강화하는 방향으로 나아갔다. 다시 말해 이런 사건을 계기로 오히려 박정희 정권이 한층 더 강화된다고 여길 수 있는 면을 잘 보여준 것이다. 이 점이 굉장히 중요하다.

── 어떤 점에서 그러한가.

한일협정 반대 운동이 고조됐던 1964~1965년에 박 대통령은 오히려 계속 권력을 강화했다고 전에 이야기하지 않았나. 1960년대 후반을 살펴봐도, 1967년부터 징병제를 강화하고 주민 등록을 일제히 정립해 주민에 대한 통제를 강화하고 있었다. 그러던 차에 1966년부터 빈번하게 일어나던 휴전선 부근 충돌에서 한 단계 더 나아가 1968년 1·21사태 같은 것이 발생하자 이제는 더 강력한 국가 동원 체제로 가서 향토 예비군을 설치하고 주민등록증을 발급했다. 이건 울진·삼척 사건이 일어나기 전에 생긴 현상이다.

향토 예비군 문제는 1971년 대선에서도 크게 논란이 됐다. 원래 1961년 12월에 향토 예비군 설치법을 마련했지만, 시행령이 없어서 일종의 죽은 법과 다름이 없었다. 박 대통령은 이걸 꺼내서 1968년 2월 20일, 1·21사태 한 달 후인 이때 국무회의에서 의결했다. 이것에 대해 유진오 신민당 당수는 영구 집권 태세로 가기 위해 1·21사태를 역이용하고 있는 것이라고 비난하면서 향토 방위법, 향군 무장 같은 것을 반대했다. 5월 10일에는 신민당 의원이 전원 불

● 1·21사태 직후 별다른 조치를 취하지 않았던 미국은 푸에블로호 사건이 터지자 곧바로 전투태세를 강화했다. 이에 대해 박정희와 한국의 군부 등은 분개했다. 푸에블로호 선원 송환 등의 문제를 풀고자 1968년 2월 2일부터 미국이 판문점에서 북한과 비밀 협상을 한 것도 박정희 정권을 자극했다. 다른 곳도 아닌 청와대를 습격하려 한 사건이고, 더욱이 베트남에 5만 대군을 보내 미국을 돕고 있는데도 그런 취급을 받는 건 있을 수 없는 일이라고 여긴 것이다.

박정희 정권 측의 이런 심정은 밴스 특사 방한 때 그대로 표출됐다. 2월 11일 밴스 특사가 김포공항에 도착했을 때, 한국 쪽에서는 차관만 마중을 나갔을 뿐 장관 이상 인사 중에서는 어느 누구도 공항에 가지 않았다. 2월 13일 국회를 방문한 밴스 특사는 한국 측 인사들의 항의에 시달렸다. 박 대통령의 심복으로 꼽히던 이효상 국회의장은 "쿠바의 무장 공비가 백악관을 습격했다면 미국 국민들은 얼마나 격분했겠느냐. 북괴 공비의 청와대 습격이 우리 국민들을 분격케 한 심정을 왜 모르느냐"고 따졌다. 또한 베트남에 주둔한 한국군을 이번 사건을 계기로 철수시켜야 한다고 주장하는 의원들도 있다며 밴스 특사를 압박했다. 박준규 국회 외무위원장은 "푸에블로 사건 때 미 8군에 비상경계를 내렸는데 공비 사건 때는 왜 안 내렸는가"라고 항의했다.

1968년 12월 5일 박정희는 오랫동안 준비해온 국민교육헌장을 선포했다. 그는 파시즘적 국가 동원 체제의 이념 체계인 국민교육헌장을 학생, 공무원 등에게 달달 외우게 했다. 사진 출처: e 영상역사관

참한 가운데 향토 예비군 설치법 개정안, 주민등록법 개정안이 국회에서 통과된다. 향토 예비군 편성은 야당 반대와 상관없이 계속 진행돼 그해 4월 1일 대전에서 창설식을 하게 된다. 8월 15일까지 예비역 192만 명 중에서 187만 명이 편성 완료됐다.

— 북한의 연이은 무력 공세가 결과적으로 박정희 정권에 힘을 실어준 셈 아닌가.

이 시기에 박정희 정권이 계속 강화되는 현상은 월남 파병 속에서 이뤄진 미국의 지원과 연결해서도 볼 수 있지만 북한이 모험주의, 급진 좌경주의 방식으로 나온 것도 오히려 박정희 정권을 강

　　　　　　　　　　　　　　　　　　　유신 쿠데타 왜 일으켰나

화하는 데 도움이 많이 됐다. 1968년 11월 5일 대간첩 대책 본부는 11월 2일 밤 동해안인 경북 울진에 30명 내외로 추산되는 무장 '공비'가 불법 침입해 주민을 학살하는 사건이 발생했다고 발표했다. 마을 사람들이 보는 앞에서 주민을 대검으로 찌르고 돌로 무참히 살해한 예를 설명하기도 했다. 그것에 이어서 삼척 지구에도 상당수의 무장 게릴라가 침투했다는 발표가 났다. 이걸 울진·삼척 공비 사건 또는 무장 게릴라 사건이라고 부른다.

이 사건은 휴전 협정 이후 최대의 남북 군사 갈등이라고 볼 수 있다. 일부에서는 북한이 베트남전과 긴밀히 연결해 제2전선을 형성하려는, 게릴라를 보내 남쪽과 미국의 군대를 묶어두려는 것이었다고 설명하고 있다. 하여튼 1968년 남북 관계가 최악의 상태로 가고 있었다는 점은 분명하다.

그런 속에서 1968년 12월 5일, 울진·삼척 사건이 아직 진행 중일 때인데, 그간 오랫동안 준비해온 국민교육헌장을 선포했다. 파시즘적 국가 동원 체제의 이념 체계라고 이야기되는 국민교육헌장을 일제 때 교육칙어처럼 학생, 공무원 등에게 말 그대로 달달 외우게 했다.

1969년 4월 15일에는 승무원 31명을 태운 미국 해군의 네 발 EC-121 프로펠러 정찰기 1대를 북한 측에서 격추했다. 그 잔해가 동해상에서 발견됐는데, 미국에선 강경하게 대응하겠다는 태도를 취하고 그랬다. 한편 북한의 모험주의 세력들은 1969년에 들어와 숙청된다.

어쨌건 이런 북한의 무력 침투에 대해 박 대통령은 한편으로는 '보복 공격을 해야 한다'고 미국에 강력히 역설하면서 다른 한편으로는 향토 예비군 설치, 주민등록증 발급, 그리고 조금 있으면

교련 실시 같은 걸 통해 대민 통제력을 강화했다. 그뿐만 아니라 금단의 영역이던 일본과 군사 교류도 활발하게 했다. 1969년 일본 육상 자위대 장군 야마다 마사오가 한국군을 시찰한 후 대통령을 만났고, 1970년 자위대 정무 차관이 한국을 방문했다. 1971년에는 국방부 차관 유근창이 일본 자위대와 국방대학을 시찰했다.

1968년 1·21사태, 울진·삼척 게릴라 침투 사건은 1969년 3선 개헌에조차 영향을 끼치지 않았다

—— 1968년에 전쟁 위기가 고조되고 1969년에는 EC-121 격추 사건이 발생했다. 그로부터 몇 달 후 박정희 대통령은 3선 개헌을 강행하는데, 그때 이런 사안들을 적극 활용하는 모습을 보이지는 않나?

1972년 10·17 특별 선언 등에서는 데탕트 위기가 그래도 조금 언급은 되고 있는데, 1969년 3선 개헌 때에는 언급이 없었다. 3선 개헌을 하는 주요 이유로 이런 문제가 대두되지 않았다. 1969년 7월 25일 박 대통령은 3선 개헌에 관한 가장 중요한 담화인 7·25 특별 담화를 발표하는데 '북한의 무력 공세 때문에 3선 개헌이 필요하다'라든가 '우리 정치 체제를 바꿔야 한다', 이런 내용은 들어 있지 않았다. 그 대신 3선 개헌에 반대하는 야당을 강도 높게 비난하는 내용이 담겨 있었다.

1971년의 비상사태 선언이나 유신 체제 시기와는 달리 1969년 3선 개헌을 할 때 박정희가 바로 그 전해인 1968년에 있었던 1·21

사태나 울진·삼척 게릴라 침투 사건을 3선 개헌의 주요 명분으로 내세우지 않은 것은, 국민들에게 그것이 그다지 설득력이 있다고 보지 않았기 때문이었을 것이다. 1971년의 비상사태 선언이나 유신 체제 시기와는 다르게 안보를 정략적으로 이용한다는 발상이 아직은 미약했기 때문일 수도 있다. 안보 면에서 어느 때보다도 중요했던 이 시기에 박정희 대통령은 자신의 권력 강화에 자신감을 갖지 않았나 하는 생각이 든다. 그 이전 시기보다 자신감이 더 강하게 드러나 보인다고 이야기할 수 있다. 휴전 협정 이후 1980년대 말까지 남북 간에 1968년 무렵의 이런 사건들보다 더 큰 사건이 없었는데도 이를 계기로 국가 비상사태 선언 같은 것을 선포하는 모습을 보이지 않았다. 이런 점들을 볼 때 1968년 무렵의 한반도 긴장 고조 분위기를 가지고 유신 쿠데타를 설명하는 건 적절치 않다고 볼 수밖에 없다.

1971년 느닷없이 '국가 비상사태 선언', 이어서 비상대권 체제로 전환

유신 쿠데타 왜 일으켰나, 여덟 번째 마당

김 덕 련 1972년 10·17 특별 선언이나 그해 연말까지 나온 여러 담화 등에서는 북한을 강하게 비난하기보다는 야당을 공격하는 내용이 더 비중 있게 담겨 있었지만, 그 전해에 국가 비상사태를 선언할 때는 그와 분위기가 달랐다고 지난번에 이야기했다. 국가 비상사태 선언에는 어떤 내용이 담겨 있었나.

서 중 석 박정희 대통령이 북한의 남침 야욕 때문에 비상 조치를 취할 수밖에 없다고 선포한 대표적인 것이 1971년 12월 6일 공표한 국가 비상사태 선언이다. 이 선언의 일부를 살펴보자. "최근의 국제 정세와 북괴의 동향을 면밀히 분석, 검토, 평가한 결과 지금 우리 대한민국의 안전 보장은 중대한 위기에 처해 있다고 판단되어 오늘 전 국민에게 이를 알리는 국가 비상사태를 선언하였습니다." 데탕트 위기론이라면 이런 걸 가지고 많이 이야기해야 하는데, 그렇게까지는 하지 않더라.

구체적으로 6개 항목을 발표하는데 그중 몇 가지를 살펴보면, "안보상 취약점이 될 일체의 사회 불안을 용납하지 않으며 불안 요소를 배제한다"고 천명했다. 그에 이어서 관심을 끄는 표현이 나온다. "언론은 무책임한 안보 논의를 삼가야 한다." 언론을 강하게 통제하겠다는 뜻을 명확하게 드러낸 것이다. "모든 국민은 안보 위주의 새 가치관을 확립하여야 한다", "최악의 경우 우리가 향유하고 있는 자유의 일부도 유보할 결의를 가져야 한다", 이런 내용도 담겨있다. 안보의 강조는 향토 예비군 관련 연설문 등에서도 나왔지만, 이 국가 비상사태 선언에서는 유신 체제를 특징짓는 총력 안보가 전면적으로 등장했다는 점에서 대단히 중요한 의미가 있다.

그러면서 박정희는 중국이 유엔 안전보장이사회 상임 이사국

朴大統領, 國家非常事態 선언

"重大時點단정…政府施策 安保에 最優先"

무책임한 安保論議삼가
最惡경우 自由一部도
社會不安要素 일체不容

박정희가 국가 비상사태를 선언했다고 보도한 1971년 12월 6일 자 동아일보 기사. 선언에는 "언론은 무책임한 안보 논의를 삼가야 한다", "모든 국민은 안보 위주의 새 가치관을 확립하여야 한다", "최악의 경우 우리가 향유하고 있는 자유의 일부도 유보할 결의를 가져야 한다" 등의 내용이 담겨 있다.

이 된 것도 경계해야 한다고 하고 있지만, 특히 북한의 침략 야욕을 맹렬히 비난했다. "한반도의 국지적 긴장은 우리들의 사활을 가름하는 초중대사다", 이렇게 얘기하면서 "북괴는 김일성 유일사상의 광신적인 독재 체제를 구축하여 북한 전역을 요새 병영화하고 전쟁 무기의 양산에 광분하고 있습니다"라고 주장했다.

국가 비상사태 선언은 유신 체제와 같은 강권 체제가 등장할 것임을 예고한 서곡이었다. 3선 개헌만 하더라도 민주공화국 헌법 절차를 밟았지만, 국가 비상사태 선언에 나타난 "언론은 무책임한 안보 논의를 삼가야 한다", "모든 국민은 안보 위주의 새 가치관을 확립하여야 한다"는 총력 안보는 박정희 한 사람의 독재 권력 구축을 위해 국민의 알 권리를 봉쇄하고, 그리하여 언론·출판·집회·결사의 자유와 주권 재민의 민주주의를 공공연히 침해하겠다는 대담한 선언으로 해석될 수 있다.

── 국가 비상사태 선언을 해야 할 만큼 심각한 안보 위기가 당시 있었나.

데탕트 위기론을 가지고 설명하는 데에는 이 국가 비상사태 선언보다 더 적합한 건 없다고 이야기할 수 있는데, 국가 비상사태 선언에 쓰여 있는 것이 적실한지 검토해보자. 박정희가 1972년 10·17쿠데타를 일으킬 때부터 유신 헌법을 선포할 때까지는 안보에 대한 심각한 위기의식을 보여주는 어떤 것도 없었다. 그런 심각한 위기의식을 느꼈다고 박정희가 강조한 시점은 1971년 12월 돌연히 국가 비상사태 선언을 하고 '국가 보위에 관한 특별 조치법'(국가보위법)을 변칙적으로 통과시킬 때다. 이때 앞에서 이야기한 것처럼 "이러한 최근 중국의 유엔 가입을 비롯한 국제 정세의 급변과 한반도에 미치는 영향 및 북한 괴뢰의 남침 준비에 광분하고 있는 제 양상들"로 인해 "대한민국 안전 보장 상황이 중대한 시점에 처하였다"고 단정하고 이 때문에 비상사태를 선언했다고 밝혔다.

이러한 주장은 비상사태 선언뿐만 아니라 이 선언에 즈음한 박정희의 담화나 김성진 청와대 대변인의 설명, 김종필 국무총리의 보고에서도 똑같이 강조됐다. 특히 북한의 침략 야욕이 거듭 강조됐다. 그런데 생각해보면 북한의 전쟁 준비 광분이나 침략성이라는

건 박 대통령이 아주 자주 사용하던 단골 메뉴 아니었나. 강약의 차
이는 있어도 그것이 특별히 새로운 것이라고 이야기하기는 어렵다.

'데탕트 위기' 의식 표출된 국가 비상사태 선언
그러나 남북 관계는 어느 때보다도 평온했다

— 국가 비상사태 선언은 법적 근거를 갖추고 있었나? 여론 반응
이 어떠했는지도 궁금하다.

청와대 대변인은 대통령 취임 선서에서 그 근거를 찾았다. "나
는 국가를 보위하고 ……"라는 구절에서 그 근거를 찾을 수 있다는
주장이었다. 이에 대해 한 야당 의원은 "포복절도할 노릇"이라면서,
그 선서에는 국가 보위뿐만 아니라 국헌을 준수하고 국민의 자유도
신장한다고 돼 있는데 그 부분은 어떻게 되는 것이냐고 물었다. 또
다른 야당 의원은 국헌을 준수하는 가운데 국가를 보위하라는 게
그 취지라고 설명하면서, 이 선언이 초헌법적이고 탈헌법적이라고
주장했다.
　　이 선언에 대한 반응으로 동아일보 보도를 살펴볼 필요가 있
다. 동아일보는 사설에서 "동북아를 둘러싼 정세가 해빙 무드를 보
이고 있지만 북괴의 무력 증강과 침략성이 아직 가시지 않아 국민
의 대공 경각심을 고양시키기 위해 비상사태 선언을 발하게 된 것
으로 짐작할 수 있겠다"고 지적했다. 침략성이 아직 가시지 않았다
고 쓴 대목이 인상적이다. 그 이전에 침략성이 있었는데 그것이 아
직 가시지 않았다고 표현한 것이다. 박정희가 내세운 것하고는 상

당히 거리가 있다.

동아일보 사설대로라면 오히려 그 이전에 비상 조치 선언을 했어야 할 일 아니었을까. 그때는 무엇을 하다가 이제 와서 국가 비상사태 선언을 하나 하는 반문을 던질 수 있을 것이다. 또 국민의 대공 경각심을 고양하기 위한 것이라면 그전처럼 반공 캠페인을 벌이면 되지, 국가 비상사태란 무시무시한 카드를 꺼낼 필요는 없을 것이다. 이처럼 이 사설은 하고 싶은 말을 딱 부러지게 하지 못하고 표현을 아주 뱅뱅 돌려서 하고 있다. 이 사설에서 데탕트를 긍정적으로 평가한 것도 관심을 끈다.

동아일보 주장의 핵심은 다른 데 있었다. 이 신문은 여러 후진국에서 자유민주주의 체제를 살린다는 명분 아래 자유민주주의 체제의 장점이 부단히 유린당하는 사태를 봤는데 우리는 그 같은 자가당착적 모순에 빠져서는 안 된다고 경고했다. 이 사설에 박정희가 화가 많이 났다고 한다. 그래서 동아일보 주필 이동욱은 정권으로부터 사임을 강요당했고, 논설위원 송건호도 이 무렵 정부 기관에 연행돼 조사를 받았다.[•]

국가 비상사태는 북한의 위협이 어느 정도인가에 따라 가름된다고 볼 수밖에 없지 않나. 이 시기에 신민당은 박한상 의원 외 88인의 이름으로 '국가 비상사태 선언 철회 단행에 관한 질문서'를

• 정론 직필 원칙을 저버리지 않으려다 정권의 눈 밖에 나고 고초를 겪는 것이 이 시기 언론계의 대세는 아니었다. 1971년 12월 8일, 한국신문협회가 국가 비상사태 선언을 비판하기는커녕 적극 지지하는 성명서(《국가 비상사태 선언에 대한 성명서》)를 각 일간지 1면에 게재한 데서도 이는 잘 드러난다. 이 선언에서 한국신문협회는 "정부의 비상사태 선언을 강력히 뒷받침할 국민의 총단결을 호소"하고 "모든 언론은 앞으로 국가 안보의 차원에서 향토적 사명을 수행"하겠다고 다짐했다. 한국 현대사를 얼룩지게 한, 정권에 길들여진 언론의 부끄러운 초상 중 하나다.

제출했다. 야당 의원들은 이 질문서에서 북한의 휴전선 침범 사례가 현저히 감소했고 우리가 제안한 이산가족 찾기 운동에 북한이 호응하는 점을 볼 때 긴장 완화 정책을 추구해야 한다고 주장했다.

— 미국은 국가 비상사태 선언을 어떻게 평가했나.

미국 정부의 견해도 야당과 큰 차이가 없었다. 미국은 국가 비상사태 선언에 동의하지 않았다. 남침 위협이라고 판단할 구체적인 정보가 없었기 때문이다. 박정희는 필립 하비브 주한 미국 대사를 만나 비상사태를 선언한 이유를 설명했다. 그러자 하비브 대사는 북한의 임박한 군사적 공격 증거가 없다는 점을 강조하면서, 박정희 정권이 갑자기 비상사태를 선포해 한국에 투자하는 미국 기업들이 놀랐다고 응수했다.

이 시기에 미국은 북한이 원하고 있던 북미 대화에 대단히 소극적이었다. 그리고 닉슨 대통령은 중국 방문 일정이 공표된 직후 박정희에게 직접 편지를 써서, 중국과 대화할 때 한국의 이익을 과소평가하지 않을 것이라고 다짐했다. 상황이 이러했기 때문에 비상사태 선언 직후 미국의 시사 주간지 《타임》은 1971년 12월 20일 자 한국 란에서 표제를 "상상적 비상Imaginary Emergency"이라고 표현했다. 비상사태는 현실적으로 존재하지 않고 박정희의 주장은 상상에 지나지 않는다는 점을 담은 간결한 평가였다.

1970년대에 들어서 남북 간 갈등이 심각한 상태가 아니라고 미국이 봤다는 건 1973년 4월 미국 국무부가 의회에 보낸 외교 백서에도 잘 드러나 있다. 7·4남북공동성명 직후 상황과 관련된 이야기인데 "남북한의 단계적 접촉 수립 과정과 대화의 개선이 현재 진행 중이고 이 공동조절위원회가 그 기능을 발휘하기 시작했으며 서울과 평양 간에 전화선이 가설됐고 양측의 선전, 비난이 줄어들고 양측 신문 기자들이 서울과 평양에서 열리는 적십자 회담들에서 자신들의 공식 대표단을 수행하고 있다. 이와 같은 움직임은 북한의 무력 침투 중단과 일치하여 한반도의 안정과 평화를 위한 환영할 만한 조처들이었다. 지난 1972년에는 수년 내 처음으로 한반도에서 무력 침투에 관한 보고가 한 건도 없었다. …… 한국에 대한 미국의 경제적, 군사적 지원은 북한으로 하여금 군사적 모험이 위험하다는 것을 깨닫도록 설득하는 데 도움이 됐다", 이렇게 평가했다. 여기서 "북한의 무력 침투 중단과 일치하여"라고 한 부분, 즉 1970년대에 들어와서 무력 침투가 현저히 줄어들었다고 본 것은 눈여겨볼 만한 대목이다.

덧붙이면, 7·4남북공동성명 발표 당일 미국 국무부 브레이 공보관이 "남북한의 지도자들에 의한 이니셔티브는 한반도의 평화와 안정에 더할 수 없는 격려이고 유익한 자극이 될 것"이라고 환영하는 성명을 발표했다고 지난번에 이야기하지 않았나. 그런 반응 역시 앞에서 말한 외교 백서에 담긴 미국 측 인식과 연결돼 있다고 볼 수 있다.

이런 것들을 보더라도, 1971년에 북한의 임박한 군사적 위협을 운운하면서 국가 비상사태를 선언한 건 현실성이 전혀 없었다. 미국 쪽에서 나온 설명도 그런 점을 지적했다.

1969년 3선 개헌 직후부터 비상대권 모색, 1971년 여당 단독으로 국가보위법 전격 통과

── 비상사태 선언의 법적 근거가 충분치 않다는 지적이 곳곳에서 나온 만큼 박정희 정권으로서는 그걸 보완하기 위한 조치가 필요한 상황 아니었나.

국가 비상사태 선언을 박정희가 공표했지만, 선언으로서 법적 인 효력이 있는가 하는 비판에 직면했다. 그래서 법적 근거를 마련 하는 작업에 들어간다. 대통령한테 광범위한 비상대권을 부여하는 국가보위법을 1971년 12월 21일 공화당이 국회에 제출했다. 국가 안전 보장 문제에 효율적으로 대처하기 위해 대통령은 비상사태를 선포할 수 있고, 경제 규제를 명령하고 국가 동원령을 선포하고 옥 외 집회나 시위를 규제하고 언론, 출판에 관한 특별 조치를 취하며 특정한 근로자의 단체 행동권을 제한하고 군사상 목적을 위해 예산 을 조절한다는 것이 이 법안의 골자였다. 대통령이 방대하고 막강 한 권한을 갖게 한 법안으로 헌정 질서를 위협하는 내용을 담고 있 었다.

12월 23일 박 대통령은 "이 법안이 만일 이번 회기 중에 통과 되지 않는다면 이 비상사태를 극복하기 위해 비장한 각오로 임하지 않을 수 없다"는 협박성 결의를 밝힌 공한을 백두진 국회의장에게 보냈고 그것이 신문에 발표된다. 박정희 정부가 이렇게 위협적으로 나오자, 결국 12월 27일 새벽 3시 국회 의사당 건너편 제4별관에 있는 외무위원회 회의실에서 공화당은 단독으로 국회 법사위, 본회 의를 열어 1분 만에 법사위에서, 2분 만에 본회의에서 전격 통과시

保衛法案 年內통과
朴대통령 强力促求

"안될때는 悲壮한 覺悟"

白國會議長에 公翰
平和守護할 國民決意 보여

公翰金文

1971년 12월 23일 자 경향신문. 박정희는 이날 국가보위법이 "이번 회기 중에 통과되지 않는다면 이 비상사태를 극복하기 위해 비장한 각오로 임하지 않을 수 없다"는 협박성 결의를 밝힌 공한을 백두진 국회의장에게 보냈다.

켰다.

그런데 10개월 후 바로 유신 체제로 들어가지 않았나. 그렇기 때문에 이 법의 효력이 실제로 발휘된 제일 큰 건 노동 운동 통제라고 보고 있다. 언론 통제도 있었지만 노동 문제에 대한 강한 통제를 이 법을 통해 할 수 있었다고 보고 있다. 박정희 대통령은 비상사태 선언에 관한 중요한 법적 근거를 이 법을 통해 갖게 됐다.

1971년 1월 23일 자 동아일보. 김대중 신민당 후보는 이날 기자 회견에서 "이번에 정권 교체가 이뤄지지 않는다면 현 정권은 다음 임기 동안에 앞으로는 선거조차 없는 영구 집권의 총통적 체제를 저지르고야 말 것"이라고 말했다. 이외에도 대통령 공약으로 '예비군 완전 폐지', '농업 혁명 추진', '전태일 정신 구현', '여성 지위 향상' 등을 추진할 것이라고 밝혔다.

—— 박정희 대통령이 비상대권을 구상한 때는 언제인가.

박정희가 언제부터 비상대권이나 총통제를 생각했는지 정확히 알 수는 없다. 그러나 적어도 1969년 3선 개헌 직후부터는 혼자서 해왔던 구상을 넘어 일정한 팀을 구성해 그걸 연구한 것으로 보인다.

대선이 있던 해인 1971년 1월 23일 연두 기자 회견에서 김대중 신민당 후보는 "올해 선거가 마지막 선거가 될지도 모른다", "이번에 정권 교체가 이뤄지지 않는다면 현 정권은 다음 임기 동안에 앞으로는 선거조차 없는 영구 집권의 총통적 체제를 저지르고야 말

유신 쿠데타 왜 일으켰나

것"이라고 말했다. 비상대권 체제라고 하는 것이 곧 출현하지 않겠느냐는 우려를 담은 이야기였다. 이때 김대중은 그걸 뒷받침할 자료를 가지고 있다고 이야기했다. 이런 것을 보면 그 무렵 박정희의 비상대권 또는 총통제 구상이 상당한 진전을 보이고 있었던 것으로 짐작할 수 있다.

나중에 1971년 대선을 다루면서 살펴보겠지만, 총통제 구상은 대선에서 상당히 큰 쟁점이 된다. 1971년 4월 12일 유기천 교수가 서울대 법대 강의실에서 총통제 음모가 있다고 말했다가 문제가 된 것도 이 시기에 총통제 문제가 진전되고 있었다는 걸 말해준다.°

그 후 1971년 12월 6일 국가 비상사태 선언이 출현하고 같은 달 27일 국회에서 공화당이 그에 관한 법을 단독으로 통과시켰다고 하지 않았나. 그러나 박정희 쪽에서는 이것만으로는 도저히 안 된다고 여긴 것이다.

—— 그 이유는 무엇인가.

법이라는 건 헌법에 비하면 부분적이지 않나. 예컨대 노동 문제나 언론 문제에 법을 가지고 대처할 수는 있지만, 그야말로 강력한 강권 체제 또는 비상대권 체제 같은 1인 독재 체제를 수립하는 것은 그것만 가지고는 불가능하다고 판단한 것이다. 결국 헌법을 완전히 뜯어고쳐 새로운 체제를 만드는 것만이 강력한 강권 체제 또는 비상대권 체제, 1인 독재 체제를 만드는 길이었다. 그래서 비상사태 선언에 이어 국민, 야당 등 정치권, 그리고 미국 등의 반

° 이 발언 후 유기천 교수는 내란 선동 혐의로 중앙정보부에 의해 입건된다.

응을 살피면서 강력한 강권 체제를 계속 모색해나가고, 그러면서 1972년 5월 2일 이후락이 평양으로 떠나고, 그런 속에서 유신 체제가 구체화된 것이라는 게 내 해석이다.

국가 비상사태 선언 후
이후락 평양행 활용해 유신 쿠데타로

— 1971년 연두 기자 회견에서 "총통적 체제"의 등장 가능성을 우려하면서 그에 관한 자료를 갖고 있다고 김대중이 이야기했는데, 당시 그것이 공개됐나.

그렇지 않았다. 어떤 기자들은 그거 '뻥' 아니냐고 이야기하기도 했는데, 그때 자료라고 한 것은 유기천 정도가 얘기한, 그러니까 누군가에게서 들은 것을 가리키는 것 아니냐고 보고 있다. 예컨대 대만이나 스페인에 총통제를 연구하러 누가 다녀왔다는 걸 귀로 들은 것 아니겠나. 박정희 쪽에서 누군가 구체적인 자료를 넘길 수도 있지 않았겠느냐고 이야기할지도 모르지만, 그런 게 있었으면 김대중 쪽에서 1971년 대선에서 틀림없이 제시했을 것이다. 그런데 그렇지는 않았다. 그때 김대중 쪽에서는 '총통제를 추진하려 한다. 이번 선거가 마지막 선거가 될 우려가 있다'는 것만 강조했다. 여기서 총통제가 의미하는 것이 유신 체제와 유사하다고 볼 수는 있지만 구체적으로 그게 어느 정도 진전됐는지는 알 수 없었던 것이고, 당시 기자들도 추측만 하고 있었다.

어쨌건 국가 비상사태 선언과 유신 체제가 어떻게 연결되느냐에 대해서도 논자마다 상당히 평가가 다르다. 그래서 '나는 이렇게 보고 있다'는 평가를 붙인 것이다. 비상사태 선언 후 야당, 언론계, 대학, 그리고 미국 등의 반응을 봤지만 자신의 1인 독재에 도전할 만한 강력한 저항이나 반대 세력은 없는 것으로 판단했고, 그런 상태에서 박정희가 보기에 국가보위법만 가지고는 비상대권 체제 또는 1인 독재를 제대로 할 수 없다고 여긴 것 아니겠나.

박정희에게 가장 중요한 건 '국가 비상사태 선언과 국가보위법 통과 과정에서 나타난 반응을 볼 때 민주공화국을 변개變改할 수 있는 쿠데타를 일으키더라도 국내외에서 강하게 반대할 수 있는 상황이 오지는 않을 것이다', 박정희가 이렇게 판단할 수 있었다는 점이다. 나중에 자세히 살펴보겠지만, 박정희는 1인 독재 체제에 저항할 수 있는 세력을 이미 철저히 약화시켜놓았다. 그렇기 때문에 나는 박정희가 민주공화국 헌법 또는 민주주의 체제를 뒤집는 쪽으로 가닥을 잡아갔다고 본다. 그걸 어떤 식으로 할 것이냐 하는 문제를 놓고 이것저것 궁리하던 차에 그것에 아주 중요한 물꼬를 터줄 수 있는 것으로 이후락의 5월 2일 평양행을 활용했다. 이게 내 해석이다.

— 국가 비상사태 선언을 '제1차 유신 쿠데타'라고 부르는 이도 있다. 그러한 국가 비상사태 선언 후 유신 쿠데타를 일으키는 데 1년에 가까운 시간이 걸렸다. 박정희 기준으로 보면, 무리해서 비상사태까지 선언해놓고 굳이 1년에 가까운 시간을 기다릴 필요가 있었을까 하는 생각도 든다.

1년이 아니다. 1971년 12월에 국가 비상사태를 선언하고 국가보위법을 만든 때부터 1972년 5월 2일까지는 불과 넉 달여다. 유신 쿠데타까지 가려면 준비를 해야 하는 것 아닌가. 그 기간이 긴 건 결코 아니다. 계획을 세우는 데만도 몇 달 걸릴 수 있는 것 아닌가. 또 7·4남북공동성명 같은 것을 먼저 발표해, '통일하겠다고만 하면 무엇이든지 받아들일 수 있다'는 분위기를 국민들 사이에 만들어놓는 것도 필요했다.

그런 걸 감안하면 최대한 빨리, 서둘러 한 것이었다. 아 얼마나 마음이 급했으면, 1972년 10월 17일 친위 쿠데타를 일으켜 비상국무회의를 통해 모든 걸 하도록 한 다음 열흘 만에 비상국무회의에서 헌법 개정안을 통과시켰겠나. 대통령을 뽑을 때에도 시간을 며칠 안 줬다. 전격 작전을 펴듯이 모든 걸 번개처럼 최대한 빠른 시간 내에 해치운 것이다.

박정희와 정반대 길 걸은 대만 장경국, 10·17쿠데타 선언 초안 거부한 미·일

유신 쿠데타 왜 일으켰나, 아홉 번째 마당

김 덕 련 데탕트로 상징되는 국제 정세 변화에 박정희 정권이 어떤 식으로 대응했는지를 지난번에 살폈다. 데탕트로 인해 박정희 정권이 느꼈을 위기의식에 주목하는 이들도 있는데, 그러한 위기의식을 한국보다 훨씬 강하게 느낄 수밖에 없던 곳은 대만 아니었을까 하는 생각이 든다.

서 중 석 미국과 중국의 데탕트, 그리고 중국과 일본의 국교 정상화에서 가장 치명적인 피해를 본 건 그 당시 자유중국이라고 불렸던 대만일 수밖에 없었다. 대만이야말로 국가 존립의 절대 위기를 맞게 된다. 1972년을 전후한 데탕트 시대에 대만 정권이 어떻게 대처했는가를 살펴보는 건 우리의 경우를 이해하는 데 도움이 될 것이다.

국가 존망의 위기 맞은 대만, 박정희와는 정반대 선택

— 대만은 그 시기에 구체적으로 어떤 상황에 놓여 있었나.

1971년 압도적인 표차로 중국의 유엔 가입이 결정되고, 유엔 안전보장이사회 상임 이사국으로 중국이 들어가고 대만은 축출됐다. 1972년에는 닉슨이 중국을 방문해 모택동(마오쩌둥)과 상하이 공동 성명을 발표했다. 이런 사태를 연이어 맞이하면서 대만은 그야말로 말로 표현할 수 없는 엄청난 충격을 받았다. 절체절명의 위기를 맞았다고 볼 수 있다. 이건 한국과 비교될 수 없는 수준이었다.

이제 대만은 독립 국가가 아니라 하나의 중국에 포함된 일부분이라는 인식이 국제적으로 구체화됐고 세계에 퍼져나갔다.

그러면서 대만과 국교를 끊는 국가가 늘어났다. 일본과 서독은 1972년에 단교했다. 얼마 후에는 서독 수상도 모택동을 만났다. 1973년에는 스페인이 단교를 통보했다. 스페인의 프란시스코 프랑코 정권이 대만의 장개석(장제스) 정권과 마찬가지로 총통제를 한 걸 생각하면, 어떻게 보면 프랑코 정권도 아주 고약한 정권이었다. 이뿐만 아니라 대만은 유엔 산하 기구와 다른 국제 기구에서도 축출될 위기에 놓였다. 아시아개발은행, 아시아태평양각료이사회는 물론 심지어 국제올림픽위원회에서도 대만 축출이 논의됐다.

대만 국내에서는 1971년에 한국과 비슷하게 민주화 요구가 거세졌다. 1972년 장개석은 제5대 총통으로 선출됐지만, 워낙 고령이어서 건강이 좋지 않았다. 실권을 쥔 건 이해 입법원 표결로 행정원장이 된 그의 아들 장경국(장징궈)이었다.

장개석이 총통직에 복귀한 1950년 장경국은 국방부 총정치부 주임이 됐고, 중국청년반공구국단을 조직해 백색 테러에 나서 아버지와 함께 국민당 일당 전제 시스템을 구축하는 데 핵심 역할을 했다. 1950년대에 장경국이 몹시 극우적인 활동을 많이 했기 때문에 비난을 크게 받을 수 있을 것 같은데, 1972년 행정원장이 된 이후의 활동을 보면 그렇지 않다. 그리고 장경국은 국민당 정권이 중국 본토에 있었을 때도, 대만으로 쫓겨 왔을 때도 청렴을 상징하는 인물로 받아들여졌다는 점도 생각할 필요가 있다.

● 1975년 10월, 서독 수상으로는 최초로 헬무트 슈미트 총리가 중국을 방문해 마오쩌둥과 덩샤오핑 등을 만났다.

장개석(오른쪽)과 장경국. 부자 사이인 장개석과 장경국은 국민당 일당 전제 시스템을 구축하는 데 핵심 역할을 했다.

— 대만과 달리 한국은 이 시기에 유엔에서 밀려나거나 미국, 일본, 서독 같은 자본주의권의 중심 국가들과 국교가 단절되는 일을 겪지 않았다. 대만 측이 느꼈을 위기의식이 얼마나 컸을지 짐작이 간다. 위기 상황에서 대만 집권 세력은 어떻게 대응했나.

1972년 국가 존망의 위기를 맞아 장경국은 유신 체제로 간 박정희와는 정반대의 길을 걸었다. 정치를 개혁해 중앙 민의 기구 대표 증원 선거를 통해 대만 출신과 화교 대표의 숫자를 늘리고, 대만 출신 정치 엘리트들이 국정에 참여할 수 있는 폭을 넓혔다. 1972년 조각할 때에는 행정원 부원장, 내정부장, 교통부장, 대만성 주석, 타이베이 시장에 대만 출신을 임명했다. 내정부장, 대만성 주석, 타이베이 시장 같은 아주 중요한 자리에 중국 대륙에서 온 사람 대신 대만 출신을 임명한 것이다. 그런 식으로 각 분야에 대륙 출신과 대만 출신을 그 이전보다 균형 있게 배치했다. 그 후 대만 출신이 차지하는 비중이 크게 증가하는데, 1970년대에 그렇게 임명된 사람들이 나중에 국민당은 물론 민주진보당(민진당)에서도 중요한 위치를 맡게 된다. 대만 출신으로는 처음으로 1988년에 총통이 되는 이등휘(리덩후이)도 1970년대에 장경국이 대만 출신을 폭넓게 기용할 때 등용된 사람이다.

장경국은 행정 혁신을 통해 공무원의 업무 효율을 높이고 관료주의를 제거하는 데에도 힘을 기울였다. 그러니까 국가적인 위기를 맞아 대대적인 개혁을 했고, 그런 개혁의 핵심은 모든 대만 주민이 정부에 참여할 수 있도록 기회의 문을 넓게 연 것이었다. 즉 대만 출신들이 대거 요직에 앉을 수 있게 하는 대담한 조치를 취한 것이다. 유신 체제가 경상도라는 특정 지역을 기반으로 삼으면서 더욱더 경직된 권력 구조를 가졌던 것과는 정반대라고 이야기할 수 있다.

─── 이 시기에 유신 쿠데타라는 극단적인 길과는 거리가 먼 선택을 한 대만이 한국에 못지않은 경제 발전을 이룩했다는 점도 함께 기억해야 할 대목이 아닌가 하는 생각이 든다. 그런데 1970년대 초 대만 당국이 일부 유화 조치를 한 건 맞지만 계엄은 안 풀지 않았나.

물론 계엄은 한참 후에 푼다. 그 이전과 똑같은 식은 아니었지만, 유화 조치 이후에도 시기에 따라서 탄압도 한다. 그러나 전체적으로 큰 변화를 한 건 사실이다. 그것이 나중에 양안, 즉 대만과 중국의 관계를 새롭게 여는 것으로 이어지고 그러면서 계엄을 해제하

게 되는 것이다.°

쟁점의 핵심은 10·17쿠데타가
데탕트에 위기감 느껴 일으킨 정변인지 여부

— 그간 데탕트와 박정희 정권의 대응을 몇 차례에 걸쳐 짚었다.
이 문제를 전반적으로 정리했으면 한다.

1961년 5·16 군부 쿠데타 이후 박정희의 행태를 보면 데탕트
에 상당한 위기감을 가질 수도 있었다. 박정희는 5·16쿠데타를 일
으키자마자 4월혁명 공간에서 통일 운동을 전개했던 혁신계, 학생
등 민족주의자들을 대거 감옥에 가뒀고 특수 반국가 행위라는 이상
야릇한 죄명을 씌워 중형에 처한 사람 아닌가. 수구 냉전 논리, 진
영 논리에 이승만 못지않게 충실했다. 그리고 한반도와 대륙을 침
략했던 일본 제국주의자들과 긴밀한 관계를 맺으면서 노골적인 친
일 정책을 폈다. 박정희가 빈번히 사용했던 민족이라는 말이 얼마
나 기괴한 형상을 하고 있는지를 이런 것에서도 짐작할 수 있다. 박
정희는 또 선건설이라는 정책 아래 1960년대에는 통일 문제를 꺼내
지도 못하게 했다. 북한과 교류할 것을 주장하면 국가보안법 등으
로 처단했다. 그러니까 박정희가 데탕트, 화해 분위기를 보면서 위
기감을 가질 수 있었다고 볼 수 있다.

° 공산당에 밀려 대만으로 온 1949년 국민당 정권은 대만에 계엄령을 선포했다. 1987년
국민당 정권은 38년 만에 계엄령을 해제했다.

그러면 박정희가 정말 위기감을 느꼈느냐. 지난번에 말한 것처럼 1968년, 1969년 그 심각한 사태 속에서도 박정희는 자신감을 갖고 오히려 자신의 권력을 강화하는 모습을 보였다. 이 점이 아주 중요하다. 다만 1971년 12월 국가 비상사태 선언을 할 때에는 남북 관계가 1968년, 1969년과 비교도 안 되게 평온했는데도 남침에 대한 위기감을 아주 강하게 표출했다. 그리고 10·17쿠데타를 일으켰을 때에는 그것과 아주 다른 주장을 폈다.

그런 박정희가 데탕트에 어떤 태도를 취했는가, 통일이라는 것도 일종의 정책적 수단이었다고 본다면 구체적으로 어떠했는가 하는 걸 다시 한 번 살펴볼 필요가 있다. 그 점에 대해 당시 청와대 비서실장이었던 김정렴이 여러 쪽에 걸쳐 쓴 것이 있다.

—— 김정렴은 어떤 이야기를 했나.

김정렴은 1969년부터 1978년까지 청와대 비서실장을 맡았다. 박정희 대통령의 비서실장 중에서 가장 오랫동안 그 자리에 있었던 사람이다. 김정렴은 박정희가 서독 수상 빌리 브란트의 과감한 동방정책과 동서독 협상을 보고, 북한과 관계 개선을 하거나 통일을 하는 데 참고가 될 것이라면서 예의 주시했다는 점을 강조했다. 그러면서 많은 정보를 수집해 자신에게 올리라고 비서실에 지시했다는 것이다. 김정렴의 주장에 따르면 박정희는 결코 데탕트를 부정적으로만 보지는 않았다고 한다. 오히려 긍정적으로 그걸 활용하려 했다는 점을 김정렴은 각별히 강조했다.

박정희는 1970년 8·15 경축사를 통해 평화 통일의 기반 조성을 위한 접근 방법을 밝히고, 북한과 대화 가능성과 선의의 경쟁 용의를 피력했다. 이건 1960년대의 선거설론과는 확연히 다른 주장이다. 1971년 8월부터 이뤄진 남북 적십자사 접촉과 예비 회담은 그해 연말이 다 가도록 진척이 없긴 했지만, 박정희가 순리대로 데탕트에 맞춘 것 아니냐는 평가를 받았다. 적십자 회담이 이뤄지면서 언론인 송건호도 적십자사 자문 위원으로 1972년 평양에 가고 그랬다.

쟁점의 핵심은 1972년 10월 국가 변란 또는 10·17쿠데타가 미국과 중국 간의 데탕트에 박정희가 위기감을 느끼고 대처한 정변이냐 아니냐, 이것이다. 그런데 박정희가 10·17쿠데타를 일으켰을 때부터 유신 헌법을 공포할 때까지 과정을 살피면, 데탕트와 유신 체제의 관계에 대한 설명이 바뀌는 걸 볼 수 있다.

박정희는 10·17 특별 선언에서 자신이 긴장 완화에 긍정적인 자세로 임해야 한다고 오래전부터 주장했다고 이야기했다. 김정렴이 말한 것처럼 그랬다는 것이다. 그렇지만 한반도를 둘러싼 열강들의 세력 균형 관계 변화가 우리의 안전 보장에 직접적 또는 간접적으로 위험스러운 영향을 주게 될 것이며 이 지역에서 전쟁이 재발하지 않을 것이라고 장담할 수 없는 것이 현황이라고 설명했다. 그런데 이 특별 선언에서 미국과 중국 간의 데탕트, 중일 관계의 변화를 구체적으로 언급하지는 않았다.

유신 쿠데타 선언 초안에
미국·일본이 강한 거부감을 보인 이유

—— 그 이유는 무엇인가.

그것에 대해서는 몇몇 기자들이 이미 취재한 게 있다. 미국과 중국 간의 데탕트나 중일 관계의 변화를 구체적으로 언급하지 않은 데에는 속사정이 있었다. 김충식 기자의 책이나 홍석률 교수의 논문을 보면 10·17 특별 선언 초안 원문에 어떤 내용이 있었는지를 다룬 부분이 있다. 그것에 따르면 초안 원문에 미국과 중국 간의 관계 변화나 일본이 돌연히 중국과 외교 관계를 수립한 것을 언급하면서, 중국이 현재 유엔에서 한국에 도발적인 태도를 취하고 있고 일본의 태도 변화로 대만, 베트남이 큰 영향을 받고 있다고 명시했다고 한다. 그렇기 때문에 우리는 이런 변화의 진짜 양상을 파악해 대처해야 한다면서, 일본과 중국의 관계가 정상화되면 일부 아시아 국가들은 미국과 일본이 체결한 안보 합의가 변화될까봐 두려움에 휩싸이게 될 것이라고 우려하는 내용도 있었다고 돼 있다.

유신 쿠데타 전날인 10월 16일 김종필 총리가 필립 하비브 주한 미국 대사에게 이러한 초안을 전달했다. 그런데 이 초안을 본 윌리엄 로저스 미국 국무부 장관은 주미 대사 김동조를 불러서, 미국 측은 계엄 선포를 결정한 이유를 받아들일 수 없고 박 대통령 담화문이 양국에 심각한 문제를 불러올 수 있다고 경고했다. 또한 박정희를 잘 아는 인물이었던 마샬 그린 미국 국무부 차관보는 "박정희 정부가 대외적 환경 변화를 국내 정치 변화의 이유로 드는 것을 이해할 수 없다"고 말했다. 10·17쿠데타라는 국내 정변의 이유로 데탕트를 제시하는 것을 이해할 수 없다는 말이었다.

── 한 가지 짚고 넘어가면, 마샬 그린 차관보는 1961년 5·16쿠데타가 일어났을 때 주한 미국 대사관의 대리 대사이던 그 그린인가?

바로 그 사람이다. 이 사람은 1980년대까지 미국 국무부에서 힘이 있었다. 어쨌건 그러면서 특별 선언을 발표하기 몇 시간 전까지 김용식 외무부 장관하고 하비브 대사가 협상을 했다고 한다. 하비브는 10·17 특별 선언 초안에서 미국과 일본을 직접 거론한 내용은 물론이고 "강대국"이라고 표현한 부분도 삭제할 것을 요구했다. 곧이어 일본 대사관으로부터 '일본과 중국의 수교와 다나카 가쿠에이 총리의 중국 방문이 한국의 권위주의 체제 강화의 빌미가 될 수는 없는 것이니 그것도 빼달라'는 요구가 들어왔다고 한다. 이처럼 한국적 민주주의가 빗장을 열기 전부터 외세에 시달렸다고 할까 하는 모습을 볼 수 있다.

난 미국이 이렇게 '국내 정변을 일으키는 이유로 데탕트를 제시해서는 안 된다'고 한 것은 박정희 정부가 너무나 말이 안 되는 이유를 내걸고 자신들을 이용해 그런 정변을 일으키려는 것에 화가 났기 때문이라고 본다. 그렇기 때문에 '그거 다 빼라', 이렇게 강하게 나왔다고 본다. 그걸 빼는 데 박정희가 동의해준 것도 압력 때문만이 아니고, 아닌 게 아니라 미국과 중국 간의 데탕트가 한반도에 그렇게 나쁜 영향을 끼치는 것만은 아니라고 자신도 생각하고 있었기 때문에 뺀 것 아니겠나. 그렇지 않으면 박정희 같은 성격을 지닌 사람은 어떤 수단을 써서라도, 어떤 형태로든, 물론 1971년 12월 6일 국가 비상사태 선언에서 한 것처럼 심하게 하지는 않았겠지만, 그에 관한 문구를 넣었을 것이라고 생각한다. 그런데 박정희는 그 모든 걸 떠나 그런 걸 고집할 필요를 못 느꼈다고 본다.

그 당시 박정희의 심중을 헤아려보면 그는 10·17 특별 선언에서 데탕트 위기를 주장하는 것보다 월등 효과가 큰 게 뭔가를 알고 있었다. '남북 교류, 한반도 평화, 평화 통일을 위한 민족 대단합을 하려면 남쪽이 우선 단결해야 한다. 그러려면 남쪽에서 먼저 생산적인 정치로 가야 한다', 이렇게 얘기하는 것처럼 국민들을 설득하는 데 좋은 것은 없다고 본 것이다. 그래서 데탕트 위기론과 정면으로 모순되는 한반도 평화, 남북 대화, 평화 통일 같은 것을 각별히 강조하면서 유신 쿠데타를 일으킨 핵심 이유로 제시한 것이다.

민족의 대과업을 이룩하기 위해 이념과 체제가 다르더라도 북한 공산주의자들과 대화를 계속하는 것이 소신이라고 10·17 특별 선언에서 그렇게 강력하게 이야기를 했는데, 그러면서 '데탕트 위기 때문에 큰일 났다', 이런 이야기를 하는 건 말이 안 되는 것 아닌가. 그러니까 박정희도 미국, 일본이 요구하는 것들에 대해 '그럴 수 있다'고 판단하고 바로 빼준 것 아니겠나. 난 그렇게 본다.

— 미국과 일본에 굴복했다는 식으로 이해할 문제만은 아니라는 뜻인가?

그런 측면이 있지만 그렇게만 볼 수는 없다고 생각한다. 박정희를 쭉 살펴보면 머리가 잘 돌아가는 부분이 있었다. 이 사람도 이승만처럼 권력과 관계되는 부분에 대해선 아주 예민하게 머리가 잘 돌아갔다. 그런 사람이니까 그렇게 장기 집권을 할 수 있었다고 볼 수도 있다. 하여튼 10·17쿠데타 이후, 그중에서도 주로 1972년 말에 나온 담화와 문건들을 보면 격변하는 정세에 대응하겠다는 데탕트 위기론이 빠진 것이 특색이다.

유신 쿠데타 때에도, 7·4성명과 6·23선언에서도 박정희는 데탕트에 순응하는 논리를 폈다

—— 전혀 언급하지 않았나?

10·17 특별 선언에는 해석하기에 따라 차이가 있으나 그래도 조금은 들어갔는데, 그 이후에는 그것조차 보이지 않는다는 말이다. 박정희는 그해 11월 21일 실시된 유신 헌법안에 대한 국민 투표 결과가 투표율 91.9퍼센트에 찬성률 91.5퍼센트라고 발표되자 그에 대한 담화를 발표하는데, 여기서 평화 통일과 민족 번영만 말했지 데탕트 위기론은 언급하지 않았다.

12월 23일 통일주체국민회의 의장으로서 개회사를 할 때도 평화 통일 문제만 거듭 언급했다. 맨 끝에 가서 '내외 정세를 전화위복의 계기로 만들자'고 짤막하게 한마디 언급하긴 하지만, 이것도 딱 데탕트 위기론이라고 보기는 어렵다. 같은 날 박정희는 유신 대통령, 다시 말해 체육관 대통령에 당선된 후 성명을 발표하는데 여기서도 평화 통일을 앞당기겠다는 것만 말했을 뿐이지, 데탕트를 경계해야 한다는 식의 이야기는 하지 않았다. 박정희는 12월 27일 대통령 취임사에서도 유신 질서는 번영과 통일을 위한 새 질서라고 말했을 뿐 데탕트 위기론은 언급하지 않았다. 평화 통일을 강조하는 마당에 데탕트가 위기를 초래한다고 하는 건 너무나 모순된다는 것을 잘 알고 있었기 때문이다.

1971년 12월 6일 국가 비상사태 선언 후 1972년에 들어와서 닉슨이 중국을 방문하고 일본과 중국은 국교 정상화를 발표하지 않았나. 따라서 국가 비상사태 선언을 했을 때보다도 10·17 특별 선

6·23선언을 보도한 1973년 6월 23일 자 동아일보. 박정희는 이날 7가지 평화 통일 외교 정책을 발표했는데, 그중 하나가 '남북한 동시 유엔 가입'이었다.

언 같은 것에 데탕트 위기론을 더 강도 높게 담을 수도 있었을 테지만, 박정희는 그렇게 하지 않았다. 박정희가 보기에도 유신 쿠데타를 정당화하기 위해 데탕트 위기론을 들고나오는 건 남북 적십자 접촉 등 선행 정책과도 모순되고, 미국 등 외국은 물론이고 국민을 설득하는 데에도 한계가 있었던 것이다. 그렇게 봤기 때문에 박정희는 데탕트 위기론이 10·17쿠데타 같은 헌정 유린 행위를 정당화하는 데 별로 효용성이 없다고 판단하고, 10·17쿠데타를 일으킨 지한 달쯤 됐을 때 그 부분을 걷어치운다.

── 국가 비상사태 선언과 유신 쿠데타 사이에 있었던 일 중 1972

년 7·4남북공동성명 발표도 데탕트 흐름에 부응한 것 아니었나.

박정희가 세계적인 데탕트 또는 미국과 중국의 화해로 나타난 아시아 지역의 데탕트에 얼마나 적극적으로 반응했는가 또는 호응했는가는 7·4남북공동성명에 더 말할 필요도 없이 잘 드러나 있다. 이 점은 데탕트와 관련해 결론을 내릴 때 확인하고 넘어갈 필요가 있다.

예컨대 조국 통일 3대 원칙 중 첫 번째로 제시된 '통일 문제는 자주적으로 해결한다', 이것이 데탕트에 얼마나 호응하는 주장이냐, 이 말이다. 두 번째 원칙으로 '평화적 방법으로 통일 실현'을 이야기한 것도 마찬가지다. 민족적 대단결을 이야기한 세 번째 원칙도 미국과 중국 간의 데탕트보다도 월등 데탕트에 철저하게 따르는 주장이라고 볼 수 있다. 또 남한과 북한은 서로 상대방을 중상, 비방하지 않고 긴장 상태를 완화하고 신뢰 분위기를 조성하기 위해 적극적인 조치를 취하기로 합의했다고 7·4남북공동성명에 들어 있다. 이건 문구 자체가 "긴장 상태를 완화", 이렇게 돼 있지 않나. 이렇게 명백하게 이야기하는 것을 볼 수 있다. 이 점은 7·4남북공동성명으로부터 거의 1년이 지나서 나오는 1973년 6·23선언에서도 똑같이 나타난다.

── 6·23선언에는 어떤 내용이 담겼나.

6·23선언이 데탕트 정신에 충실한 것임은 6·23선언의 다음 문구, "우리는 긴장 완화와 국제 협조에 도움이 된다면 북한이 우리

와 같이 국제 기구에 참여하는 걸 반대하지 않는다"만 봐도 알 수 있지 않나. 이건 서독 수상 빌리 브란트가 동독에 대해 한 이야기와 비슷하다. 차이가 별로 나지 않는다. 또 남북한 동시 유엔 가입을 이야기한 부분도 브란트가 동독에 대해 이야기한 것하고 같은 것이다. 그리고 "대한민국은 호혜 평등의 원칙 하에 모든 국가에 문호를 개방할 것이며 우리와 이념과 체제를 달리하는 국가들도 우리에게 문호를 개방할 것을 촉구한다", 이것도 브란트의 동방정책과 마찬가지 아니냐, 이 말이다.

그러니까 이 시기에 내세운 것을 놓고 본다면 박정희처럼 데탕트 정신에 충실한 사람이 없었다. 나중에 가서 확 변하게 되는 것이지, 적어도 1973년 6월 23일까지는 그런 모습을 보였다. 여기서 하나 살펴볼 게 있다.

베트남 전황과 미국 경제 악화가 부른
한미 관계의 변화

—— 무엇인가.

윌리엄 로저스 국무부 장관이 언명한 바와 같이 리처드 닉슨 미국 행정부는 박정희의 10·17쿠데타에 대해 불만이 컸다. 그렇지만 박정희의 유신 쿠데타, 유신 체제를 정면으로 부정하거나 전복하려는 의사나 의지가 없었고, 그럴 만한 상황도 아니었으며, 그럴 힘을 가지고 있다고 보기도 어려웠다는 점을 생각해야 한다.

뒤에서 자세히 살펴보겠지만, 유신 쿠데타를 일으켰을 때 박정희는 국내 정치에 대한 강력한 통제력을 가지고 있었다. 또 닉슨은 강대국 논리에 철저한 '힘의 정치인'으로 한국의 민주주의나 인권을 그다지 중시하지 않았다. 박정희가 이러한 점들을 알고 있었기 때문에 유신 쿠데타를 결행할 수 있었다고 볼 수 있다. 그리고 박정희가 유신 쿠데타를 일으켰다고 해서 미국의 이해관계에 어긋나는 활동을 한 것도 아니었다.

여기서 1960년대 말, 1970년대 초 미국의 세계 정책을 다시 음미할 필요가 있다. 이 시기 미국 정부는 한국 정부와 관계를 설정하는 데에서 아주 중대한 변화를 보였다. 왜 그랬느냐 하면, 1970년대에 들어와서 미국이 베트남전쟁에서 손을 뗄 수밖에 없는 상황에 몰려버렸기 때문이다. 특히 1960년대 후반에 박정희 정권이 그렇게 중요하게 대접을 받았던 건 무엇보다 베트남전쟁 때문 아니었나. 5만 명이나 파병하지 않았나. 세상에, 미국 정부가 보기에 그런 좋은 나라가 그때 어디 있었나. 그런데 1970년대에 들어와서는 그렇게까지 할 필요가 없었다.

미국은 한국 군대가 좀 천천히 철수해주기만을 바랐다. 자기들 군대를 빨리 철수시키려면 다른 나라 군대가 베트남에 남아 있어야 했는데, 미국을 제외하고 군대를 제일 많이 보낸 나라가 한국 아니었나. 그러니 미국으로서는 한국군이 자기들 군대보다 늦게 철수하게 해야겠는데, 그 문제가 돈과 관계가 있다고 봤다. 즉 박정희 쪽에서도 철수를 늦추는 것을 꼭 반대하는 건 아니라고 미국은 봤다. '군대가 계속 주둔하고 있으면 수입이 그만큼 더 생기는 것 아니겠나', 미국은 그렇게 파악하고 있었다.

미국으로서는 한국군의 철수 시기 문제를 잘 처리하면 되는 것이었다. 이처럼 1960년대와는 상황이 달라졌고, 이와 관련해 박정희 정권의 중요성이 약화됐다. 박정희-존슨 시절의 한미 밀월 관계는 이제 바뀌지 않을 수 없었다.

그뿐 아니라, 베트남전쟁의 영향이기도 하지만 미국은 경제 문제로 이 시기에 국력이 현저히 약화되고 있었다. 그래서 닉슨은 1969년 7월 닉슨 독트린을 발표할 수밖에 없었고, 1971년 3월에는 주한 미군 7사단을 23년 10개월 만에 철수시킬 수밖에 없었다. 그만큼 경제에 문제가 있었다. 결국 1971년 12월 미국은 2차 세계대전 이후 처음으로 달러화를 공식 평가 절하한다는 발표를 하는데, 1973년 2월에 또 달러화를 10퍼센트 평가 절하하게 된다. 그러면서 전 세계 경제에서 차지하는 위상이 약화됐다.

—— 베트남전쟁이 한창이던 1960년대 후반과 같은 한미 밀월 관계가 계속될 수는 없었지만, 그렇다고 해도 미국의 세계 전략에서 한반도는 여전히 중요한 지역이지 않았나.

물론 그렇다. 한미 밀월 관계가 바뀌지 않을 수 없었고 미국의 경제적 위상이 그 이전만 못하다고 하더라도, 또 미국과 중국 간 화해 정책이 취해졌다고 하더라도 미국은 한반도의 중요성을 결코 무시하지 않았다. 한반도를 위해서 그런 것도, 박정희를 생각해서 그런 것도 전혀 아니었다. 미국이 보기에 한반도의 지정학적 위치가

2차 세계대전 이후 국제 통화 체제의 근간은 1944년 브레턴우즈에서 44개 국가 대표가 모여 합의한 고정 환율제와 금·달러 본위제였다. 이에 따라 미국은 달러를 일정한 비율의 금(1온스당 35달러)으로 언제든 바꿔주겠다고 약속했다. 그러나 미국 경제 상황이 나빠지면서 1971년 8월 15일 닉슨 미국 대통령은 달러화의 금 태환을 중단하겠다는 선언을 한다. 뒤이어 그해 12월과 1973년 2월에 거듭 달러화를 평가 절하한다. 이런 과정을 거치면서 브레턴우즈 체제는 사실상 막을 내리게 된다.

중요했기 때문에 그랬던 것이다. 그건 지금도 똑같지 않나. 미국은 소련에 공동으로 대응하기 위해, 그리고 베트남전쟁을 끝내기 위해 중국과 화해하긴 했지만 반공, 반소, 반중 정책을 결코 포기하지 않았다. 일본과 남한의 중요성을 미국이 경시한 적이 없다, 이 말이다.

남한의 중요성을 미국이 경시한 적이 없다는 것, 이건 뭘 이야기하느냐 하면 한국에서 아무리 인권 문제가 심각하고 또 유신 체제의 문제가 심각하다고 하더라도, 그런 것과 별개로 한국은 중요한 지역이라는 것을 미국이 조금도 무시하거나 외면하지 않았다는 말이다. 예컨대 지난번에도 지적한 것처럼 닉슨은 중국에 가기 전에 박정희한테 '미국은 결코 한국을 떠나지 않겠다. 한국을 굳건히 지켜주겠다', 이렇게 약속했다. 그건 데탕트에 대한 한국 정부의 우려를 씻어주기 위한 것이기도 했지만, 한국이 미국에 얼마만큼 중요한지를 표현한 것이라고도 이야기할 수 있다.

유신 쿠데타 초래할 만큼 심각한
경제 위기도, 노동 운동도 없었다

유신 쿠데타 왜 일으켰나, 열 번째 마당

김 덕 련 박정희가 유신 쿠데타를 일으킨 이유와 관련해 그동안 데 탕트 위기론, 그리고 1968년 무렵 고조된 전쟁 위기에 주목한 견해 에 대해 살펴봤다. 이와 달리 유신 쿠데타의 주요 원인으로 경제 문 제를 강조하는 이들도 있다.

유신 쿠데타와 경제 문제의 관련성을 강조하는 견해는 크게 두 가지 방향에서 제기되는 듯하다. 그중 하나는 경제 개발, 특히 중화학 공업화를 위해 유신 쿠데타가 불가피했다는 주장이다. 박정 희를 적극 옹호하는 이들이 주로 펴는 주장으로, 예컨대 1970년대 에 청와대 경제 제2수석비서관이었던 오원철은 "중화학 공업화가 유신이고 유신이 중화학 공업화"라고 주장했다. 유신 쿠데타가 없 었다면 중화학 공업화로 대표되는 산업 구조 고도화는 불가능한 일 이었나 같은 여러 의문을 불러일으키는 주장이다. 이런 주장, 어떻 게 보나.

서 중 석 경제 문제는 유신 체제와 관련해 제일 많이 이야기되는 것 이자 논란도 많은 사안이다. 많은 사람이 그 부분을 이야기했는데, 문제는 어떤 식으로 이야기했느냐 하는 것이다. 정확하고 명료하게 그 부분을 지적해야 하는데, 애매한 상태로 거론한 사람들이 많았 다. 난 여기서 두 가지를 먼저 이야기할 필요가 있다고 본다.

첫째, 1972년 10·17쿠데타는 헌법을 유린해 정치 활동의 기본 적 자유와 시민사회, 정치를 극도로 억압하고 위축했다. 그런 상황 에서 박정희가 국민들에게 내놓을 수 있는 게 뭐였겠느냐, 이 말이 다. 있다면 유일하게 경제밖에 없었다. 그것과 '박정희가 경제 때문 에 10·17쿠데타를 일으켰다', 이건 별개의 차원이다. 별개로 논의해 야 하는 것이다.

그런데 일각에서는 이걸 혼동하거나 혼란스럽게 얘기하고 있다. 질문에도 나오는 오원철 같은 사람, 그러니까 유신 체제에서 고위 관료였던 자나 일부 연구자가 '유신 체제가 중화학 공업 발전에 크게 기여했다'고 주장하는 것도 '중화학 공업을 발전시키기 위해 유신 체제를 출범시켰다 또는 10·17쿠데타를 일으켰다', 이것하고는 아주 다른 주장이다. 양자를 명확하게 분리해서 봐야 하는데, 역시 애매한 상태로 이야기하는 사람들이 있다. 그 둘을 분명하게 구별해서 봐야 한다. 이와 더불어 중요한 게 하나 더 있다.

'능률의 극대화', '생산적인 정치'와 파시즘

—— 무엇인가.

'능률의 극대화', '생산적인 정치'라는 말이 유신 체제 내내 나오는데, 이게 정확히 뭘 가리키는 건가에 대해서도 사람들이 혼란을 느낄 수 있다. 능률의 극대화를 기해 생산적인 정치를 하겠다고 박정희는 유신 체제에서 계속 역설했다. 그런데 문제는 무엇 때문에 능률의 극대화가 필요한지에 대해 명확히 설명하지 않는 게 태반이라는 것이다. 박정희 연설문이라든가, 1972년 10·17쿠데타에서 12월 27일 유신 대통령 취임식 때까지 나온 문건들을 보면 대개 그런 식으로 돼 있다.

이 기간 중 초기에 나온 문건을 보면 '제3공화국 헌법의 정치 체제가 잘못됐다. 그래서 생산적인 정치를 못하게 돼 있다', 이렇게 지적한 걸 빼놓고는 왜 생산적인 정치를 하려고 하는지 그 이유를

1973년 1월 12일 자 동아일보. 박정희는 이날 연두 기자 회견에서 '능률의 극대화', '생산적인 정치'를 강조했다. 일본의 군국주의자, 유럽의 파시스트들도 이런 말을 자주 사용했다.

꼭 이야기한 것은 아니다. 생산적인 정치를 해야 한다고만 이야기했다. 10·17쿠데타에서 12월 27일 대통령 취임식 때까지 나온 것들을 보면 대개 그렇다.

1973년 1월 12일 연두 기자 회견, 아주 유명한 회견인데 여기서도 박정희는 "더 능률적이고 낭비 없는 생산에 직결되는 정치 제도로 …… 육성·발전시켜나가야", "지금까지 국력 배양을 저해한 가장 큰 요인의 하나는 …… 국회의 비능률적 운영에 있었다", 이렇게만 얘기했다. 여기서 국력 배양이 정확히 뭘 가리키는 건지, 어떻게 해야 그렇게 된다는 것인지를 명료하게 설명하는 방식이 아니었다. 또 생산이라고 하면 일반적으로 경제에서 생산을 가리키지 않

유신 쿠데타 왜 일으켰나

나. 그런데 "생산에 직결되는"이라는 표현의 앞뒤 문맥을 살펴보면 경제와 직결되는 생산을 가리킨 것이 아니었다. "낭비 없는 생산에 직결되는", 여기서 생산이 가리키는 건 경제적 생산이 아니다. 생산적인 정치, 그러니까 능률의 극대화를 말하는 것이다. 국회 운영이 비능률적이라는 것, 바로 그걸 지적하는 것이다.

—— 박정희가 '능률의 극대화', '생산적인 정치'를 역설한 것을 어떻게 보나.

이런 현상은 비단 박정희만이 아니라 군국주의 파시즘의 정화라고 볼 수 있는 1936년 일본 청년 장교들의 2·26쿠데타, 그리고 1920년대부터 열병처럼 퍼져 1945년까지 유럽을 뒤덮은 파시즘에서도 비슷하게 나타난다. 이들은 대개 강력한 생산적 정치를 주장했다. 그러면서 공산주의, 민주주의, 자유주의, 개인주의를 혐오하고 타기, 타도, 타파해야 할 대상으로 설정했다. 그러나 생산적 정치라는 것이 무엇 때문에 필요한지를 직접적으로 설명하는 형태는 아니었다. '자유주의자를 때려잡자, 공산주의자를 때려죽이자', 이건 이것대로 나오고 또 '생산적 정치를 하자'는 건 그것대로 나오는 경우가 많다. 이런 것이 바로 파시즘의 본령이자 특징이라고 난 본다.

확실한 것은 파시스트나 군국주의자들은 의회 정치, 정당 정치를 혐오한다는 점이다. 명령하는 자와 복종하는 자가 있으면 된다고 보는 것이다. 그렇기 때문에 힘에 의한 정치, 군화에 의한 정치를 찬양하고 폭력을 의미하기도 하는 힘을 숭상한다. 이들에게는 무단 통치야말로 가장 생산적인 정치일 수 있다.

그런 점은 유신 체제에서도 찾아볼 수 있다. 박정희는 경제 발전을 위해 유신 쿠데타가 꼭 필요했다고 어디서도 언급하지 않았다. 박정희는 능률 극대화를 위한 생산적인 정치를 해야 하고, 그걸 가로막는 것을 그냥 놓아두어서는 안 된다고 강조했다. 그런 타격 대상 또는 타도해야 할 목표물로 공산주의, 자유주의, 개인주의, 정당 정치, 의회 정치 외에도 노동자 파업과 시위 같은 걸 설정하는 건 유럽 파시즘에서 많이 나오는 것 아닌가.

예컨대 '지도자'를 비난하고 정부를 비판하는 국회의원들은 고문실로 데려가 고문으로 입을 다물게 하고, 시위나 파업을 폭력적으로 저지해 시위나 파업이 없는 세상을 만드는 것이 이들이 말하는 생산적 정치다. 문화적으로, 박근혜·이명박 정권의 블랙리스트가 떠오르겠지만, 유신 통치기에 많았던 출연 금지, 방영·방송 금지 등도 생산적 정치와 연결돼 있다. '생산적 정치'란 '생산'이라는 경제적 용어를 차용했을 뿐 사실은 정치적, 사회적, 문화적 의미를 갖는 경우가 아주 많다.

또 사회적, 문화적 퇴폐와 병리 현상이 문제라고 박정희가 많이 지적했는데, 유럽의 파시스트들도 이런 것들을 얼마나 많이 지적했나. 일본 군국주의자들도 이 부분을 아주 많이 강조했다. 여기서 이른바 생산적 정치, 곧 힘이나 폭력에 의한 정치로 제거해야 하는 '퇴폐'와 '병리'가 무엇을 가리키는지도 숙고해야 한다. 그리고 '열등 민족'은 지구상에서 없어졌으면 좋겠다는 식으로 많이 이야기하지 않았나. 이런 것들이 설정돼 있었다.

이처럼 파시즘, 군국주의에서는 일반적으로 민주 사회나 민주주의를 강하게 거부하면서 생산적인 정치라는 것을 내세웠다. 그렇기 때문에 유신 체제에서 생산적인 정치라는 걸 언급할 때 이러한 점들을 생각해야 하며, 그걸 바로 경제와 연관시키기 어렵다는 점을 충분히 이해할 필요가 있다. 생산적인 정치를 직접 언급한 구절을 자세히 읽어봐도 그렇고, 관련된 다른 것들을 봐도 그렇다.

축적·재생산 위기가 유신 쿠데타 불렀다?
유신 쿠데타 초래할 만한 경제 위기는 없었다

—— 유신 쿠데타와 경제 문제의 관련성을 중시하는 견해 중 다른 하나는 주로 진보 쪽에서 나왔다. 1960년대 방식의 자본 축적이 위기에 빠져 새로운 축적 방식이 필요한 상황이었고, 그러한 경제 위기가 유신 쿠데타를 낳았다는 시각이다. 이런 시각, 어떻게 평가하나.

경제와 관련해서는 여러 각도에서 논쟁이 붙었다. 그것들을 하나하나 짚어보자. 우선 박정희 유신 체제의 성립과 경제의 관계에서 '경제 위기가 유신 정변을 불러일으켰다'는 주장이 있다. 경제 위기가 유신 쿠데타로 가게 만들었다는 이러한 주장은 일부 진보적 학자들이 했다.

그러나 이들의 주장은 구체성을 지닌 것이 아니라 아주 추상적이고 애매모호한 것이 특징이다. '제3공화국 방식인 의회 민주주의 외양으로는 종속적 자본주의 체제를 재생산할 수 없는 재생산의 위기를 맞았다', 또 '이 시기에 종속적 독점 자본 축적의 위기를 맞았다', 이렇게 설명하는데 이게 뭘 가리키는 건지 모호하다.

이런 식의 주장을 여기서만 하는 게 아니다. 1960년 4월혁명이 일어난 배경과 원인, 1961년 5·16쿠데타가 일어난 배경과 원인 같은 걸 설명할 때에도 '종속적 독점 자본주의가 위기를 맞아 발생했다', 이렇게 똑같은 방식으로 설명하고 있다.

도대체 '종속적 독점 자본주의가 축적의 위기를 맞았다'는 것이 구체적으로 뭘 가리키는 것인지, 난 이게 분명하게 설명돼야 한다고 본다. 또 이들은 제3공화국의 종속적 자본 축적 방식이 어떻게 위기를 맞았기 때문에 유신 체제로 갈 수밖에 없었는지에 대해서도 구체적으로 설명하지 않는다. 제3공화국의 종속적 자본 축적 방식과 유신 체제에서 이뤄진 자본 축적 방식이 어떻게 다른지, 또 각각 뭘 가리키는 것인지를 이해하기가 어려운 방식으로 설명하고 있다. 아울러 재생산의 위기가 얼마나 심각했기에 제3공화국 헌법을 폐기해 헌정을 유린하는 사태를 맞지 않으면 안 됐는지에 대해서도 설명하지 않고 있다. 그런 부분들을 명확히 설명해야 한다고 난 본다.

이 문제에 대해 김영명 교수가 잘 지적한 게 있다. 김영명 교수는 일부 학자가 경제 위기의 증거로 무역 수지와 재정 수지의 악화, 제조업 분야의 생산지수 증가율 하락, 임금 상승 둔화, 총투자율 감소, 경제 성장률 하락 등을 들고 있지만 경제 성장률, 도매 물가 지수, 공업 생산 지수, 수출고 등의 통계를 볼 때 유신 쿠데타 전후에 뚜렷한 경제 하락세는 찾아볼 수 없었다고 지적했다. 그뿐만 아니라 설령 상당히 뚜렷한 경제 하락세가 있었다고 하더라도 그게 유신 쿠데타를 일으킬 만한 경제적 동기인가? 그건 아니라는 말이다. 그런 이야기는 어디에도 나오지 않는다. 박정희도 여기에 대해서는 눈곱만큼도 신경을 쓰지 않았다.

— 축적의 위기, 재생산의 위기와 유신 쿠데타의 문제를 당시 세계 경제와 연결해 이해하는 경우도 있다. 이런 부분, 어떻게 보나.

이들은 국제적 경제 위기를 지적하기도 한다. 그런데 언제, 어떠한 국제적 경제 위기가 있었는지, 그리고 그 위기가 대만이나 다른 나라의 경우와 달리 왜 유독 한국에만 그런 영향을 끼쳐 유신 쿠데타와 같은 극단적 변란으로 체제가 바뀌지 않으면 안 됐는지 등에 대해 구체적으로 설명하지 않는다. 그저 추상적으로 짤막하게 국제적 경제 위기를 언급할 뿐이다.

사실 국내의 자본 위기나 세계 경제 위기는 드물지 않게 일어나는 현상 아닌가. 그런데 유독 1972년 10월에만 유신 쿠데타라는 극단적인 변란이 일어났다. 그렇다면 그 상관관계가 어떠한지에 대한 구체적인 설명을 해야 하는 것 아닌가. 이들의 논리대로라면 1972년 8·3 사채 동결 조치가 아주 중요하게 평가돼야 한다고 난 본다.

— 어떤 의미에서 그러한가.

8·3 사채 동결 조치는 독점 자본 축적에서 실제로 대단히 중요하지 않나. 그런데 이들은 이걸 그다지 중요시하지 않았다. 그저 자본 축적 위기로 설명하고 넘어가는 정도이고, 그중에는 도외시하는 사람도 있다. 8·3 사채 동결 조치로 자본 축적 위기를 불완전하게나마 해소할 수 있었다고 평가해야 하는 것인지, 그렇지 않은지에 대해서도 이들은 깊이 있는 논의를 해줘야 한다. 그래야 우리가 자본 축적 위기에 대한 이해를 충분히 할 수 있다고 본다.

또 세계 자본주의 위기는 1970년을 전후한 시기보다도 1973년 제1차 오일 쇼크 때 훨씬 심각했다. 이것엔 눈을 감고 자신의 주장만 한다면 그것이 설득력이 있을까? 자본 축적의 위기는 다른 나라에도 비슷하게 있었을 터인데 왜 그때 다른 나라에서는 유신 체제와 같은 권력이 탄생하지 않았는지에 대해서도 이들은 해명해야 한다. 제1차 오일 쇼크로 세계 자본주의가 그렇게 큰 위기를 맞았고 일부 선진 자본주의 국가를 포함해서 몇몇 나라는 치명적인 타격을 입었는데, 이들의 논리대로라면 다른 나라에서도 유신 쿠데타 같은 게 일어났어야 하는 것 아닌가 하는 의문에 대해 아무런 설명도 하지 않는다.

무엇보다도 이들의 논리는 '유신 체제가 아니었으면 한국식 경제 발전이 가능하지 않았다', 이런 주장으로 귀결되는 경우가 있다. 이런 경우 유신 체제를 합리화하는 이들의 진보성의 정체가 무엇인가 하는 의문을 갖게 한다.

— 그들 논리의 정합성 여부와 별개로, 1960년대 말 한국 경제에 차관 기업 부실화 등 적잖은 문제가 있었던 건 사실 아닌가.

그런 게 있긴 했지만 그것도 1969년, 1970년에 있었던 것 아닌가. 1972년에 있었던 건 아니다. 그런 것들과 1972년 10월 유신 쿠데타는 상관이 없다. 그리고 1969년 5월 재무부에서 대표적인 차관 업체 83개 중 45퍼센트가 부실기업이라고 발표하긴 했지만, 그런 게 나왔다고 해서 경제 전체가 흔들릴 정도로 심각한 타격을 입었다고 보기는 어렵다.

다만 경제기획원이 그 모든 걸 점검하던 때인데 왜 그런 일을 제대로 하지 않았는가, 박정희 정권이 어째서 차관 도입 기업체에 대한 단속이라고 할까 관리를 제대로 하지 않았는가, 이 점은 문제였다. 그런 부실기업이 일부 망했지만 그 기업주는 여전히 잘사는 경우가 적지 않았던 것도 마찬가지다. 기업주는 살고 기업체는 망했다는 얘기가 당시 많지 않았나. 그래서 그런 것들에 대해 야당은 '박정희 정권이 책임져야 한다. 총체적으로 박정희 정부의 경제 정책이 부실한 것 아니냐', 이렇게 비판했다. 아울러 여기에는 예전에 이야기한 것처럼 권력 쪽에서 차관의 일부를 떼먹은 문제도 엮여 있었다. 그것 때문에 차관 업체가 부실한 경영을 할 수밖에 없는 면이 있었다. 이런 문제들이 다 얽혀 있었다.

그러나 이것이 유신 쿠데타를 일으키게 할 정도의 위기는 전혀 아니었다. 박정희도 그렇게 알고 있었고 당시 모든 사람이 그렇게 알고 있었는데, 1971년 위기론을 이야기하는 사람들처럼 몇 사람만 자기주장을 하고 있다.

노동 문제 때문에 유신 쿠데타?
당시 노동 운동이라고 할 만한 것이 약했다

—— 유신 쿠데타를 노동 문제와 연결해 이해하는 경우도 있다. 그런 주장, 어떻게 보나.

권력 쪽에서 볼 때 노동 문제와 관련해 유신 체제가 필요했던 것 아니었느냐는 설명이 있다. 다시 말해 노동 운동이 활성화될 터였는데 그런 노동 운동을 제약, 통제하기 위해 유신 체제가 필요했

1972년 5월 10일 동일방직 노조에서 주길자가 한국 최초의 여성 지부장으로 선출됐다. 그 뒤 동일방직 노조는 민주적으로 운영됐다. 동일방직 민주 노조는 사측과 정권의 가혹한 탄압을 견뎌야 했다. 노조 대의원 선거가 있던 날인 1978년 2월 21일 회사의 사주를 받은 남성 노동자들이 여성 노동자들에게 똥물을 쏟아붓고(오른쪽) 때로는 입에 넣기도 했다. 왼쪽 사진은 조합원들이 "우리는 똥물을 먹고 살 수 없다"고 외치며 농성하고 있는 모습.

던 것 아니었겠느냐는 주장이다. 종속적 자본주의 아래에서 계속 저임금 정책을 강요해 차관 도입이나 직접 투자에 유리한 환경을 조성하기 위해서는 노동 운동을 봉쇄해야 했고 이 때문에 유신 체제가 출현했다, 이런 주장이다.

그러나 이 시기에 노동 운동은 그야말로 초보적 단계였다. 노동자 계급 의식이라는 게 거의 보이지 않았다고 할 수 있다. 그렇기 때문에 1970년대 후반에 부분적으로 나타나고 1980년대에 많이 나타나는 노동 운동권의 정치 투쟁이 이 시기에는 나타나기 어려웠다. 사실 1970년대 후반에도 몇몇 민주 노조에서 일반적으로 이야기되는 정치 투쟁이라기보다는 도시산업선교회와 연결된 투쟁을 했다고 할 수 있다.

하여튼 1970년대 초에는 노동 운동을 이끌 만한 민주 노조의 전국적인 산별 조직이나 규모가 큰 사업장 노동조합이 존재하지 않았다. 그런 것들이 움직이는 건 1987년 이후다. 1980년대 중반의 노동 운동, 1987년 6월항쟁과 7, 8, 9월 노동자 대투쟁을 볼 때 1970년대 초반기와 중반기의 상황에서 노동 문제 때문에 유신 체제가 필요했다고까지 이야기하는 건 도무지 납득하기 어렵다.

— 유신 쿠데타에 앞서 1971년 12월 국가 비상사태 선언이 공표되고 뒤이어 국가보위법이 통과됐다. 국가보위법이 실제로 가장 효력을 발휘한 분야는 노동 운동 통제였다고 지난번에 얘기했다. 그만큼 박정희 정권 쪽에서 노동 문제를 염두에 두고 있었다고 볼 수도 있지 않을까?

노동 문제와 유신 체제의 상관관계를 주장하는 진보적 학자들은 1971년 12월에 통과된 국가보위법조차 당시 노동 현실과 노동 운동 상태를 볼 때 과잉 대응 아니었느냐 하는 문제를 논의해야 한다. 실질적으로 국가보위법에서 제일 중요한 건 노동자의 단체 교섭권과 단체 행동권을 규제한 바로 그 부분(제9조)이었다.

난 이런 생각을 한다. 심하게 말한다면, 유신 체제가 아니었다고 하더라도 국가보위법을 발동하고 그와 더불어 중앙정보부 같은 사찰·탄압 기구를 활용해 1970년대 노동 운동을 탄압하는 게 그렇게 어려웠을까? 다시 말해 유신 체제가 아닐 경우, 그러니까 1971년 대선에서 당선된 박정희가 1975년까지는 집권하게 돼 있었던 것이

1979년 8월 11일 회사 폐업
조치에 항의하며 신민당사에서
농성을 벌이고 있는 YH무역
여성 노동자들(위). 경찰이
신민당사에 진입해 노동자들의
농성을 강제로 해산하고
있다(아래). 이 사건은 신민당
김영삼 총재의 의원직 제명으로
이어졌다. YH사건은 부마항쟁을
촉발하는 계기가 됐다.

유신 쿠데타 왜 일으켰나

니 그다음에 김종필이든 김대중이든 다른 사람이 정권을 잡았을 경우 상황이 어땠을까?

내가 이 이야기를 왜 강조하느냐 하면, 1987년 대선을 앞두고 노동 관계법을 개정할 때 김대중, 김영삼이 아주 보수적인 입장을 취했기 때문이다. 김영삼 정권 말기인 1996년 연말에 노동법과 안기부법을 개악하는 쪽으로 날치기 통과시켰다가 그 직후부터 1997년 연초까지 노동자 총파업이라는 엄청난 규모의 투쟁을 만나게 되는데, 그것도 이런 것과 관련 있다고 볼 수 있다.

뭐냐 하면, 자기들이 집권할 수 있을 것 같으니까 1987년에도 그런 행동을 한 것이다. 자기들이 집권할 때에 대비해 노동자들의 힘을 약화시켜야겠다는 생각으로 그런 태도를 취한 것 아니겠나. 이 사람들은 노동 문제에 그렇게 진보적이지 않았다. 그 시절에 곤경에 처한 노동자가 찾아오면 대개 대접을 잘해주긴 했지만, 김대중과 김영삼이 이끈 야당이 노동 입법 문제 등과 관련해 실제로 한 행동은 그것하고 다르다.•

1970년대의 여러 가지 상태를 볼 때 '노동 운동이 폭발적으로 일어날 것이다', 이 시기에는 그렇게 설정하기가 어려웠다. 그리고 규모가 큰 기업체들, 예컨대 중화학 공업 쪽은 당시 월급이 괜찮았

• 1987년 10월 노동 관계법 개정안이 국회를 통과하고 11월 공포됐다. 노동자 대투쟁으로 표출된 역사의 거대한 흐름 속에서 개정안이 탄생했기에 이전부터 노동자를 옭죄던 장치들 중 일부는 이때 사라졌다. 예컨대 노조 설립 자체를 제한하고 노동 쟁의를 가로막던 각종 규제 조항은 많이 완화됐다. 그러나 노동자들과 함께하는 정치 세력이 제도 정치권에 없던 상황에서, 더욱이 여론을 충분히 수렴하고 사회적으로 충실히 논의하는 과정을 거치지 않고 만들어진 개정안이었기 때문에 그 한계도 뚜렷했다. 개정안에는 노동계의 숨통을 죄는 대표적인 독소 조항으로 꼽히던 제3자 개입 금지, 복수 노조 금지, 노조의 정치 활동 금지 조항 등이 담겨 있었다. 이전에는 노동자 편이라고 말하던 야당은 노동 관계법 개정 문제에서는 대폭 후퇴하는 모습을 보였다.

다. 그 이전보다 상당히 올려줬다. 이런 여러 가지를 고려할 때, 노동 문제와 연결해 유신 쿠데타를 설명하는 건 적절하지 않다고 본다.

전두환·신군부 정권 이후
노동 문제를 더욱 중시

— 1970년 전태일 사건을 접한 후 권력 쪽에서 노동 문제에 대한 선제적 조치가 필요하다고 판단했고 그것이 유신 쿠데타를 낳은 한 원인이라고 볼 수는 없나? 전태일 열사 분신 직후 청계피복노조('청피')가 탄생하고 그 후에는 동일방직, YH, 원풍모방 등에서 여성 노동자 중심의 민주 노조 운동이 전개되지 않았나. 물론 동일방직, YH, 원풍모방 등에서 노동 운동이 활발하게 전개되는 건 주로 유신 쿠데타 이후이긴 하다(동일방직의 경우 유신 쿠데타 이전인 1972년 5월 한국 최초로 여성 노조 지부장 탄생). 그걸 감안하더라도, 민주 노조 운동의 문을 다시 연 전태일 사건과 그 직후의 흐름에 권력 쪽에서 불안감을 느꼈을 개연성은 없나.

내 얘기의 핵심은 설령 권력 쪽에서 불안감을 느꼈다고 하더라도 그것이 유신 쿠데타 같은 국가 변란을 일으킬 만한 위기적 상황이 아니었다는 것이다. 그리고 전태일 사건과 그 이후 흐름에 대해 정권이 큰 불안감을 가졌다고 보는 건 무리라고 생각한다. 분명히 전태일 분신 사건은 역사적 의의가 대단히 큰 상징적 사건이다. 그렇지만 박정희 정권은 전태일 사건을 중시하지 않았다. 그걸 중

유신 쿠데타 왜 일으켰나

시한 건 운동권이었다. 운동권이 그 사건에 큰 의미를 부여했는데, 그건 대단히 의의가 있는 일이었다.

　박정희 정부가 이 사건에 전혀 신경을 안 쓴 건 아니지만, 그렇게 중요한 건 아니라고 봤다. 다만 당시 노동청장이 현장에 나와 전태일 어머니 이소선 여사를 만나는 등 부산을 떨었다는 점에서 박정희 정권도 이 사건의 의미를 무시했던 건 아니라고 볼 수 있다. 박정희 정권이 노동 문제에 심각하게 대처한 것은 그 이후, 그러니까 1970년대 중반부터라고 봐야 하지 않을까 싶다. 특히 유신 붕괴 직전인 1979년 8월 여성 노동자들이 신민당사에 들어가 농성한 YH 사건에 이르러서는 불안감이 한층 컸던 것으로 보인다. 정치, 경제 문제와 결합됐기 때문이다. 그것도 유신 체제에 대한 전반적인 불만과 김영삼이 이끄는 야당의 비타협적 공세, 그리고 경제 위기가 노동 문제와 결합해 나타났기 때문이다.

── 전두환·신군부 정권 때와 비교한다면 어떤 차이가 있었다고 보나.

　박정희 유신 정권이 노동 문제를 결코 가볍게 본 적은 없었기 때문에 어디까지나 상대적인 평가가 될 수밖에 없지만, 정작 권력이 노동 문제를 한층 더 중시하는 건 전두환·신군부 정권이 등장하면서부터다. 그렇게 된 건 그 사람들이 YH사건의 위력을 알고 있었을 뿐만 아니라, 노동계 상황을 예감할 수 있는 충분한 근거가 있었기 때문이다. 뭐냐 하면, 1980년대에 들어서면서 드디어 본격적인 산업 노동자 시대를 맞이하게 된 것이다. 중화학 공업 부문이 그 대표적인 예인데, 1970년대 후반에서 1980년대로 가면서 엄청난 규모의 대사업장 산업 노동자가 한국 사회에서 탄생하지 않나.

그러니까 그러한 중차대한 문제에 대처하기 위해 그 복잡한 여러 행위를 했던 것이다. 전두환·신군부 세력은 권력을 잡은 후 국가보위입법회의를 만들어 노동 관계법을 다 개악해버렸다. 그뿐 아니라 조그마한 규모의 민주 노동 단체조차 아주 철저할 정도로, 정말 무섭게 탄압하지 않았나. 그야말로 씨를 말리려고 했다. 노조를 철저하게 때려잡았다. 그 결과 1980년 5·17쿠데타가 난 후 한 1~2년 정도는 노동자들의 활동을 찾아보기가 어려웠다. 몇 군데 빼놓고는 그랬다. 그러다가 1984년 대구에서 시작된 택시 기사들의 시위가 다른 도시들로 번지고 1985년에는 대우자동차 파업, 구로 동맹 파업 같은 게 일어나면서 노동 운동이 다시 활기를 띠게 된다고 보지 않나.

이러한 1980년대와 비교하면 1970년대에는 노동자의 의식, 단결, 운동이 상대적으로 약했다. 그런 것들은 특히 1987년 7·8·9월 노동자 대투쟁을 겪으면서 크게 퍼지게 된다. 노동 운동에 대한 권력의 태도를 보면, 수구 보수 세력이 역사를 잘 모르는 것만은 아니기도 하다.

역사 사실 잘 모르고 억설 많은 개발 독재론의 함정

유신 쿠데타 왜 일으켰나, 열 한번째 마당

김 덕 련 박정희 집권기 경제를 어떻게 평가할 것인가 하는 문제에서 빼놓을 수 없는 것이 개발 독재론이다.

서 중 석 유신 체제와 관련해 경제 문제에서 제일 많이 이야기하는 게 개발 독재다. 지금도 너나없이 사용하는 경우가 아주 많아서 듣기에 딱하고 민망하기도 하고 괴롭다. 왜 그렇게 많은 사람이 그 말을 사용하는 건지 납득이 안 간다. 그냥 별 생각 없이 개발 독재, 개발 독재 그러는 경우도 정말 많더라. 그런데 그중에서 이 얘기를 처음에 꺼낸 사람들은 일종의 개발 독재론이라고 얘기할 정도로 일정하게 이론적인 구사를 했다. 여기서 내가 주로 거론하는 건 개발 독재론을 제기한 그 사람들의 주장이다.

개발 독재는 박정희 집권기의 경제 발전과 관련해 학자들 사이에서 많이 사용되는 용어다. 그러나 이 용어를 편의적으로 또는 적당히 두루뭉술하게 사용해서는 안 된다고 난 본다. 엄격하고 신중하게, 적확한 개념을 구사해 제한적으로 사용할 때에만 학문적 의미를 가질 수 있다.

적용 범위 등에서
엄밀성이 떨어지는 개발 독재론

— 개발 독재론에 어떤 문제점이 있다고 보나.

우선 적용 범위에 엄격성을 부여해야 한다. 개발 독재를 주장하는 학자들은 대개 한국과 대만을 대표적인 국가로 꼽고 군정 치하에 있었던 남미 국가들 즉 브라질, 아르헨티나, 칠레를 포함하기도 한다. 칠레의 경우 여러 각도에서 논쟁이 붙기 때문에 일단 논의에서 제외한다면 아르헨티나, 브라질과 그 밖의 남미의 군사 정권은 전부 경제를 망쳤다.

개발 독재를 주장하는 학자들이 그 부분을 무시하는 건 아니다. 그런 점을 인정은 한다. 나는 개발 독재 사례를 하나하나 구체적으로 거론하면서 개념화하는 작업이 돼 있지 않다는 점을 우선 지적하고 싶다. 그런데 한국과 대만, 군정 치하에 있었던 남미를 보면 국가의 성격에서 다른 면이 있다.

—— 어떤 점에서 달랐나.

한국의 경우 제3공화국 시기에는 절차적 민주주의가 존재했다. 비판적이고 대립적인 야당이 존재했다. 사법부와 언론도, 제3공화국 말기에는 달랐다고 하더라도 그전에는 일정하게 자율성이 있었다. 학생 운동이 외부의 통제나 감시를 받기도 했으나 강력하게 존재했던 것도 대만이나 남미와 다른 점이다.

정리하면 한국의 경우 이승만 집권 시기에는 권위주의 성격이 강했으나 제2공화국 시기에는 그것이 완화됐고, 5·16쿠데타 후 군정기를 지나 제3공화국에 와서도 권위주의가 제2공화국보다는 강했지만 절차적 민주주의라는 건 대체로 지켜졌다고 볼 수 있다. 1969년 3선 개헌도 어쨌든 절차를 밟아서 한 것이다, 이 말이다. 그러나 박정희 유신 체제는 그것하고 차원이 전혀 다른 것이었다. 초극단적인 권위주의 체제였다. 전두환·신군부 체제도 강도 높은 권위주의 체제라고 볼 수 있다.

반면에 대만의 경우 한국에서 박정희 정권이 막을 내리고 전두환 정권 후반에 이를 때까지 비판적 야당을 용납하지 않았다. 물론 박정희 정권과는 대조적으로 1972년경부터 대만 권력의 성격이 점차 개방적인 방향으로 나아갔고 그만큼 민주화를 향해 가고 있었다고 이야기할 수는 있다. 그렇지만 장제스·장징궈 부자를 정점으로 한 국민당이 여전히 권력을 독점하고 있었다. 야당인 민진당이 출현한다든가 계엄이 해제된다든가 하는 것 등은 상당히 뒤에 일어나는 일이다. 1986년 민진당이 발족하고 1987년 계엄이 해제될 때까지 대만은 일당 독재 국가였다고 볼 수밖에 없다. 정권을 비판하는 다른 당이 존재할 수 없지 않았나. 유신 체제에서도 복수 정당제 또는 야당의 존재 자체를 부정할 수는 없었던 것이 박정희 1인 체제와 모순 관계를 형성하게 된다고 전에 이야기했는데, 이런 점에서도 대만과 한국의 상황에는 차이가 있었다.

하여튼 박정희 집권기와 장제스 집권기를 동렬에 놓고, 또 박정희 집권기에서도 유신 쿠데타 전과 후를 동렬에 놓고, 거기에다가 군정 치하에 있던 남미를 포함해 모두 개발 독재라고 부른다면 개념상 혼란이 생기지 않을 수 없다고 본다.

개발 독재를 주장하는 사람들 가운데에는 기업 등 경제에 대한 국가의 높은 수준의 자율성과 연관을 지어 개발 독재를 논의하는 이들도 있다. 그렇지만 이것도 우리 현대사를 충분히 알지 못한 상태에서 나온 이야기라고 본다.

국가의 자율성이 기준이라면
이승만 정권과 박정희 정권은 비슷했다

── 그렇게 판단하는 근거는 무엇인가.

뭐냐 하면 이승만 정권은 인허가, 귀속 재산 처분과 외국 원조 물자 분배, 그리고 금융 분배를 무기로 해서 굉장히 높은 자율성을 가졌던 정권이다. 어떤 점에서는 박정희 정권은 그 유類가 아니라고도 볼 수 있다. 인허가나 금융 분배도 중요했지만 특히 귀속 재산 처분이라는 것, 그리고 주로 미국에서 온 외국 원조 물자를 분배하는 것은 당시 굉장한 힘이었다. 사실이 이랬는데, 국가의 자율성을 주요 기준으로 삼는다면 왜 이승만 정권에 대해서는 개발 독재라는 표현을 쓰지 않는 것인지 이해가 가지 않는다.

물론 박정희 정권이 인허가, 차관 도입, 금융 분배를 무기로 강력한 자율성을 가졌다는 점은 인정한다. 그렇지만 개발 독재의 전형으로 여러 개발 독재론자들이 이야기하는 유신 체제의 경우 그 말기를 보면 그와는 다른 모습이 나타난다.

── 유신 말기에는 어떠했나.

이 시기에 중화학 기업을 중심으로 한 재벌들의 사활을 건 몸 불리기 경쟁이 나타나지 않았나. 그것이 과잉 중복 투자로 구체화됐는데, 유신 정권이 이것을 통제하는 데 큰 어려움을 겪으면서 국가가 재벌들끼리 벌이는 과잉 경쟁에서 따돌림을 당한다고 할까, 기업에 끌려다니고 밀리는 현상이 나타났다.

한국 경제를 연구했고 노무현 정부에서 노동부 장관을 지냈던 김대환 씨가 지난번(2015년 8월)에 노사정위원회 위원장으로 다시 등장했는데, 20년 전쯤 나한테 그러더라. "유신 말기에는 박정희 정권이 힘을 못 쓰더라." 그런데 그건 그전에 기자들이 이미 많이 써놓은 내용이었다. 도대체가 그 시기에 박정희 정권이 과잉 경쟁을 벌이는 재벌들을 잡고 확실히 통제하지 못하더라, 이 말이다. 국가의 자율성이 중화학 공업 통제에서 약화된 면이 있었다.

그리고 생산 기관의 소유 또는 국유·국영 기업과 사기업의 비중을 살펴보면, 귀속 재산을 국가가 소유하고 있었던 이승만 정권 초기를 제외하면 어느 시기에나 사기업의 비중이 컸다는 것을 무시해서는 안 된다. 물론 이승만 정권 중기와 후기에도 귀속 재산이 남아 있었고 박정희 정권 초기에도 있었지만, 그때쯤 되면 그게 그렇게 중요하지는 않았다.

그런데 개발 독재론에서는 한국의 경우 기업에 대한 국가의 자율성이 컸다고 하더라도 사실은 사기업 사회였다는 점을 그렇게 중시하지 않고 있다. 하여튼 국가와 기업, 이 양자의 관계를 각각의 시기에 따라 어떠한 차이가 있는지까지 시야에 넣어 더 잘 이야기할 필요가 있지 않겠느냐는 생각이 든다.

유신 체제 닮은꼴 전두환 집권기, 그런데 개발 독재는 아니다?

── 개발 독재가 이뤄졌다고 보는 기간도 논자에 따라 차이가 있는 것 같다.

개념이 애매해서 그렇겠지만 개발 독재 시기를 어느 때로 규정할 것인가, 이게 또 문제다. 학자에 따라 애매하게 쓴 사람도 있고 자기 나름대로 규정한 사람도 있는데, 조금씩 다르다.

박정희 집권기 18년을 일률적으로 개발 독재로 설명하는 건 나로서는 납득되지 않는다. 전두환·신군부 집권기를 포함하지 않는 경우도 보이는데, 왜 이건 포함하지 않았는지에 대해서도 설명이 없다. 행정부가 경제 개발에 관심이 높았던 때를 가리킨다면, 부흥부(1955년 출범)가 설립된 후 경제 회복기로 접어드는 1956~1957년 시기부터 해당한다고 난 본다. 특히 장면 정권은 1960년 출범할 때부터 경제 제일주의를 표방하고 경제 건설에 모든 행정력을 쏟겠다고 천명했다. 그래서 일부에서는 경제 건설이 그때 시작됐다고 주장한다. 이용희 교수 같은 사람이 그런 주장을 하더라. 그때부터 경제 개발 시기였다고 파악할 수도 있다는 말이다. 이와 달리 우리 공업이 상당한 수준으로 건설되는 시기를 기준으로 한다면 그건 1965~1966년경부터다. 개발 독재를 주장하는 학자들은 이러한 차이점에 대해 별로 신경을 쓰지 않는데, 이런 것들을 하나하나 연관시켜서 설명할 필요가 있지 않나 하는 생각이 든다.

── 개발 독재를 거론할 때 대개 염두에 두는 건 유신 체제 아닌가?

일부 학자가 개발 독재라는 용어를 사용할 때 박정희 유신 독재 시기를 가리키는 것으로 볼 수 있는 경우가 많다. 예컨대 "개발 독재는 독재 권력 주도로 '경제 개발=산업화'를 최우선 목표로 삼아 시민사회와 민주주의 발전을 억압·통제하는 국가주의적 근대화 수동혁명 체제", 아주 어려운 말인데 이렇게 설명하고 있다. 이게 해당되는 시기는 유신 체제와 신군부 시기, 이 두 시기밖에 없다. 이런 식의 설명은 제3공화국 시기 박정희 정부에는 맞지 않는다고 난 본다.

하여튼 이렇게 설명하거나, 또는 '냉전·분단 상황을 국민 동원과 독재 권력 쪽에 뛰어나게 활용한 준전시 개발 독재 모델이자 고도의 중앙 집중형의 파행적 특성'으로 박정희 집권기를 파악한다. 이것도 무척 어려운 말인데, 이런 규정이 정확히 뭘 가리키는지가 불분명하다. 그런데 이것도 제일 가까운 건 새마을운동도 일어난 유신 시대라고 볼 수 있다. 또 '개발 독재란 정치적 안정, 참여 제한을 통해 경제 개발에 국가를 총동원한다는 것', 이렇게 설명하고 있다. 이것도 유신 체제를 염두에 두고 이야기한 것으로 해석된다.

이런 식의 주장이 어느 정도 맞아떨어지는 것은 유신 체제 시기하고 전두환·신군부 시기라고 봐야 할 텐데, 이렇게 논의를 전개하는 사람들의 글을 자세히 읽어보면 실제로는 꼭 그렇게 보기가 어렵게 돼 있다.

— 어떤 식으로 돼 있나.

제3공화국 시기와 박정희 유신 체제 시기는 권위주의 또는 독재라는 면에서 엄연히 다른데도, 박정희 집권기 전체를 가리켜서 개발 독재라는 말을 사용하고 있다. 내가 보기에는 제3공화국 시기와 유신 체제 시기는 분명히 다르다. 그런데도 이들은 몇 가지 불충분한 이유를 근거로 그 두 가지가 비슷하다고 주장한다.

심각한 문제점이 여기에 있다. 왜냐하면 이렇게 박정희 집권기 전체를 가리켜 개발 독재라는 말을 사용해 제3공화국 시기와 박정희 유신 체제 시기가 비슷하다고 보고 있으면서도 실제로는 유신 체제 상황을 설명하는데, 그건 논리적으로 문제가 심각하다고 난 본다. 그래서 내가 이 지적을 하는 것이다. 뉴라이트 정치학자라면 유신 체제를 합리화하기 위해 '제3공화국이나 유신 체제나 비슷한 것'이라는 논리를 편다고 볼 수 있지만, 진보적 학자들의 경우 그것도 아닐 터인데 왜 그렇게 현실과 거리가 먼 주장을 하는지 이해가 가지 않는다. 그리고 구태여 개발 독재라는 말을 쓰고 싶다면 유신 체제와 가장 비슷한 권력이라고 볼 수 있는 전두환·신군부 정권에 대해서는 왜 개발 독재라는 언급을 잘 안 하는 것인지를 지적하고 싶다.

— 논리적 일관성을 갖추려면 전두환·신군부 집권기에도 개발 독재론을 적용해야 한다는 지적인데, 그렇게 판단하는 근거는 무엇인가.

전두환·신군부 정권의 경우 유신 체제의 잘못된 경제 정책, 즉 경제적인 실책에 제2차 석유 파동으로 인한 유가 폭등이 겹치고 농업 문제도 있고 해서 1980년에 한국전쟁 시기였던 1952년 이후 경제가 최악의 상태에 빠진다. 이건 많은 부분 전두환·신군부 정권의 잘못 때문이 아니라 박정희 정권의 잘못 때문에 생긴 것이다.

그래서 이 시기를 제외하고 설명한다면, 전두환·신군부 정권은 1983년에서 1987년까지 5년간 연평균 9.5퍼센트의 경제 성장률을 기록했다. 이건 1967년에서 1971년까지 5년간 연평균 9.7퍼센트의 경제 성장률을 기록한 것에는 못 미치지만, 유신 전기에 해당하는 1972년에서 1976년까지 5년간 경제 성장률이 연평균 9.2퍼센트였던 것보다는 높다. 유신 말기의 경우 그보다 더 떨어졌으니 비교할 것도 못 된다.

더군다나 전두환 정권 말기에서 노태우 정권으로 이어지는 1986~1988년에는 '단군 이래 최대 호황'이라고 할 만큼 유사 이래 최고의 호경기를 누리며 경제 성장률이 제일 높았다는 건 누구나 알고 있지 않나. 그렇기 때문에 만일 개발 독재론으로 설명하려면 전두환 집권기가 정말 좋은데 왜 그렇게 하지 않는 것인지 이상하다.

한국인은 정치가이건 학자이건 일반 시민이건 제3공화국과 유신 체제를 명확히 구별하고 있다. 유신 체제와 그 서자 격인 전두환·신군부 체제를 문제 삼으면서 '이걸 없애야 한다. 타도해야 한다'고 한 것도 그 때문이다. 제3공화국 헌법과 유신 헌법은 그 성격이 판이하게 다르다.

제3공화국과 유신 체제는
계엄 상태도, 중앙정보부 활동도 다르다

— 제3공화국 시기와 유신 체제 시기가 다르다고 거듭 강조했는데, 연속성도 많지 않았나. 예컨대 굴욕적인 한일협정을 규탄하는 시위가 커지자 1964년 계엄을 선포한 것처럼, 제3공화국 때에도 정부 비판 세력의 목소리를 누르기 위해 계엄령을 활용했다. 군인들이 대학에 난입해 학생들을 마구 때리고 잡아가는 일 역시 제3공화국 시기에도 일어났다(예를 들면 1965년 8월 고려대). 중앙정보부를 앞세워 반대 세력의 숨통을 죄는 일도 제3공화국 시기에 비일비재했다. 물론 유신 쿠데타 이후 훨씬 극

1973년 10월 2일 서울대 문리대 학생들이 유신 반대 시위에 나섰다가 경찰에 연행되고 있다. 그 해 학생 시위에서 가장 많이 나온 요구가 "중앙정보부 폐지"였다.

단적인 체제가 만들어진 건 분명하지만 계엄령과 군인들, 그리고 중앙정보부를 내세워 정권을 유지한 점 등은 제3공화국 시기나 유신 체제나 마찬가지 아닌가?

박정희 집권 전 시기에 걸쳐 계엄이나 중앙정보부를 통해 통치한 것 아니냐는 건데, 개발 독재를 주장하는 학자들 중에도 그 점을 강조하는 이들이 있다. 그런데 계엄이라고 하더라도 1964년에 내린 계엄하고 1972년 10월 17일에 내린 계엄은 판연히 다르다.

전자의 경우 언론, 출판의 자유가 크게 제한을 받지는 않았고 의회를 중심으로 한 야당의 활동도 그다지 제한을 받지 않았다. 그런데 1972년에는 이게 전면 부정되지 않았나. 야당도 활동을 못하게 해버렸다. 그리고 나서 계엄을 해제한 후 새로 선거를 한 다음에 활동하게 했다. 계엄을 선포한 건 마찬가지라고 하더라도, 당시 상

1974년 4월 3일 유신 정권이 발표한 민청학련 사건 명단. 유신 정권은 "반체제 운동을 조사한 결과, 전국민주청년학생총연맹(약칭 민청학련)이라는 불법 단체가 불순 세력의 조종을 받고 있다는 확증을 포착하였다"고 발표하면서 180명을 구속, 기소했다. 2009년 9월 사법부는 유신 정권에 의한 대표적 용공 조작 사건으로 꼽히는 이 사건의 피해자들에게 "내란죄로 인정할 증거가 없다"며 무죄를 선고했다.

황을 보면 양자는 전혀 달랐다.

박정희 정권을 가장 크게 특징짓는 것 중 하나인 중앙정보부도 유신 쿠데타 이전과 이후, 활동 면에서 차이가 크다. 내가 왜 이런 걸 일일이 지적하느냐 하면 개발 독재를 주장하는 학자들이 이런 것들을 가지고 이야기를 하기 때문이다. 그들의 말과 달리, 그 부분도 그들의 주장과 다르다는 이야기를 하려는 것이다.

── 유신 쿠데타를 분기점으로 중앙정보부의 활동은 어떻게 달라졌나.

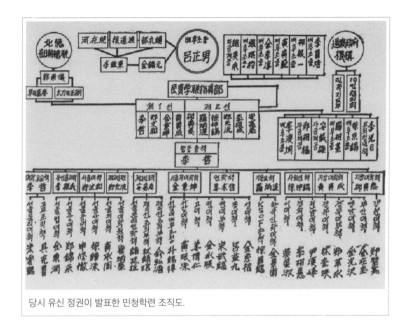

당시 유신 정권이 발표한 민청학련 조직도.

제3공화국 시기는 감시나 연행, 연금, 고문이 부분적, 선택적이었다면 유신 쿠데타 이후엔 그 범위가 훨씬 넓었다. 1973년 10월 2일 서울대 문리대의 유신 반대 시위를 도화선으로 해서 여러 대학에서 시위가 일어나는데, 그해 학생 시위에서 가장 많이 나온 요구가 "중앙정보부 폐지"였다. 중앙정보부는 유신 체제를 보위하는 핵심 조직이었다. 그래서 학원을 물샐틈없이 감시했다. 그런데도 1973년 10·2 시위가 일어났는데, 그 계기가 된 건 그해 8월 중앙정보부에서 일으킨 김대중 납치 사건 아닌가. 그런 사건을 일으킨다는 게 1960년대에 상상할 수 있었던 일인가, 이 말이다.

1974년에는 민청학련 사건, 인혁당 재건위 사건이 일어나지 않나. 박정희 정권은 이걸 빨갱이 사건으로 치밀하게 조작했다. 1975년에 가서는 인혁당 재건위 사건 관련자 8명, 물론 이 중 한 명인

1974년 4월 25일 신직수 중앙정보부 부장이 민청학련 사건 중간 수사 결과 발표를 하고 있다.
사진 출처: 국가기록원

여정남은 민청학련 사건으로 재판을 받긴 했지만, 어쨌건 이 8명은 법에 의한 살인을 당하지 않나. 학살당한 사람들이다. 이건 1964년 제1차 인혁당 사건을 조작할 때하고는 상황이 너무나 다르다. 또 민족주의비교연구회(민비연) 사건, 이건 학생 운동을 한 사람들을 표적으로 삼아 1960년대에 3차에 걸쳐 조작한 정치적 사건이다. 그런데 민청학련 조작 사건은 그러한 민비연 사건하고도 그 유가 다르다. 조작 내용, 고문을 받은 정도, 재판 과정, 형량 등 여러 가지를 보면 그렇다.

그리고 1975년 인도차이나 사태 이후 중앙정보부는 학원뿐 아니라 온 사회와 국가를 병영화하고 준전시 상태로 만드는 데 핵심적인 역할을 했다. 그때는 다방에 가더라도 항상 주변을 두리번거리며 얘기해야 했다. 전체주의 사회 비슷하게 감시 체제가 워낙 철

유신 쿠데타 왜 일으켰나

위. 1974년 11월 인혁당과 민청학련
사건 구속자 가족들이 구속자 석방을
요구하며 거리 행진을 하고 있다.
아래. 1975년 인혁당 재건위 사건으로
구속된 사람들이 사형에 처해지자
가족들이 오열하고 있다. 1975년
인도차이나 사태 이후 중앙정보부는
학원뿐 아니라 온 사회와 국가를
병영화하고 준전시 상태로 만들었다.
다방에 가더라도 항상 주변을
두리번거리며 얘기해야 했던 시대였다.
사진 출처: 4·9통일평화재단

저하게 잘 잡혀 있었기 때문이다. 이런 것들과 더불어, 학생 운동과 민주화 운동을 보더라도 제3공화국 시기와 유신 체제 시기, 양자는 확연히 구별이 된다.

개발 독재 주창자들은
유신 체제가 왜 무너졌는지 모른다

—— 어떤 식으로 구별되나.

일반적으로 민주화 운동이라고 하면 유신 체제 시기와 전두환·신군부 체제 시기에 있었던 현상으로 사람들이 알고 있다. 제3공화국 시기의 경우 각각 따로따로 이름을 부르고 있다. 3선 개헌 반대 운동, 교련 반대 운동, 한일 회담 반대 운동, 한일협정 비준 반대 운동, 이런 식으로 이름이 각각 다르다. 따로따로 이름을 붙인 것이다. 물론 이게 민주화 운동이 아닌 건 아니지만, 이렇게 따로따로 이름을 붙이는 것하고 반유신 민주화 운동이라고 딱 1970년대를 규정하는 것은 차이가 난다.

더구나 제3공화국 헌법이나 체제를 반대하는 운동은 전혀 일어나지 않았다. '제3공화국 헌법 바꿔라. 체제를 무너뜨리자', 이런 소리를 한 적이 없다. 그건 1987년 6월항쟁 이후 '체제를 무너뜨려야 한다', 이런 이야기를 듣기 어려운 것과 마찬가지 아닌가.

1969년 3선 개헌 과정을 보더라도, 야당 의원들에게 개헌 찬반 투표를 고지하지 않았다는 점에서 불법 행위가 있긴 했지만 유신 헌법 제작 과정과는 많이 달랐다. 개인적 권력욕으로 군대를 사병처럼 동원해 계엄을 선포하고 비상국무회의라는 듣도 보도 못한 불법 기구에서 수백 개의 법률과 유신 헌법을 만들어낸 것하고 그 이전의 정치 과정은 질적으로 차이가 난다. 유신 헌법은 헌법을 어기고 개헌한 이승만 정권의 발췌 개헌(1952년), 사사오입 개헌(1954년)하고도 명백히 차이가 있다. 유신 헌법은 제헌 헌법, 제2공화국 헌법, 제3공화국 헌법과 전혀 다른 헌법이다. 이걸 구별해야 한다.

박정희가 1979년 10·26에 의해 거세됨으로써 유신 체제가 그와 함께 무너지고 서울의 봄이 오지 않나. 그때 국회에서 헌법 개정안을 논의하는데 김종필의 공화당 세력이건, 김영삼과 김대중의 야당 세력이건 그다지 큰 논란 없이 큰 테두리에 쉽게 합의를 봤다. 즉 '유신 이전으로 돌아가자', 이렇게 합의를 봤다. '유신 이전으로 돌아가면 그게 민주주의 헌법이다', 이 점에서 의견이 일치한 것이다.

6월항쟁 때 나온 제일 중요한 구호가 세 가지다. 호헌 철폐, 독재 타도, 직선제 쟁취였다. 이건 전부 '유신 체제 이전 헌법으로 돌아가자'는 주장과 사실 별 차이가 없다. 유신·신군부 헌법을 철폐하자는 것이 호헌 철폐였고, 독재 타도는 유신·신군부 독재를 끝내야 한다는 것과 같은 말이었다. 그래서 직선제를 쟁취해 유신 이전으로 가자는 것이었다. 6월항쟁으로 탄생해 지금도 사용하고 있는 1987년 헌법은 제3공화국 헌법과 별 차이가 없다. 그러면 오늘날 헌법하고 유신 헌법이 같은 건가? 누구도 그렇게 생각하지 않지 않나. 마지막으로 개발 독재론에 대해 덧붙이고 싶은 게 있다.

—— 무엇인가.

개발 독재론을 주장하는 학자들은 왜 1972년 10월에 박정희가 유신 쿠데타를 일으켰는지를 제대로 설명해야 한다고 난 본다. 그런데 한마디 설명이 없다. 다시 말해 '박정희가 개발 독재를 위해 유신 쿠데타를 했다'든가 '경제를 위해서 했다'든가 하는 식으로 뭘 했는지, 뭘 안 했는지를 분석해야 할 것 아니냐, 이 말이다. 난 그 점이 개발 독재론의 결정적인 문제가 아닌가 하는 생각을 한다.

그런데 진보적 학자들의 개발 독재론에는 개발 독재가 아니었다면, 다시 말해 유신 체제가 없었다면 경제 발전을 이루지 못했을 것이라는 논리가 깔려 있다. 그러나 수치 하나만 가지고 보더라도 그러한 논리는 성립하기 어렵다. 앞에서 1967년에서 1971년까지 5년간 연평균 경제 성장률이 9.7퍼센트였던 것에 비해 1972년에서 1976년까지 5년간 경제 성장률은 그보다 낮은 9.2퍼센트였고 그 이후 경제 성장률은 훨씬 낮다고 언급한 바 있다. 즉 유신 쿠데타 이전 5년 동안 유신 쿠데타 이후보다 더 높은 경제 성장률을 기록했다. 바로 이러한 점 때문에 일부 개발 독재를 주장하는 학자들이 유신 체제 이전과 유신 체제 사이에 별 차이가 없다고 강변하면서 박정희 집권기를 뭉뚱그려 논지를 펴고 있지 않나 싶다.

역사적 사실과 다른, 얼마나 잘못된 억설인가는 바로 이어서, 또 유신 말기 유신 체제의 붕괴 과정에서 다시 설명하겠지만 개발 독재론자들의 주장은 현실과 전혀 맞지 않는다. 참으로 무서운 억지 논리라고 말하지 않을 수 없다. 뉴라이트조차 이런 주장을 지금까지 차마 못하고 있지 않나. 박정희 집권기의 경제를 잘 모르고 개발 독재 논지를 펴나가다 보니까 그렇게 되지 않았나 하는 생각이 든다.

개발 독재의 논리, 곧 유신 체제가 없었다면 경제 발전을 이루지 못했을 것이라는 논리를 펴는 사람들은 1979년 부마항쟁이 왜 일어났는지, 그래서 유신 체제가 어떻게 무너졌는지, 유신 체제를 수호하려 한 경제 행위가 당시 경제를 얼마나 망쳤는지를 모르면서 그런 주장을 하고 있다. 유신 체제는 개발 독재론자들이 생각하는 것만큼 그렇게 경제 발전에 효율성이 높은 체제가 아니었다. 이 점을 마지막으로 지적하고 싶다.

중화학 공업 도약 발판 마련한 건
유신 체제 아닌 중동 건설 특수였다

유신 쿠데타 왜 일으켰나, 열두 번째 마당

김 덕 련 지난번에 개발 독재론의 문제점을 짚었다. 이제 유신 쿠데타와 중화학 공업화 문제를 살폈으면 한다.

서 중 석 전에 이야기한 오원철처럼 박정희 유신 체제를 옹호하는 사람, 수구 냉전 세력, 뉴라이트 일부 그리고 몇몇 연구자는 극단적인 권위주의 체제, 즉 유신 체제가 중화학 공업을 발전시켰다고 주장한다. 그러나 유신 체제였기 때문에 중화학 공업이 발전했다는 식의 주장은 외국에서도 근거를 찾기가 어렵고, 국내에서도 그 점은 비슷하다. 어째서 유신 체제가 돼야만 중화학 공업을 발전시킬 수 있었다고 할 수 있는 것인지, 유신 체제가 아니었으면 정말 중화학 공업을 발전시킬 수 없었던 것인지 등에 대해 저들은 그 근거를 충실히 찾아서 설명하는 것이 필요하다고 본다.

그런데 예컨대 "중화학 공업화가 유신이고 유신이 중화학 공업화"라고 주장한 오원철의 글을 잘 보면, 그런 말은 안 나온다. 유신 체제가 아니었으면 중화학 공업이 발전하지 못했을 것이라고는 이야기하지 않는다. '유신 체제 때 무지하게 발전했다', 이렇게 얘기한다. 그 표현이 애매하다. 그 사람들 글을 보면 빠져나갈 구멍이 마련돼 있다는 게 훤히 보인다.

박정희와 다른 방식으로
중화학 공업 발전시킨 대만

— 주요 경쟁 상대이던 대만과 비교하는 것은 이 시기 한국의 상황을 이해하는 데 도움이 되리라고 본다. 대만은 이 무렵 어땠나.

1973년 6월 8일 포항종합제철소 용광로 화입식에 참석한 이낙선 상공부 장관(왼쪽)과 박태준 사장. 박정희 유신 체제를 옹호하는 사람들은 극단적인 권위주의 체제, 즉 유신 체제가 중화학 공업을 발전시켰다고 주장한다. 그러나 유신 체제였기 때문에 중화학 공업이 발전했다는 식의 주장은 근거를 찾기가 어렵다. 사진 출처: e영상역사관이 시기에 한국만 중화학 공업을 발전시킨 것이 아니다. 대만도 중화학 공업을 한국과 거의 같은 시기에 발전시켰다. 그런데 내가 항상 얘기하듯이 발전시킨 방법도 달랐고, 정치적으로는 한국과 정반대로 이 시기에 대만은 상당히 개방적인 방향으로 가고 있었다.

대만은 1961년에서 1988년까지 연평균 9.3퍼센트의 경제 성장률을 기록해 '네 마리 용'(한국, 대만, 홍콩, 싱가포르) 가운데 1961년에서 1988년까지를 기준으로 하면 성장률이 가장 높다고 대만에서 나온 책들에 쓰여 있다. 그런데도 장개석(장제스)이 개발 독재를 해서 그렇게 경제가 발전했다는 이야기를 난 접한 적이 없다. 대만에서 장개석은 무지무지하게 비판을 받는 대상이다. 특히 1950년대 공포 정치에 대해서는 국민당과 대립하는 민진당뿐만 아니라 다른 진보 세력도 혹독하게 비판하고 있다.

같은 시기에 대만의 경우 소비자 물가 상승률은 연평균 5.6퍼센트였다. 이와 달리 한국은 1960년대에도 물가 상승률이 항상 높았다. 특히 1970년대에 들어서면 한 해 정도를 제외하면 전부 물가 상승률이 두 자릿수였고, 20퍼센트를 넘은 때도 몇 번 있었다. 무슨 이야기냐 하면, 대만은 안정적으로 경제를 발전시켰지만 한국은 굉장한 물가 등귀를 수반한, 특히 1970년대에는 그게 서민들에게 아주 심각한 영향을 끼친 그런 경제를 갖게 됐다는 것이다. 이런 점도 생각해봐야 한다.

— 재벌 문제에서도 많이 다르지 않았나.

무엇보다도 내가 강조해 마지않고 그 당시 많은 사람이 지적한 것처럼, 박정희와 달리 대만은 재벌 중시 정책을 쓰지 않았다.

전에 언급한 것처럼 데탕트로 국제 환경이 너무나 심각하게 변화해서 대만이 살아남느냐, 망하느냐 하는 절체절명의 위기에 처해 있던 1972년에 장경국(장정궈) 행정원장은 정치적 개방성을 점차 확대하면서 민주화의 토대를 만들어나갔다. 장경국은 경제 면에서 10대 건설 계획을 내걸고 공영, 국영을 중심으로 1973년에서 1978년에 걸쳐 50억 달러에 달하는 대투자 계획을 실시했다. 우리나라에서 중화학 공업을 발전시킨 시기하고 똑같다. 신기하더라. 1960년대에 수출입국輸出立國 방침을 세운 것도 양쪽이 시기까지 거의 똑같다.

10대 건설 계획은 고속도로 건설을 비롯한 사회 간접 자본 투자와 중화학 공업 투자로 나뉘었는데, 첫해에 국제 석유 파동이 터져 계획이 일부 변경됐다. 그러나 일관 제철 공업, 석유 화학 공업이 상당한 수준으로 발전했고 공항, 철도, 도로, 항만 시설 등 6개의 대규모 사회 간접 부문 투자도 1979년에서 1980년 사이에 완성됐다. 1980년대에 들어서도 대만은 1980년에서 1989년에 걸친 10개년 계획을 세워 기계, 정보, 전자, 자동화 설비 산업을 육성했다. 그 시기에 대만에 다녀온 사람들도 많이 이야기한 것인데, 대만과 한국은 여러 면에서 대비됐다.

중화학 공업화 위해 유신 쿠데타?
박정희도 그런 얘기는 안 했다

—— 박정희 대통령은 유신 쿠데타와 중화학 공업화 문제에 대해 어떤 이야기를 했나.

유신 쿠데타 왜 일으켰나

박정희는 유신 체제를 만들면서 '유신 체제라야 중화학 공업을 발전시킬 수 있다', 이런 말을 한마디도 하지 않았다. 1972년 10·17쿠데타를 일으키면서 발표한 대통령 특별 선언 중 경제와 관련된 건 뒷부분에서 "경제 활동의 자유 또한 확고히 보장할 것", 이건 사기업의 활동을 확고히 보장하겠다는 이야기였는데, 이렇게 말한 게 전부다. 헌법 개정안 제안 이유서에서 박정희는 "정치, 경제, 사회, 문화 등 모든 면에서 안정을 유지"하겠다고 피력했다. 정변이 일어나면 예컨대 물가가 막 뛸 수 있는 것 아닌가. 그래서 그런 이야기를 한 것이라고 볼 수 있는데, 어쨌건 그 정도만 이야기했다. 1972년 12월 27일 대통령 취임사에서 박정희는 농공 병진 정책으로 모든 국민에게 일터가 보장되는 정치를 펴나가고 사회 보장 제도를 확충하겠다고 밝혔다. 이게 취임사에 담긴 경제 정책의 전부였다. 언제건, 누구건 하는 얘기로 그럴싸한 소리만 써놓은 것이다. 여기에 중화학 공업 같은 건 있지 않았다.

그리고 유신 체제에 진입할 무렵에는 이렇다 할 노동자 파업도 거의 없었다. 중화학 공업에서 큰 규모의 노동자 파업이 일어나는 건 6월항쟁 직후인 1987년 7·8·9월 노동자 대투쟁 때 아닌가. 어쨌건 박정희는 유신 체제를 만들 때 '유신 체제라야 경제 또는 중화학 공업이 발전할 수 있다'는 말을 하지 않았다.

— 박정희 본인이 그런 말을 하지 않았다는 것은 매우 흥미로운 대목이다. 박정희 추종자들 사이에서 "중화학 공업화가 유신이고 유신이 중화학 공업화"라는 주장이 나왔다는 점을 감안하면 더욱 그렇다. 그런데 왜 박정희는 그런 말을 하지 않은 것일까? 중화학 공업화도 유신 쿠데타를 합리화하는 데 써먹을

만한 소재였다고 볼 수 있지 않나.

그 이유를 생각해보면, 이 사람은 선거 때마다 경제 발전을 약속하지 않았나. 그런데 또다시 경제 발전을 내세우면서 그것 때문에 유신 체제로 가야 한다고 하는 건 말이 안 되기도 하고 식상했다. 또 스스로 생각해봐도 경제 발전과 유신 체제가 직접적으로 관련이 없다는 점을 잘 알고 있었던 것이다. 이런 것하고, 전에 이야기한 것처럼 유신 체제에서 국민들에게 유일하게 선물을 줄 수 있었던 게 경제였다는 건 구별해야 한다.

'경제 때문에 유신 체제로 간다'고 하면 야당이나 언론, 국민들이 납득하지 않았을 것이다. 총통제 문제가 논란이 됐던 1971년 선거를 봐도 이런 점을 알 수 있다. 그리고 한국인들은 1950년대부터 경제 자립을 이루려면 중공업이 발전해야 한다고 믿고 있었다. 5·16쿠데타로 집권한 군사 정부도 중화학 공업 발전에 관심이 많았다. 박정희 정권은 제2차 경제 개발 5개년 계획 기간(1967~1971년)에 섬유, 합판, 가발, 신발류 등의 수출과 연관된 경공업 발전에 치중하면서도 중화학 공업에도 눈을 돌려 석유 화학, 기계, 전자, 자동차 산업을 육성했다. 유신 쿠데타 이전에 이미 그랬다. 중화학 공업화를 상징하던 포항종합제철은 1970년에 기공식을 했다(완공 시기는 1973년). 또 중화학 공업의 대표적 기업으로 당시 이야기되던 곳 중 하나인 한국비료를 비롯한 비료 공장들도 이미 건설됐거나 건설 중이었다.

—— 한국의 중화학 공업화는 당시 세계 경제의 변화와 떼어놓고
　　생각할 수 없는 문제 아닌가.

중화학 공업화는 일본, 미국, EC(유럽공동체, EU의 전신)에서 공해 문제, 임금 상승, 유가 폭등 등으로 사양화된 일부 중화학 산업이 한국과 같은 다른 지역으로 옮겨가게 되는 국제 환경도 계기가 됐다. 그와 함께 이 시기에 와서 차관 등 국제 자본의 이동이라든가 기술 이전, 이건 포항종합제철 같은 경우를 단적인 사례로 이야기할 수 있는데 어쨌건 그런 기술 이전이 전에 비해 훨씬 용이해진 점이 크게 작용했다.

그것 못지않게 또는 그보다도 더 중요했던 것은 대만이건 한국이건 노동 집약적 산업으로는 수출 증대에 한계가 있다는 점이었다. 수출을 이제 더 큰 규모로 해야겠는데 노동 집약적 산업 가지고는 그렇게 하기 어렵다는 것이 직접적으로 작용했다. 그리고 그런 것만큼 중요한 건 아니라고 하더라도 하나 덧붙인다면, 이 무렵 미국이 한국에서 들어오는 섬유류 수입을 제한했는데 이것도 약간은 영향을 끼쳤을 수 있다.

그러한 변화의 필요성과 추세 등이 작용해서 1971년 7월 1일 제7대 대통령에 취임할 때 박정희는 취임사에서 "나는 앞으로 중화학 공업 시대의 막을 올리고 한강변의 기적을 4대강에 재현시킬 것"이라고 선언했다. 아울러 제3차 경제 개발 5개년 계획, 이건 그 기간이 1972년에서 1976년까지니까 당연히 1972년 이전, 그러니까 유신 체제 이전에 작성된 것 아닌가. 제철, 비철 금속, 전자, 기계, 조선, 화학 등의 중화학 분야에 집중적으로 투자하는 산업 고도화 정책이 이때 채택됐다. 유신 쿠데타 이전에 이미 이렇게 다 해버렸다, 이 말이다.

그리고 김정렴 회고록을 보면, 중화학 공업화를 강력히 추진한 건 1971년 미군 1개 사단이 철수한 후 박정희가 야심에 찬 방위 산업 건설 의지를 가졌던 것과 관련 있다는 주장이 강하게 나온다. 경제통으로 불린 김정렴은 그 점을 중시했다. 그러려면 중화학 공업화를 해야 했다는 것인데, 학자들 중에는 '이건 사실이라고 하더라도 중화학 공업화와 방위 산업 건설이 꼭 같은 건 아니다', 이렇게 쓴 사람도 있다. 어쨌든 대통령 비서실장이자 경제통이던 김정렴은 박정희의 야심에 찬 방위 산업 건설 의지가 중화학 공업화에 크게 작용했다고 이야기한다.

중화학 공업화 뒷받침한 중동 건설 붐은 유신 체제와 상관이 없었다

── 박정희 대통령이 중화학 공업화 추진 의지를 표명한 것으로 많이 거론되는 게 1973년 이른바 중화학 공업화 선언인데, 1971년 대통령 취임사에서 이미 그에 관한 방침을 천명했다는 점이 눈에 들어온다. 아울러 유신 쿠데타 이후 중화학 공업화와 관련해 빼놓을 수 없는 것이 중동 건설 문제다. 유신 체제와 중동 건설의 관계, 어떻게 보나.

박정희는 1973년 1월, 모든 사람이 잘 아는 연두 기자 회견에서 유명한 선언을 한다. "우리나라 공업은 이제 바야흐로 중화학 공업 시대에 들어갔습니다. 따라서 정부는 이제부터 중화학 공업 육성의 시책에 중점을 두는 중화학 공업 정책을 선언하는 바입니다." 1971년 취임사에서 중화학 공업 시대의 막을 올리겠다고 선언했는데, 1973년에는 "바야흐로 중화학 공업 시대에 들어갔습니다"라고 말했다. 문장으로만 보면 박정희가 중화학 공업 시대의 막을 올리겠다고 한 때는 유신 쿠데타 이전인 1971년이고 유신 체제 시기에는 이미 중화학 공업 시대에 들어갔다는 것인데, 어쨌건 많은 사람이 1971년 취임사는 알지 못하고 1973년 연두 기자 회견의 이 부분을 인용하고 있다.

박정희 정권은 1973년 5월 국무총리를 위원장으로 한 중화학공업추진위원회를 신설하고 중화학공업추진위원회 기획단을 출범시켰다. 1974년에는 국민투자기금법을 마련해 중화학 공업 분야 투자에 필요한 자금을 지원하고 그와 함께 각종 감면 혜택의 특혜를 줘서 중화학 공업을 육성하는 정책을 폈다. 그러나 1973년 오일 쇼크로 전 세계가 불황을 맞고 한국도 그 영향을 받게 되지 않나. 여러 가지 이유로 이 시기에는 재벌들이 아직 투자할 엄두를 내지 못했다. 기업 사정도 좋지 않은 데다 중화학 공업은 워낙 덩치가 컸다. 그런 속에서 악성 인플레이션이 또 작용해 1974년부터 2년간 중화학 공업 건설 계획이 동면 상태에 들어가고 말았다.

—— 중동 건설 특수가 모습을 드러내는 때가 그 무렵 아닌가.

예전에 설명한 것처럼 중화학 공업화는 1976년에 들어서서 수출과 내수 경기 회복세가 뚜렷해진 것과 함께 중동 건설 붐과 맞물리면서 본격적으로 불붙게 된다. 여기서 중동 건설이 제일 중요했다. 이 시기에 엄청나게 경제가 좋아진 건 1974년경에 시작되고 1975년부터 거세게 바람이 분 중동 건설 호조로 외환 사정이 좋아졌기 때문이다. 오일 머니로 중동 산유국에서 건설 붐이 엄청나게 일어나는데, 한국이 여기에 아주 적절하게 편승한 것이다.

1977년 12월 22일 박정희가 수출 100억 불 달성 기념식에서 관련자들에게 표창하고 있다. 이 시기 경제가 성장한 것은 유신 체제로 독재를 했기 때문이 아니다. 그렇게 된 데에는 중동 건설 호조로 외환 사정이 좋아진 점이 크게 작용했다. 사진 출처: e영상역사관

　한 자료에 따르면, 1974년 그해에 김재규가 건설부 장관이었는데 이때 건설 수주액이 8,900만 달러였다. 이것이 1975년에 7억 5,100만 달러로 급증했다. 1975년에서 1979년까지 연평균 76.1퍼센트씩 성장해 1980년에는 무려 82억 달러에 이르게 된다. 이 시기에 전체 수출액에서 중동 건설 수주액이 차지하는 비중이 40퍼센트에서 60퍼센트에 이르렀다.

　그렇게 되면서 무역 적자도 대폭 줄어들고, 거대한 자금을 움

소득 1,000불 홍보 포스터. 수출 한국을 홍보하는 초등학교 수업 교재로 쓰였다고 한다.

켜컨 대기업들이 건설 부문을 크게 확대하면서 중화학 공업에 뛰어들었다. 중동 건설 경기는 중화학 공업을 발전시키는 데 굉장히 중요한, 결정적인 역할을 하게 된다. 1980년대까지, 아니 그 이후에도 한국 경제에 중동 특수가 끼친 영향은 지대했다. 그 점에서 한국은 정말 운이 좋았던 것 아니냐는 생각이 든다.

또 하나 얘기할 것이 있다. 1960년대부터, 그중에서도 1960년대 중후반부터 차관을 도입하기가 쉬워져 경제 개발에 힘이 됐는데, 중화학 공업 건설은 거의 전적으로 차관 도입에 의해 이뤄졌다. 그런데 대규모 차관 도입이 가능했던 것에도 오일 달러가 영향을 끼쳤다. 산유국이 제1차 석유 파동 이후 엄청난 자금을 축적할 수 있었고, 그것이 전 세계 자본 이동을 활성화하지 않았나. 이 점도 중화학 공업 건설에서 중요하다.

— 중동 건설 특수에 유신 정권이 기여했다고 볼 수 있는 부분은 없나.

지금까지 얘기한 걸 쭉 보면 중화학 공업 발전은 여러 요인이 작용한 결과임을 알 수 있다. 중동 건설은 유신 체제하고는 상관이 없다. 개발 독재를 주장하는 학자들은 경제학자건 정치학자건 이 점을 놓쳤다. 앞서 얘기한 대로 사실 중화학 공업 건설은 유신 쿠데타 이전에 상당 부분 이뤄졌지만, 중동 건설 특수 없는 중화학 공업 발전은 생각하기 어렵다. 그런데도 그 사람들은 외눈박이처럼 유신 체제로 독재를 했기 때문에 중화학 공업을 발전시킨 것으로 이해하고, 언성을 높여 개발 독재론을 폈다.

덧붙이면 박정희 정권이 중동 건설을 지원한 것, 그건 김종필 정권 또는 김대중 정권이 등장했더라도, 즉 다른 누가 정권을 맡았더라도 그 정도는 지원했을 것이라고 본다. 중동 건설 경기를 이끌어간 건 정부가 아니었다. 현대를 비롯한 기업들이 이끈 것이다. 유신 체제가 아니었다고 하더라도 중동 건설에 대한 그 정도의 정부 지원은 얼마든지 할 수 있었다. 구태여 덧붙인다면 정주영이 박정희보다 월등 공로가 크다고 할 수 있다. 그리고 중동 건설 경기는 중동 국가들의 건설 정책과 한국 건설 기업들의 임기응변 능력을 비롯한 체질, 성격이 너무나 잘 맞아떨어지면서 이뤄진 것이다. '빨리빨리'가 양쪽에 모두 필요한 상황이었다, 이 말이다.

그러면서 1976년경부터 중동 건설 진출로 들뜬 상황에서, 그리고 중동 건설로 기업의 재무 구조가 크게 개선된 상태에서 재벌들이 중화학 공업에 뛰어들었다. 그전에는 정부가 독려해도 중화학 공업에 뛰어들기를 주저하던 재벌들이 이때는 재벌 판도를 결정

지을 수 있는 중화학 공업 부문에 일제히, 너나없이 뛰어들었다. 그러면서 중화학 공업 건설이 대단한 활황을 맞이한다. 이러한 중화학 공업 건설 활황은 중동 건설 붐과 양대 축을 형성하는데 그게 또 1976년, 1977년의 경제 성장률로 나타난다고 이야기할 수 있다.

'핵 개발' 박정희는 자주의 화신?
무모하기 짝이 없는 단기의 소산이었다

— 더 짚었으면 하는 문제가 있다. 중화학 공업화, 방위 산업 건설과 자주 국방 문제, 핵 개발 같은 것을 한 묶음으로 제시하면서 유신 체제의 문제점을 희석하는 주장을 여러 차례 접한 적이 있다. '자주 국방이라는 건 필요한 것 아니었나. 핵 개발 역시 자주성 확보를 위해 필요했다. 그러한 것들의 밑바탕에는 중화학 공업화와 방위 산업 건설이 있었다. 이 모든 걸 주도한 유신 체제 시기 박정희 대통령의 의지는 자주성 측면에서 높이 평가해야 한다', 큰 틀에서 보면 이런 주장이다. 시중에서 많이 팔린 소설 중 일부에서도 이런 논리를 심심찮게 발견할 수 있다. 자주성을 지키고자 핵 개발을 시도한 박정희는 미국이라는 골리앗에 맞선 다윗 같은 존재였고, 그러다가 억울하게 희생됐다는 식이다. 이런 주장, 어떻게 보나.

자주 국방을 해야 한다는 논리 자체를 부인할 건 아니다. 그러나 그것에 수반해 일종의 전체주의적인 병영 체제, 학생 사회에서 시민사회에 이르기까지 철저히 감시하는 체제, 빈틈없이 옥죄는 체

박정희의 휘호 '자주 국방'. 박정희는 자주 국방을 해야 한다면서 일종의 전체주의적인 병영 체제, 학생 사회에서 시민사회에 이르기까지 철저히 감시하는 체제, 빈틈없이 옥죄는 체제를 만들었다. 사진 출처: 국가기록원

제를 만들지 않았나. 그렇게 가게 하는 데 그게 기여했다는 점을 함께 생각할 필요가 있다.

예컨대 이 시기에 이순신 동상을 아주 많이 세운 것을 어떻게 해석할 것인가 하는 문제와 직결돼 있다. 이순신 장군이 훌륭하다는 걸 누가 모르겠나. 다만 박정희는 이광수의 책을 읽은 것을 계기로 이순신 장군이 훌륭하다고 생각한 것으로 돼 있다. 그런데 이광수의 책은 우리나라가 만날 당파 싸움만 하다가 이순신 장군 같은 위대한 분이 제대로 싸우지 못하도록 만들었다는 것에, 그러니까 시쳇말로 우리 민족성이 글러 먹었다는 점에 상당히 초점을 맞추고 있다. 박정희가 식민 사관에 심취했다는 이야기를 내가 나중에 많이 할 텐데, 어쨌건 그런 점에서 이광수의 책은 박정희가 식민 사관에서 많은 영향을 받는 것에 또 하나의 터전을 마련해줬다고 볼 수 있다. 다시 말하면 이순신 장군은 우리가 존경해야 하는 인물이고 유비무환도 중요하지만, 도대체가 유비무환을 내세워 그렇게 지독한 병영 체제를 만들면서 이순신 장군 동상을 그렇게까지 많이 세운 건 유비무환을 잘못 사용한 것 아닌가.

북한에 대해 적절하게 국방 정책, 안보 정책을 쓰는 건 너무나 당연한 것이다. 그건 김영삼 정권이건 김대중 정권이건 노무현 정권이건, 즉 어떤 정권이건 다 해야 하는 일이고 그래서 그렇게 하려 했다. 그 수준을 넘어서서 다른 정치적 목적으로 그걸 이용하는 건 심각한 문제 아닌가. 그런데 1970년대에, 특히 1975년 이후에는 그런 면이 너무 심하게 노정됐다.

핵무기 문제의 경우 오늘날 북핵에 대해 남쪽 사람들의 감정이 여러 형태로 나타나는데, 난 이 문제에서 나타나는 이상한 감정에 공감하지 않는다. 그런 것이 나하고는 원천적으로 맞지 않는다.

── 어떤 의미인가.

무슨 이야기냐 하면, 전에 북한 학자, 관리들하고 이야기하면서 '소통이 이렇게 어렵구나' 하고 느낀 것이기도 한데 한반도에서는 비핵화 원칙이 지켜져야 한다. 그래야 일본의 핵무장을 막을 수 있고 한반도 평화, 동아시아 평화를 지킬 수 있다. 남한도 북한도 절대로 핵 무장을 해서는 안 된다고 생각한다. 남한이건 북한이건 핵 무장을 해서 어떻게 하겠다는 것인지 이해가 안 간다.

북핵의 경우 미국, 중국, 러시아, 일본과 한국이 북한에 적절한 보장을 해주는 것을 통해 북한이 핵무장을 하지 않아도 되도록 만들고, 그걸 통해 북한의 핵무장을 제거해야 한다고 본다. 그런데 지금까지 그런 적절한 정책을 미국, 일본이나 이명박, 박근혜 정부가 썼느냐고 하면 난 그렇게 보지 않는다. 어떤 점에서 오바마의 '전략적 인내'는 부시의 대북 정책보다 훨씬 더 잘못된 정책이다. 중국을

1973년에 제작된 이순신 장군 동상. 이순신 장군의
동상은 정말 다양한 모습으로 제작됐다. 이 시기에
이순신 동상을 이렇게 많이 세운 것을 어떻게
해석해야 할까. 사진 출처: 국가기록원

유신 쿠데타 왜 일으켰나

활용 겸 견제한 동아시아 전략의 일환으로 북한의 현실을 외면하고 북한이 붕괴하기만 기다린 정책이라는 점에서 더욱더 그렇다. 오바마 때문에 북한은 부시 때보다도 월등 더 위험한 나라가 됐고 한반도 평화가 어렵게 되었다.

박정희의 핵 추진 정책은 안보 면에서 크게 위기의식을 가졌던 북한하고도 사정이 아주 달랐다. 그야말로 무모하기 짝이 없는 정책이었다고 난 본다. 그건 당시 미국의 핵 감시 체제를 벗어날 수도 없는 모험이었다. 그리고 그런 식으로 핵무기를 확보한 다음에 그걸 어디에다가 쓰려고 한 것이냐, 이 말이다. 박정희가 이런 여러 문제를 깊이 고려하면서 핵무장을 추진했느냐 하면, 그렇지는 않았다고 본다. 박정희식 핵 개발 모험이 자주 정신의 발로라고 한다면, 왜 그것이 자주 정신의 발로인지 그 이유를 알고 싶다. 나는 그렇게 보지 않는다.

핵무기 개발 문제에는 박정희 개인의 성격이 많이 작용한 것 아니냐는 생각을 갖고 있다. 박정희는 일종의 오기 비슷한 단기短氣가 아주 강했다. 특히 3선 개헌 이후에 그런 모습을 더 자주 보이는데, 핵무기 개발 추진은 그러한 단기에서 나온 것이 아닐까 하는 생각을 난 전부터 갖고 있었다. 그리고 일부에서는 박정희의 핵무기 개발을 과대하게 받아들이기도 하는데, 실제로 핵 개발이 그렇게 상당한 수준으로 갔다고도 난 안 본다.

── 북핵 문제와 관련해 나타나는 이상한 감정에 대해 이야기했는데, '통일되면 그거 어차피 우리 것 아니냐'는 논리로 북한의 핵무기 보유를 암암리에 긍정하는 경우도 그런 것 중 하나가 아닐까 하는 생각이 든다. 바람직한 이야기인가 하는 판단과

별개로, 강대국들이 눈에 불을 켜고 북핵을 주시하는 한반도에서 '통일 후 북핵 접수'라는 구상이 실현 가능한 그림인가라는 의문을 자아내는 주장이다. 그렇지만 이런 주장에 고개를 끄덕이는 이들이 있는 것이 사실이다. 아울러 주변국들이 많이 갖고 있으니 우리도 하나쯤 갖고 있어야 덜 불안한 것 아니냐고 생각하는 이들도 적지 않은 것 같다.

그런 주장들은 이성적인 사고에 바탕을 둔 것이 아니라 감정에 기대는 경우가 많다. 다른 문제들도 그렇지만 특히 이 문제에서는 이성적인 사고를 하는 게 중요하다.

한국의 경우 핵을 쓸 수가 없다. 주변을 한 번 둘러보자. 미국이 한반도에서 세력을 유지하고 있고, 미국과 더불어 세계에서 가장 핵을 많이 가진 나라인 러시아 그리고 중국이 한반도와 맞닿아 있다. 또 일본은 많은 핵무기를 순식간에 만들어낼 수 있는 잠재력을 가진 나라다. 이런 상황인데, 박정희가 핵무기를 만들어서 어디하고 핵전쟁을 하자는 것이었는지 난 그걸 도무지 모르겠다. 한반도는 핵을 갖기에는 너무나 위험한 지역이다. 우리가 핵무기를 보유하면 주변 여러 나라의 경각심만 강하게 불러일으키게 된다.

한국은 핵무기가 아니라 오히려 평화와 남북 협력으로 주변 강국들을 통제해야 한다. 거기서 헤게모니를 발휘해야 한다. 그 점에서 한반도는 세계에서 유례를 찾기 어려울 정도로 대단히 유리한 위치에 있다. 반미도, 친미도, 반중도, 친중도 신중하게 고려해야 한다. 어느 나라도 영원한 우방이 될 수는 없다. 중국도 언젠가는 미국 못지않게 패권 국가가 될 것이다. 그런데 한반도는 세계 4대 강국이 접합하는, 대륙 세력과 해양 세력이 접합하는 아주 중요한 위치에 있다. 이러한 점을 능동적으로 활용하느냐, 그렇지 않고 남북이 대립하고 외세와 연결돼 사분오열하느냐에 따라 한반도는 엄청난 영향을 받을 수 있다. 4대 강국에 둘러싸인 상황을 능동적으로 활용하려면 남북한이 협력하고 한반도 평화가 유지, 보장되도록 한국이 앞장서서 노력해야 한다. 핵무기는 그러한 활동을 대단히 위태롭게 할 수 있다.

유신 몰락 재촉한 건
다름 아닌 경제 문제였다

유신 쿠데타 왜 일으켰나, 열세 번째 마당

김 덕 련 유신 체제는 민주주의의 기본이나 시민의 양식good sense 과 너무나 거리가 멀었다. 그렇기 때문에 박정희 추종 세력으로서 도 이 사안을 어떻게 다뤄야 할지 고민스럽지 않았을까 하는 생각 이 든다. 그래서인지 유신 체제를 대놓고 옹호하기보다는 억압, 고 문, 그로 인한 억울한 죽음 같은 문제들에서는 고개를 돌리면서 다 른 걸 내세우는 방식으로 유신 체제의 문제를 슬쩍 덮으려는 목소 리를 심심찮게 들을 수 있다.

서 중 석 박정희 유신 체제 복무자와 그것에 협력한 수구 냉전 세 력, 그것을 비호한 뉴라이트는 박정희 유신 체제를 어떻게 해서라 도 합리화하고 미화하기 위한 작업을 끊임없이 해왔다. 이처럼 박 정희 1인 체제를 비호하는 데 가장 빈번히 사용되는 주장이 '독재는 문제가 있지만 그 시기에 경제 발전을 한 것은 높이 평가하고 인정 해줘야 한다', 이것이다.

그런 논리의 바탕에는 상당 부분 '경제 발전을 하기 위해서는 박정희 독재가 필요했다'는 주장이나 '박정희 독재가 경제 발전을 가져왔다'는 주장이 깔려 있다. 사실 지난번에도 이야기했지만 이 걸 일부 진보 학자가 개발 독재로 포장해 더 주장해버렸다. 그런데 박정희 유신 체제가 경제 발전에 유용했는지 여부는 그렇게 간단하 지가 않다.

1980년대 초까지 이어진
심각한 경기 침체 불러온 유신 체제

—— '박정희 독재가 경제 발전을 가져왔다'는 논리대로라면 유신 쿠데타 이후 경제 성장률이 눈에 띄게 높아지거나 경제 구조가 질적으로 개선되는 것이 자연스러운 그림이다. 그러나 현실은 다르지 않았나.

박정희가 1972년 10·17쿠데타를 일으키지 않고 제3화국 헌법대로 재임했다면 1975년에 임기가 만료됐을 것이다. 1973년에서 1975년까지 3년간의 경제 성장률을 한 번 살펴보자. 물론 본격적으로 다루려면 정책과 여러 가지 국내외 상황을 포함해 논의를 해야겠지만 여기서는 일단 경제 성장률로만 보면 1973년에 14.1퍼센트, 1974년에 7.7퍼센트, 1975년에 6.9퍼센트였다. 박정희가 체육관 대통령에 취임한 때가 1972년 12월 27일 아닌가. 1973년의 경제 성장률 14.1퍼센트는 유신 체제였기 때문에 이렇게 나왔다고 보기만은 어려운 점이 있다. 그 이전의 경제적 여건에서 이뤄진 것이기 때문이다. 1974년과 1975년은 별로 좋지 않았다. 7.7퍼센트, 6.9퍼센트는 당시 상황에서 너무 낮은 성장률이었다.

이건 중국이 한 해 10퍼센트 이상의 경제 성장률을 기록하다가 8~9퍼센트로 낮아지자 '굉장히 낮아졌다'고 한 것과 마찬가지 논리다. 많은 사람이 이 문제와 관련해 혼란을 일으키는데, 1980년대 초반 어떤 경제 전문가가 나한테 그러더라. "한국은 한 해에 최소한 8퍼센트 내지 9퍼센트 성장률을 기록하지 못하면 큰일 난다." 그게 당시 최소한이었다. 그 시기 한국 경제 여건을 감안하면 이러한 성장률은 박정희가 체육관 대통령이 아니었다고 하더라도 달성했을 것이라고 난 본다.

제3공화국 헌법에 따라 1975년에 직선제를 해서 김종필이든 김대중이든 김영삼이든, 즉 체육관 대통령 박정희가 아닌 다른 누군가가 1979년까지 대통령을 맡았다면 상황은 어떠했겠는가. 경제 성장률만 가지고 이야기하면 1976년에 14.1퍼센트, 1977년에 12.7퍼센트였는데 1978년에 9.7퍼센트로 많이 떨어졌다. 1979년에는 6.5퍼센트로 더 떨어졌다. 그러고 나서 1980년에 가면 1952년 이후 처음으로 마이너스 성장, 그것도 꽤 큰 마이너스 성장을 하게 된다.

1976년, 1977년의 경제 성장에서 결정적으로 중요한 역할을 한 건 중동 건설 경기와 그것의 후속으로 일어난 재벌들의 중화학 공업 과다 중복 투자였다고 볼 수 있다. 중복 투자를 막 하니까 경제 성장률 수치 자체는 높아질 것 아닌가. 그런데 이와 관련해 많은 연구자가 이중 잣대로 자신한테 편리한 주장을 하고 있다.

── 어떠한 이중 잣대를 말하는 건가.

무슨 말이냐 하면 전두환 정권 말기, 노태우 정권 초기인 1986년에서 1988년까지 우리 역사상 최고로 높은 경제 성장률을 기록하지 않았나. 그래서 당시 '단군 이래 최고 경기'라고 했는데, 그것에 대해서는 전두환의 공로가 아니라고 다들 말한다. 그건 전 세계적으로 있었던 3저(저유가, 저달러, 저금리) 효과 덕분으로 돌리고 있다. 그런데도 1976년, 1977년의 높은 경제 성장률은 마치 박정희한 사람의 공로인 것처럼 생각하는 경향이 있다. 그건 말이 안 되는 것 아닌가. 1986년에서 1988년까지 계속된 호경기가 3저 현상에서 비롯했다고 하면, 물론 전두환은 그렇게 보지 않았지만, 1976년 과 1977년의 고도성장에서 중동 건설 경기와 중화학 공업 과다 투자가 큰 역할을 했다는 점은 부인하기 어렵다.

그런데 경제가 1978년부터 하강 곡선을 그려 1979년에는 서민들이 피부로 느낄 만큼 경기가 급속히 나빠졌다. 그 여파로 1952년 이후 처음으로 1980년에 -5.2퍼센트의 성장률을 기록했다. 이 수치는 통계에 따라 조금 다르게 나오는데, 이해에 큰 규모의 마이너스 경제 성장률을 기록한 건 분명한 사실이다.

— 1980년의 마이너스 성장과 유신 체제의 관계, 어떻게 보나.

1980년의 심각한 경기 침체는 1970년대 후반 경제의 연장선상에서 일어난 것으로 유신 정권의 잘못된 정책과 관련이 깊다. 사실 박정희 유신 체제는 국민에게 줄 만한 것이 별로 없었다. 부정부패를 척결할 의지도 없었고, 부동산 투기는 정부에 의해 묵인, 조장되는 형편 아니었나. 이런 상태에서 1970년대 내내 빈익빈 부익부 현상이 심화됐다. 이 때문에도 경제 성장이 대단히 중요할 수밖에 없었다. 국민에게 보여줄 수 있는 게 그것 하나밖에 없었던 것이다. 그래서 인위적으로라도 수출액을 늘려 '목표를 달성했다'고 선전해야 했고, 성장률도 높여야 했다. 이 때문에 무리한 경제 정책이 뒤따랐다. 중화학 공업의 과다 중복 투자는 그러한 정책의 대표적 예였다.

1978년 12월 12일에 치러진 총선에서 여당이 패배하지 않나. 야당인 신민당이 공화당을 득표율에서 앞서는 이변이 일어났다. 유신 체제인데도 여당이 패배하고 그리하여 유신 붕괴의 서곡이 울려 퍼지는데, 그렇게 된 데에는 경제가 큰 역할을 했다. 그중 하나가 노풍(통일벼 계열 신품종) 피해였는데, 이 노풍 피해도 무리한 의욕의 소산이었다.

재벌 공화국 탄생으로 이어진
박정희 정권의 잘못된 정책

—— 노풍 피해는 전염병 피해인데 그것까지 정부에 책임을 묻는 건 야박한 것 아니냐고 반론하는 이들도 있을 것 같다.

노풍 피해는 자연재해 때문 아니냐고 반문할지 모르지만, 유신 체제가 아니었더라면 과연 그러한 큰 피해가 발생했을까? 바로 그걸 물어봐야 한다.

박정희는 식량 증산을 직접 독려했다. 이때는 그럴 수밖에 없었는데, 어쨌건 노풍이라는 새로운 다수확 볍씨가 나왔다는 보고를 받은 박정희 정부는, 특히 박정희가 앞장을 섰는데, 시험 단계를 충분히 거치지 않은 채 1978년에 여러 가지 장려 정책까지 써가면서 이걸 심도록 했다. 농민들은 그전에 정부가 권장 또는 강요한 통일벼를 심어 수지를 맞춘 적이 있지 않았나. 노풍도 정부가 강력히 '권장'하니까 대거 심게 됐다.

사실 통일벼가 나오고 나서 처음 몇 년 동안 농민들은 통일벼를 잘 심지 않았다. 그러다가 점차 여러 가지 문제를 해결하면서, 시간을 두고 통일벼를 심었던 것이다. 그런데 노풍의 경우 나오자마자 1978년에 그렇게 많이 심게 됐는데, 바로 그해에 도열병으로 피해 농민이 속출했다. 그게 농촌에서 선거 민심으로 나타난 것이다.

내가 이야기하려는 건 재벌 중심으로 중화학 공업을 발전시킨 것도 그렇고 이러한 노풍 피해도 과도한 성과주의와 연관이 있다는 것이다. 조급한 경제 성장률 달성, 조급한 식량 증산 같은 것과 무관한 것이 아니라고 볼 수 있다.

그와 더불어 제일 중요한 문제가 바로 여기에 있는데, 외국 사람들이 한국 경제를 비판할 때 가장 많이 지적하는 것이다. 뭐냐 하면, 가장 손쉽게 경제 성장률을 높일 수 있는 방법은 재벌을 활용하는 것이라고 박정희가 생각했다는 것이다. 그편이 정경유착을 하기도 편하고 정권이 재계를 통제하기도 좋지 않나. 그래서 중화학 공업화를 계기로 재벌 공화국이 탄생하게 된 것이다. 중화학 공업화 이후의 재벌은 그 이전의 재벌과 규모가 다르다. 이러한 재벌 공화국 탄생, 부동산 투기 조장 같은 건 다 경기를 띄워 성장률을 높이기 위한 유신 정권의 정책과 무관한 것이 아니었다. 이런 점들을 많이 검토할 필요가 있다고 본다.

— 재벌 공화국, 부동산 투기 같은 문제는 지금까지도 한국 사회에 어두운 그림자를 짙게 드리우고 있다. 오늘날은 물론 앞으로도 박정희 정권을 평가할 때 놓쳐서는 안 되는 대목이라고 본다.

상황이 그러했기 때문에 1970년대 후반은 재벌 중심의 경제 정책이나 부동산 정책에 대한 과감한 수술이 필요한 때였다. 물론 중화학 공업 육성, 그건 난 맞았다고 본다. 그렇지만 중화학 공업을 적극적으로 육성하면서도, 대만 사례 같은 것도 참작해 건실한 방향으로 추진할 필요가 있었다.

　그러나 실제로는 과도한 성과주의, 장기 집권의 타성과 관료주의, 그에 더해 이를테면 특정 지역 출신들끼리 다 해먹는 식의 패거리주의, 과욕 같은 것들로 말미암아 이 시기에 경제가 많이 잘못 돌아가고 있었다. 그런데도 박정희는 자신의 잘못을 인정하려 하지 않았다. 그 경제팀도 이 점은 마찬가지더라. 비서실장이자 경제통이던 김정렴도 '우린 잘못한 게 없다'는 식의 태도를 취했고 '서강파'(서강대 경제학과 출신들을 중심으로 1970년대 경제 정책을 주도한 세력)도 그렇다.

　기민성을 상실해 실기한 박정희와 달리, 기민성을 상실했다는 게 난 아주 중요하다고 보는데, 1975년에 다른 사람이 정권을 잡았더라면 상황이 어떠했을까. 난 당시 수출 위주 정책이나 중화학 공업 정책은 계속 추진할 수밖에 없었다고 보는데, 1975년에 다른 사람이 정권을 잡았다면 그러한 기존의 경제 정책을 밀고 나가면서도 경제 현실을 직시해 새로운 추진력을 가지고 개혁이나 구조 조정을 더 빠르고 과감하게 할 수 있었을 것이라고 생각한다. 어쩔 수 없어서 한 것이긴 하지만, 전두환·신군부 정권이 1980년에 두 차례에 걸쳐 대규모 중화학 공업 구조 조정을 한 것도 그것과 비슷한 것이라고 볼 수 있다. 하여튼 이런 것들을 생각해보더라도, 유신 체제가 경제 발전을 촉진했다고 보기에는 어려운 점이 있다.

　그리고 제3공화국과 유사 파시즘 체제 또는 한국형 파시즘 체제인 박정희 1인 체제는 전혀 다른 정치 체제이지만, 1960년대 전반기의 경제하고 1970년대 말의 경제가 비슷한 점이 있다. 성장이라는 면으로만 본다면 유신 쿠데타 이전과 이후가 별다른 차이를 보이지 않는 점도 유심히 짚어봐야 한다.

군사 정권 초기의 경제 악화,
박정희의 거듭된 실정 때문

── 구체적으로 어떤 면에서 그러한가.

1960년대 전반기에 군사 정권과 제3공화국은 국토 개발 사업, 전력 등 인프라 조성 사업, 장기 경제 개발 계획 추진, 공무원 신규 채용, 환율 정책 등 경제 정책에서 장면 정부의 경제 정책을 거의 다 이어받았다. 그러면서도 농어촌 고리채 정리도 실패했고, 화폐 개혁은 더 크게 실패했고, 거기다가 4대 의혹 사건까지 일으켰다.

4대 의혹 사건, 이건 어떤 수단을 써서라도 정권을 잡자는 논리 때문에 생긴 건데 4대 의혹이 상징하는 부패와 구악 뺨치는 신악, 그리고 경제적 실패가 얼마나 심각했나. 또 증권 시장 운용까지 아주 힘들게 만들지 않았나. 이런 것들 때문에 군사 정권은 경제적 치적이라고 할 만한 게 별로 없었다. 대선과 총선이 있었던 선거의 해인 1963년만 가지고 이야기해도 식량 사정 악화, 외환 위기가 3분(설탕, 밀가루, 시멘트) 폭리 등과 겹쳐서 서민 경제가 몹시 나빴다.

시행착오를 거듭하던 경제는 1964~1965년에 수출 중심 정책으로 가닥이 잡혔다. 그런데 이 경우도 난 생각해볼 게 있다고 본다.

── 무엇인가.

장면 정권은 집권 몇 개월 만에 수출 정책의 핵심이라고 할 수 있는 환율 문제에서 결단을 내렸다. 장면 정권 하면 우유부단했다고들 하지만, 이때 아주 힘든 결단을 내렸다. 환-달러 환율을 두 배

1964년 12월 24일 자 경향신문. 〈묻혀버린 대사건〉이라는 제목으로 1963년에 일어난 '3분 폭리' 사건을 다루고 있다. "작년 여름 온 국민은 식량 기근으로 주린 배를 움켜쥐는 판에 이를 틈탄 일부 업자들이 폭리를 취했다"고 비판했다.

로 올려 1,300 대 1로 만들었다. 이게 1961년 2월 2일에 있었던 일이다.

그런데 박정희 정권은 장면 정부의 환율 정책을 맹렬히 비난했고, 환율에 대한 결단을 내리는 데 여러 해 걸렸다. 1964년 5월 3일에 가서야 원-달러 환율을 255 대 1로 조정한다. 이런 걸 보더라도, 박정희 정권이 군사 정부 시절부터 경제 문제를 잘 풀어갔다고 그 당시 아무도 그렇게 생각하지 않았다. 경제를 망친 사람이라는 생각을 더 많이 했으니까 1963년 선거에서 서울과 경기 등 중부

유신 쿠데타 왜 일으켰나

지역에서 그런 표가 나온 것 아니겠느냐, 이 말이다. 1963년 선거에서 확실히 이겼다고 하기가 어렵지 않나.

박정희가 경제에는 귀신이었다?
치명적인 오해

— 수출 중심 정책으로 가닥을 잡은 후 성장률이 고공 행진을 하지 않았나.

1964~1965년에 수출 중심으로 가닥이 잡혀서 수출 산업에 여러 가지 지원을 해주는 제도적 장치가 마련되고 일본, 미국, 베트남 등에서 자본이나 차관, 현금 등이 들어오면서 경제가 호전돼 제2차 경제 개발 5개년 계획 시기에 높은 경제 성장률을 기록하게 된다. 제2차 경제 개발 5개년 계획 기간과 박정희 체육관 대통령 시기를 성장률로만 비교한다면 별로 차이가 나지 않는다. 1967년에 6.6퍼센트, 1968년에 11.3퍼센트, 1969년에 13.8퍼센트, 1970년에 7.6퍼센트, 1971년에 8.8퍼센트의 경제 성장률을 기록하는데 이건 유신 체제 시기의 성장률과 비슷하거나 더 높다. 거기다가 1966년에 12.7퍼센트의 성장률을 기록한 것까지 집어넣으면 더욱 그렇다.

내 말은 고도성장은 개발 독재 시기가 아닌 제3공화국 시기에 시작됐고, 그것도 성장률 하나만 가지고 이야기하면 국내외 경제 여건과 경제 정책의 잘잘못에 따라 해마다 차이가 난다는 것이다. 어느 한 사람이 집권한다고 해서 갑자기 성장하는 게 아니라는 말이다. 경제 논리, 국내외 경제 여건, 거기에다가 경제 정책 같은 것

1980년 2월 2일 고 박정희 대통령 묘비 제막식. '누가 뭐래도 박정희 개발 독재가 한국 경제를 발전시켰다'고 생각하는 사람들이 여전히 있다. 그러나 어느 한 사람이 경제를 일으켰다고 여기는 것은 굉장히 잘못된 생각이다. 사진 출처: e영상역사관

이 복합적으로 작용한다는 뜻이다. 이 중 마지막 것은 누가 집권하느냐에 따라 차이가 있지만, 이런 것들이 상관관계를 갖는 것이다. 지금도 그 점은 비슷한데, 어느 한 사람이 집권한다고 해서 경제가 갑자기 좋아지거나 하는 건 아니라는 말이다.

그런데도 나이 먹은 사람들 가운데에는 박정희를 경제에는 아주 귀신이었던 것처럼 생각하는 이들이 여전히 있다. 그리고 개발 독재를 생각하는 사람들은 '누가 뭐래도 박정희 개발 독재가 한국 경제를 발전시켰다', 이런 식의 무조건적인 사고를 갖고 있는데 그런 식으로 단순화해서 생각하면 안 된다. 이 이야기를 하려고 지금까지 여러 자료를 가지고 계속 설명한 것이다.

유신 체제 붕괴 밑바탕에는
다름 아닌 경제 문제가 있었다

── 박정희 집권 18년을 거치는 동안 한국 경제는 많은 성과를 거
뒀지만 그에 못지않게 심각한 문제들도 안게 됐다. 특히 유신
체제 후반기 상황은 그러한 박정희식 경제의 귀결이라고 볼
수밖에 없지 않나.

거듭 강조한 것처럼 1978년 이후의 경제 불황은 농작물 피해
건 중화학 공업의 과다 중복 투자건 박정희로 상징되는 유신 체제
의 잘못된 경제 정책에서 비롯한 면이 많다. 박정희가 유신 체제를
수호하기 위해 성과주의에 매달려 급속한 성장 정책을 밀어붙인 것
과 별개로 생각할 수 없다는 말이다. 오늘날 박정희 신드롬에서도
제일 문제가 큰 게 그러한 성장 제일주의 아닌가.

하여튼 재벌에 모든 것을 맡기는 재벌 위주의 중화학 공업화
를 추진한 결과 빈익빈 부익부 현상이 한층 더 심해졌다. 또 1978년
과 1979년에 부동산 투기 과열 현상이 엄청나지 않았나. 이것 역시
성장 일변도의 경제 정책이 빚어냈다는 점에서 비슷한 면이 있다.
당시 정부가 서민을 위한 주택에 대한 투자는 제대로 하지 않으면
서 부동산 시장을 막 부추기지 않았나. 그러면서 부동산 투기 과열
현상이 일어났는데 이것도 결국 과도한 성장 제일주의 정책의 일
환이 아니었느냐, 이 말이다. 그뿐만 아니라 1980년에 마이너스 성
장을 한 것은 한 해에 정권이 두 번이나 바뀌었던(이승만 정권 → 허정
과도 정권 → 장면 정권) 1960년에도 없었던 굉장히 큰 경제적 사건이
었다.

이처럼 1978년 이후의 경제 불황은 박정희로 상징되는 유신 체제의 잘못된 경제 정책, 경직화에 대응하는 기민성을 잃고 계속 성장만 시키려고 했던 것에 큰 잘못이 있었다. 다시 말해 유신 체제였기 때문에 경제가 더 발전했다는 근거를 아무리 찾으려고 해도 찾기가 쉽지 않다. 오히려 유신 체제였기 때문에 유신 말기에 경제가 악화돼 1978년 12·12선거에서 이변이 일어났고, 결국 경제적 요인이 크게 작용해 1979년 부마민중항쟁이 일어남으로써 유신 체제가 붕괴하는 데 이르렀다는 사실을 확인할 따름이다. 유신 체제의 붕괴 과정은 개발 독재론이 갖고 있는 허상, 그 허구성이 아주 잘 드러나는 과정이라고 난 보고 있다.

유신 쿠데타 일으킨 이유는
영구 집권과 '한국적 민주주의' 구현

유신 쿠데타 왜 일으켰나, 열네 번째 마당

5·16쿠데타를 일으킬 때부터
박정희는 권력을 넘겨줄 의사가 없었다

김 덕 련 지금까지 박정희가 유신 쿠데타를 일으킨 요인에 대해 여러 가지로 살펴보며, 그동안 나온 여러 주장을 검토했다. 여기서 한번 정리할 필요가 있어 보인다.

검토한 기존 주장 중 하나는 1970년대 초 동아시아와 유럽에서 진행된 데탕트에 대한 위기의식이 유신 체제로 가게 했다는 것이었다. 그것에 대해 박정희는 1972년 7·4남북공동성명을 발표했고, 유신 쿠데타를 일으킨 이유로 평화 통일을 내세운 점을 들어 비판했다.

1968년과 1969년에 북한이 잇단 무력 공세를 펼친 것이 위기감을 갖게 했다는 주장도 살펴봤다. 그것에 대해 박정희는 1969년 3선 개헌을 밀어붙일 때조차 그러한 위기감을 보이지 않았고, 오히려 자신감을 갖고 권력을 강화했다고 지적했다. 또한 1972년 10·17 특별 선언이나 체육관 대통령 취임사에서 평화 통일을 위해 비상조치를 취했다고 강조했지만, 박정희는 통일 문제를 정치적으로 이용했을 뿐이며 유신 체제를 수호하고 유지하는 데 반공, 반북 운동을 크게 활용했다고 역설했다.

일부에서 유신 체제와 경제 또는 중화학 공업화를 연결해 설명하는 것에 대해서도 검토했다. 그것에 대해 박정희는 한 번도 그러한 주장을 한 적이 없고, 유신 쿠데타 이전에 이미 중화학 공업에 대한 큰 그림을 그린 상태였으며, 포항종합제철을 비롯한 여러 공장이 유신 체제 이전에 기공식을 열었다는 점을 지적했다. 그와 함께 유신 체제가 붕괴하는 데 경제 문제가 중요한 역할을 했다고 강

1961년 5월 18일 육사 생도들의 쿠데타 지지 시가행진을 지켜보는 박정희. 박정희는 1961년 5·16쿠데타를 일으킬 때부터 민간인이나 다른 누군가에게 정권을 이양할 의사가 전혀 없었다.

조했다.

이처럼 그간 나온 여러 주장을 하나하나 비판했다. 그렇다면 박정희가 유신 쿠데타를 일으킨 핵심 이유가 무엇이라고 보는가.

서 중 석 사실 박정희가 유신 쿠데타를 일으킨 이유는 5·16 군부 쿠데타에 관해 얘기할 때부터 여러 차례 언급했다. 그러한 언급을 할 때 직접 유신 체제의 요인으로 설명하지 않았을 뿐이다.

박정희는 1961년 5·16쿠데타를 일으킬 때부터 민간인이나 다른 누군가에게 정권을 이양할 의사가 전혀 없었고, 지도자가 강권 통치 또는 강력 통치를 해야 한다는 '정치 이념'을 가지고 있었다. 쿠데타 첫날에 '혁명 공약' 6항을 발표해 민간인에게 정권을 이양하겠다고 약속했고 그러한 '혁명 공약'을 학생이나 공무원, 일반

시민들이 달달 외고 복창하게 했지만, 그럴 의사가 없었다는 것은 5·16쿠데타 이후의 과정이 소상히 말해준다.

'혁명 공약'대로 본연의 군 임무로 돌아가겠다고 한 2·18 성명이나 2·27 선서가 1963년 민정 이양기에 나왔지만, 이건 양심적인 일부 군인들이 앞장서서 박정희가 받아들이게 만든 것이다. 박정희는 어쩔 수 없는 상황에 몰려 2·18 성명, 2·27 선서를 했을 뿐이지 지킬 의사가 전혀 없었다. 그건 그로부터 한 달도 안 지나서 나온 3·16 성명, '군정 4년 연장 문제를 국민 투표에 부치겠다'고 한 바로 그 성명에서 명백히 드러났다.

1969년 3선 개헌 과정을 봐도 그렇다. 그 과정에서 박정희는 권력을 넘겨줄 의사가 전혀 없음을 분명하고 확실하게 보여줬다. 3선 개헌 직후 총통제 얘기가 나오기 시작한 것도 박정희가 1인 영구 집권을 도모했음을 보여준다.

이처럼 박정희는 자기 손아귀에서 권력을 놓을 생각이 조금도 없었다. 이 부분에 대해서는 '한국적 민주주의'와 함께 이 시리즈 5권, 6권에서도 여러 차례 언급했지만, 앞으로 유신 체제의 배경과 기원에 대해 얘기할 때 구체적으로 설명할 것이고 유신 체제 성립 이후 부분에서도 언급할 것이다.

그와 함께 박정희는 만주군으로 복무하던 시절 쇼와 유신, 그중에서도 특히 일본 장교들의 2·26 군부 쿠데타(1936년)에 심취했다. 그것은 5·16쿠데타를 일으킬 때에도 작용했는데, 박정희는 군국주의 파시즘의 변형인 '한국적 민주주의'를 쿠데타 이후 계속 추구했다. 그는 5·16쿠데타 직후부터 최고회의보 등에 지도자에 의한 강권 통치가 필요함을 역설했다. 물론 영구 집권욕과 '한국적 민주주의'는 표리 관계에 있었다.

삶의 마지막 순간까지 초지일관
박정희가 강조한 '한국적 민주주의'

—— '한국적 민주주의'와 유신 체제의 관계에 대한 설명이 더 필요할 것 같다.

영구 집권욕과 함께 '한국적 민주주의'가 유신 체제를 만든 가장 큰 이유다. 다른 건 수단이나 이용물에 지나지 않았다고 볼 수도 있지만 이것만은 유신 체제 전 기간에 걸쳐서, 박정희가 죽을 때까지 초지일관해서, 그리고 10·17 특별 선언에서도 빼놓지 않고 강조했다. 그렇다면 이 부분에 관해 깊이 있는 연구를 해야 한다고 본다.

10·17 특별 선언에서 이 부분을 보자. 이 선언에서는 한반도 평화를 정착시키겠다, 평화 통일을 하겠다는 게 중심 과제를 이루고는 있지만 "지금 우리의 주변에서는 아직도 무질서와 비능률이 활개를 치고 있으며 정계는 파쟁과 정략의 갈등에서 좀처럼 헤어나지 못하고 있습니다. 그뿐 아니라 이 같은 민족적 대과업마저도 하나의 정략적인 시빗거리로 삼으려는 경향마저 없지 않습니다"라고 주장했다. 무질서, 비능률 같은 것에서 벗어나기 위해 유신 체제가 필요하다는 논리를 여기서 내세우는 것을 볼 수 있다. 유신 시기에 귀가 아프도록 들었던 소리 아닌가.

10월 24일 유엔데이에는 10·17 비상 조치에 대해 "이 유신적 개혁이야말로 우리나라에서 민주주의를 토착화시킬 수 있는 마지막 길"이라고 강조하면서 민주주의의 토착화, 즉 한국적 민주주의의 실현을 역설했다. 또 헌법 개정안 제안 이유서에는 왜 유신 헌법을 가져야 하는가에 대해 이렇게 돼 있다. "우리는 또한 현행 헌법 하에서의 정치 체제가 가져다준 국력의 분산과 낭비를 지양하고 이를 조직화하여 능률의 극대화를 기하며 민주주의의 한국적 토착화를 가능케 하는 유신적 개혁을 단행하는 것만이 유일한 길이다." 한국적 민주주의를 실현하는 것만이 유일한 길이라는 주장을 이렇게 웅변적으로 잘 표현한 게 어디 있나. 그리고 12월 27일 대통령 취임사를 보면, 앞으로 어떻게 해나가겠다며 제시한 사항의 첫 번째와 두 번째가 한반도 긴장 완화와 평화 통일이었는데 세 번째는 "우리 역사와 전통 및 현실에 알맞는(알맞은) 정치 제도를 육성, 발전시키며", 이렇게 돼 있다. 한국적 민주주의를 구현하겠다는 것을 분명하게 밝힌 것이다.

다시 말하지만 박정희가 초지일관해서 계속 강조한 것은 '한국적 민주주의를 실현하기 위해서는 유신 체제가 불가피하다. 현재처럼 비능률적이고 비생산적인 정치, 야당의 구태 같은 것이 계속 나타나는 정치를 해서는 안 되고 능률을 극대화하는 정치가 필요하다'는 것이었다.

난 이것이 권력욕과 함께 유신 체제를 만든 박정희의 기본 목적이라고 본다. 그런데도 이 부분에 관한 연구를 등한시하는 것, 최영 교수라든가 이준식 박사의 연구와 언급을 빼놓으면 연구다운 연구를 찾아보기 어려운 것은 무척 아쉬운 대목이다. 유신 체제를 이해하려면 이 부분을 깊이 있게 연구해야 한다.

유신 체제 성립 과정은
대만·스페인 총통제와 어떻게 달랐나

유신 쿠데타 왜 일으켰나, 열다섯 번째 마당

김 덕 련 유신 쿠데타를 준비하는 과정에서 박정희 측은 대만(장제스), 스페인(프란시스코 프랑코)의 총통제 등을 연구했다. 총통제 구상은 1971년 대선에서 논란이 되기도 했다. 유신 체제와 당시 대만 및 스페인의 총통제, 이 셋 모두 민주주의와는 거리가 멀다는 것을 비롯해 공통점이 많은 건 분명하다. 그렇지만 다른 점도 꽤 있는 것 같다.

서 중 석 1972년 10·17쿠데타를 통해 만들어진 유신 체제는 대만, 스페인에서 총통제가 형성된 것과 그 성립 과정 등에서 다른 점이 있다. 유신 쿠데타 같은 것이 일어나리라고 아무도, 심지어 궁정동 안가 밀실에서 은밀히 비밀 작업을 한 소수를 제외한 중앙정보부 간부나 청와대 비서들도 예상치 못한 상태에서 10·17쿠데타가 발생해 유신 체제가 만들어졌다는 점을 앞에서 살펴보지 않았나. 바로 이런 성립 과정에서 스페인의 프랑코, 대만의 장개석(장제스) 독재와 유신 체제가 결정적 차이가 난다고 볼 수 있다.

다시 말해 대만이나 스페인에서는 '강권 체제가 필요하다'고 주장하면서 상당수가 그런 쪽으로 몰고 가는, 또는 파시즘 운동을 비롯한 여러 운동이 일어나는 속에서 장개석 총통 정권, 프랑코 독재 정권이 출현하게 된다. 대만과 스페인에서 총통제 정권이 성립하는 과정을 보면 유신 체제가 만들어진 과정과 어떻게 다른지를 확연히 알 수 있다.

함께 이주한 대륙 출신을 기반으로
일당 독재 구축하고 백색 독재 편 장제스

── 대만의 총통제 정권은 어떤 과정을 거쳐 만들어졌나.

장개석 대만 정권의 성립 과정을 되짚어보자. 다 알다시피 제 2차 세계대전 후 국부군은 국공내전에서 모택동(마오쩌둥)이 이끄는 공산군에게 패해 존립의 위기에 내몰리지 않나. 대륙을 거의 다 잃으면서 '이제 어떻게 할 것인가', 이 문제가 국민당 정부 내에서 제기된다. 그러면서 대만으로 빠져나가는 방법을 강구하게 된다.

그에 따라, 패색이 짙던 1949년 5월에 이미 대만에 계엄을 선포했다. 1949년 12월에 대만으로 수많은 군대, 어떤 책에는 80만 명으로도 나오는데 하여튼 수십만 명의 국부군은 물론이고 대륙에 그대로 있으면 큰일 날 사람들이나 반공주의자들이 대만으로 대거 가게 된다. 그로부터 석 달 후인 1950년 3월 장개석이 총통으로 복귀한다. 1949년 1월 국공내전 상황 등에 대한 책임을 지는 의미로 장개석이 총통에서 물러나고 이종인(리쭝런)이 그걸 대행했는데, 1년 2개월 만에 이종인이 물러나고 장개석이 다시 총통이 된 것이다.

당시 대만 인구가 680만 명 정도였는데 그중에서 이 무렵 대륙에서 건너온 이주민이 약 160만 명이었다고 한 책에 쓰여 있다. 국민당 정권은 대만인, 이 대만인이라는 말이 정확히 어디까지를 가리키는 것인지도 이야기하기 힘들긴 하지만 여기서는 이 시기에 대륙에서 이주한 약 160만 명을 제외한 나머지 사람들을 말하는데 어쨌건 이 대만인들의 반응도 생각하지 않을 수 없었다. 국민당 정부는 대륙에서도 독재 정치를 했지만, 대륙에서 겪은 실패를 만회하기 위해 또 현지 주민들을 지배하기 위해 강력한 통치, 비상 통치를 구사해야 한다는 공감대가 이 시기에 대륙에서 온 군과 이주민 사이에 일정하게 존재했다.•

—— 청일전쟁에 패하며 1895년 대만을 일본에 뺏긴 중국은 1945년 대만을 되찾는다. 그 후 국민당 세력이 대만을 장악하는데, 그 과정에서 새로운 점령군을 연상케 하는 고압적인 태도를 취하며 차별 대우를 해 현지 주민들과 갈등을 빚는다. 다시 말해, 1949년 대만으로 정부를 옮기기 전에 이미 국민당 정권과 대만 현지 주민들의 관계는 원만함과는 거리가 멀지 않았나.

그걸 상징하는 것이 바로 2·28사건이다. 장개석이 정부를 옮겨 가기 전인 1947년에 2·28사건이 큰 규모로 발생해 상당히 많은 대만 사람이 국부군 등에게 죽지 않았나. 2·28사건 당시 대만 사람들

• 대만의 인구 구성을 살펴보면 그 구조가 상당히 복잡하다. 일반적으로 2차 세계대전이 끝나고 국공내전에서 국민당이 패할 무렵 대만으로 건너온 대륙 출신을 외성인外省人, 그전부터 대만에 거주하던 한족을 본성인本省人이라고 부른다. 그런데 문제는 여기서 그치지 않는다. 외성인을 제외한 나머지 대만 거주자들만 놓고 보더라도, 이들은 하나의 정체성을 공유하는 집단이 아니다. 우선 한족의 경우 민남인과 객가인으로 나뉜다. 민남인은 명나라와 청나라 때 주로 푸젠성에서, 객가인은 주로 광둥성에서 대만으로 건너왔다. 그에 더해 대만에 한족만 사는 것도 아니다. 한족이 이주하기 전부터 대만에서 살아온 원주민이 있다. 원주민은 그 족族이 10여 개에 이른다.
정리하면 외성인, 민남인, 객가인, 원주민이 오늘날 대만 사회의 4대 종족 집단을 이루고 있으며 이 중 최대 집단은 인구의 약 70퍼센트를 차지하는 민남인이다. 4대 종족 집단은 각기 다른 언어를 쓰는 등 문화적 정체성이 서로 다르다. 대만 인구 전체에서 소수 중의 소수인 원주민, 그리고 본성인 중 소수인 객가인은 1980년대 이후 각각 원주민 운동, 객가 운동이라는 정체성 찾기 운동을 전개하기도 했다.
이처럼 대만의 정체성 문제는 '통일이냐 독립이냐'로 대표되는 사안, 즉 대륙 중국과 어떤 관계를 맺을 것인가 하는 사안에 한정되는 것이 아니다. 그 문제는 본성인-외성인, 한족-원주민, 민남인-객가인 등의 구도로 드러나는 대만 내부 종족 집단 간의 정체성 갈등과 맞물려 있다. 그런 의미에서 대만의 정체성 문제는 여전히 진행형이다.

은 언론과 집회 및 시위의 자유는 물론이고 주요 보직에 대만 출신을 임명할 것 등 광범위한 정치 개혁을 요구했는데, 이 시기에 일부에서는 독립 움직임까지 있었다고 한다.••

이러한 분위기에서 약 160만 명으로 대만인 전체를 지배해야 하는 상황이었기 때문에 사회를 아주 철저하게 통제해야 한다고 봤던 것이다. 그래서 1949년 12월 대만으로 장개석과 군인들, 대륙 이주민들이 대거 갈 때 당국Party-State 체제, 즉 당과 국가가 일원화된 일당 독재 체제를 만들고 '당금黨禁' 정책, 그러니까 다른 당의 설립을 금지하는 정책을 폈다. 야당의 존재를 인정하지 않은 것이다. 그리고 '보금報禁', 즉 보도를 금지하는 정책을 통해 일정한 것을 제외하면 언론사 개설을 금지했다.

장개석이 총통으로 복귀하기 전부터 대만에서 그런 식으로 억압 체제를 구축해나갔다. 그렇게 해서 대륙 출신들이 정치, 군사를 장악하긴 했지만 그전부터 대만에 거주하던 사람들의 저항 움직임이 만만치 않지 않았나. 그런 상황에서 소수 집단이던 대륙 출신들로서는 군사, 정보, 특무, 경찰 등을 통해 대만인을 통제하는 방식으로 가고자 했다. 이른바 백색 공포 정치를 펴려고 한 것이다.

•• 2·28사건은 대만 현대사 최대의 비극으로 꼽힌다. 수많은 사람이 희생됐지만, 백색 테러가 빈번했던 국민당 일당 독재 시기에는 침묵을 강요당했다. 한국전쟁을 전후해 수십만 명이 학살됐는데도 1960년 4월혁명 이전 이승만 집권기, 1961년 5·16쿠데타부터 1987년 6월항쟁에 이르는 시기에는 학살 피해 이야기를 꺼내는 것조차 힘들었던 한국과 마찬가지였다. 2·28사건 진상 규명 문제는 1987년 계엄 해제 이후 본격적으로 제기된다. 1990년대에 들어와 대만 정부는 4년에 걸친 조사 끝에, 당시 1만 8,000~2만 8,000명(대륙에서 이주한 사람 700~800명 포함)이 사망했다는 내용을 담은 2·28사건 진상 조사 보고서를 발표한다. 유가족과 야당은 '정부가 피해 규모를 축소했다'고 비난했다. 이들의 주장대로 사건 당시 피해 규모가 정부 발표보다 컸을 가능성이 충분히 있지만, 현재로서는 정확한 규모를 파악하기 어려운 실정이다.

1960년 장제스 총통이 대만을 방문한 아이젠하워
미국 대통령과 카퍼레이드를 하고 있다. 장제스가
대만에서 새롭게 구축한 총통제는 박정희가 한
것처럼 하루아침에 갑자기 만들어진 것이 아니었다.

유신 쿠데타 왜 일으켰나

1959년 프랑코 총통이 스페인을 방문한 아이젠하워 미국 대통령과 함께 있다. 스페인에서는 파시즘 운동, 가톨릭의 반인민전선 활동 같은 것들이 나중에 프랑코 총통 권력으로 집중됐다.

—— 독재로 욕을 먹긴 했지만 부패 척결 노력은 꽤 인정을 받지 않았나.

장개석은 월등 많은 군대를 가지고 대륙을 지배하다가 공산군한테 패한 가장 큰 요인이 부패, 기강 해이라고 봤다. 장개석은 부패하고 무능한 국민당을 철저히 개조해야 한다고 강조하면서 1950년 7월부터, 즉 총통으로 복귀한 지 불과 넉 달 후부터 전면적인 국민당 개조 작업에 들어갔다. 1952년 10월 국민당 제7차 전국대표대회라는 걸 열 때까지 새로운 영도 기구를 구성하고 기층 조직도 재건하면서 조직과 기율을 강화하는 것을 볼 수 있다. 그러면서 부정부패를 용납하지 않고 철저히 단속하겠다는 태도를 취한다.

지금까지 말한 것처럼 이전부터 대만에 거주하던 사람들로서는 자신들을 탄압하는 장개석의 독재를 용납할 수 없었지만, 대륙에서 건너온 사람들로서는 '장개석을 중심으로 똘똘 뭉쳐야 한다', 이런 생각을 안 할 수 없었던 면이 강했다. 장개석이 대만에서 새롭게 구축한 총통제는 박정희가 한 것처럼 하루아침에 갑자기, 아무도 모르게 몇 사람이 밀실에서 은밀히 준비해서 10·17쿠데타를 일으켜 유신 체제를 뚝딱 만들어내는 식이 아니었다는 말이다.

프랑코, 내전을 거치며
이질적인 여러 집단의 확고한 지지 확보

── 스페인의 경우는 어떠했나.

거기는 과정이 더 달랐다. 스페인의 경우는 훨씬 더 복잡했고, 파시즘 운동이라든가 가톨릭의 반인민전선 활동 같은 것들이 모두 나중에 프랑코 총통 권력으로 집중되는 현상을 보여줬다.

스페인에서는 1936년 인민전선 내각이 들어서기 이전부터 극우 세력 또는 우익과 좌익 간에 아주 심한 갈등이 있었고, 그러면서 심한 혼란이 계속됐다. 예컨대 1902년에서 1923년 사이에 내각이 33번이나 바뀌었고, 존속 기간이 6개월 이하인 단명 내각도 23번이나 나타났다. 그러니까 우익 가운데에는 '강력한 정권이 나와야 한다'는 생각을 갖는 사람들이 있을 수 있었다.

그런 속에서 극우인 프리모 데 리베라 장군이 1923년 9월 쿠데타를 일으켜 자유주의 정부하고 의회 제도를 모두 붕괴시키고 1930

년 세상을 떠날 때까지 파시즘적인 철권통치를 했다. 이탈리아에서 베니토 무솔리니를 정점으로 한 파시스트들이 로마로 진군해 권력을 잡은 때가 1922년 아닌가. 이탈리아와 비슷한 시기에 스페인에서도 극우 세력이 권력을 장악한 것이다. 한 가지 덧붙이면 스페인 파시즘 운동을 이끌어가게 되는 것이 팔랑헤당인데, 우리말로 동지당으로도 번역되는 이 당은 리베라 장군 이 사람의 아들이 1933년에 결성한 것이다.

그런 상황에서 1931년 제2공화국이 수립됐다. 겉모습으로만 보면 1939년까지 제2공화국이 가는 것으로 볼 수 있는데, 1936년 2월 선거에서 표차가 별로 안 나는 아슬아슬한 승리를 거두며 인민전선 내각이 출범하게 된다. 그런데 인민전선 내각은 여러 세력 간의 내부 갈등이 아주 심했다. 대표적인 것이 아나키즘 세력과 공산당 사이의 갈등일 텐데, 거기에다가 분리 독립 문제도 있었다. 바스크 쪽이라든가 바르셀로나가 있는 카탈루냐 쪽에서는 상당수가 분리 독립을 주장했는데, 이 세력에는 아나키스트도 들어 있었고 여러 진보 세력이 섞여 있었다. 당시 인민전선 내각은 공공질서를 유지하기가 거의 불가능했다고 한다. 한 스페인 역사가는 "겁에 질린 채 길거리에 나가 있는 정권"이라고 평가했다.

── 스페인 현대사, 더 나아가 20세기 역사를 다룰 때 빼놓을 수 없는 사건이 스페인 내전 아닌가.

그런 가운데 프랑코 반란이 일어나게 된다. 1936년 봄부터 반란 음모에 가담한 장교들의 마음속에는 군부 반란이 합법 정부, 즉 인민전선 정부에 대한 단순한 군사 반란이 아니라 모든 통치권을 상실한 정부에 맞서 국가를 방어하는 것이라는 식의 사고가 있었다. 국가를 지키려면 저 정부를 때려 부수고 무너뜨려야 한다는 것이었다. 자신들의 반란에 대해 이들은 아나키스트들이나 공산주의자들이 일으키는 혁명의 혼돈 속에서 국가를 구원하는 일종의 국가 구조를 위한 결단이라고 생각했다. 이들 장교들은 국가 통합과 공공질서 문제에서는 프랑코보다 더 강경한 태도를 취했다고 한다. 그러면서 1936년 7월 18일 장교단이 드디어 반란을 일으킨다. 그후 1939년까지 32개월 동안 어니스트 헤밍웨이, 앙드레 말로 같은 사람도 참여하는 그 유명한 스페인 내전이 벌어지게 된다.

─── 잘 알려진 것처럼 스페인 내전은 안타깝게도 프랑코 반란 세력의 승리로 막을 내린다.

프랑코가 총통 자리에 오른 건 이러한 내전의 산물이었다. 또 프랑코가 권력을 잡기 전부터 팔랑헤당이 파시즘 운동을 펴고 있었다. 그런 속에서 스페인의 국민전선, 즉 반란군 측은 이탈리아의 무솔리니와 독일의 아돌프 히틀러로부터 적극적인 지원을 받았다. 장개석도 히틀러의 지원을 한때 받긴 했지만, 히틀러와 무솔리니가 프랑코를 지원한 규모는 그보다 훨씬 컸다. 그리고 소련이 인민전선을 지원한 것보다 일찍, 월등 더 큰 규모로 지원했다.

프랑코는 1937년 4월 팔랑헤당원과 카를로스 왕당파 당원의 통합을 지시했다. 카를로스 왕당파는 말 그대로 공화국이 아니라 왕국으로 다시 가야 한다는 세력인데, 프랑코의 지시대로 이 왕당파 당과 팔랑헤당이 합쳐 국민운동당이 됐다. 이게 국민전선 측의 유일당, 다시 말해 장개석의 국민당과 같은 유일당이 된다. 이런 과정을 거쳐 프랑코는 1939년 내전에서 인민전선 정부를 무너뜨리고 승리했을 때 정치적, 군사적으로 절대적인 최고 지도자가 돼 있었다. 박정희처럼 어느 날 갑자기 유신 쿠데타를 일으켜 독재 권력을 휘두른 게 아니었다는 말이다.

— 가톨릭 쪽도 인민전선 정부에 적대적이지 않았나.

프랑코가 권좌에 오르기 전 공화국 정부는 교회와 국가의 분리를 추진했다. 가톨릭교회의 종교 교육을 의무화했던 것도 폐지하고, 이혼도 허용하고, 예수회도 해체해버렸다. 아울러 인민전선 쪽에서는 수많은 교회와 수도원을 불태워버렸다. 그래서 가톨릭교회에서는 '인민전선 정부를 반드시 없애야 한다. 절대악이다', 이런 생각을 강하게 가지면서 프랑코를 적극 지지했다. 스페인에서는 팔랑헤당보다도 이 가톨릭교회가 더 영향력이 강했다고 볼 수 있지 않나. 이에 부응해 프랑코는 집권 후 바로 교회의 권리를 옹호하고 가톨릭이 과거에 했던 역할을 다시 수행하게 된다.

이처럼 프랑코는 국민전선 측의 유일당으로부터도 지지를 받았고, 스페인에서 오랜 역사를 자랑하며 큰 영향력을 행사하던 가톨릭으로부터도 절대적인 지지를 받았다. 장교들도 혁명의 혼돈에서 유일하게 국가를 구할 수 있는 프랑코 아래에서 단결해야 한다는 태도를 취했다. 보수적인 스페인의 장교 집단에서는 프랑코가 중심이 돼 국가를 이끌어야 한다는 강한 신념을 갖고 있었다. 그러면서 프랑코는 군사적으로도 절대적인 최고 지도자가 됐다.

그러니까 내전 기간에 팔랑헤당원, 전통주의자, 가톨릭교도 등 이질적인 여러 집단이 프랑코 아래 통합된 것이다. 그런 속에서 고

급 장교들을 포함한 대부분의 장교가 프랑코의 입장 또는 지도자론에 동조하고 있었다. 스페인 역사가들이 쓴 글을 보면, 당시 사관생도들은 '스페인의 단결'을 가슴 깊이 간직했고 그들에게 조국이라는 어휘는 단순한 수사학적 표현 이상의 것이었다고 돼 있다. 그런 것들을 바탕으로 프랑코주의는 한 독재자의 개인적 이즘ism, 이상을 초월해 보수 집단의 통합으로서 중요한 의미를 지니는 기능을 한 것이다.

이런 여러 가지를 놓고 볼 때 스페인의 프랑코 정권, 대만의 장개석 정권은 박정희의 유신 체제와 겉모습은 비슷해 보이지만 실제로는 그 성립 과정 등에서 많이 달랐다. 프랑코는 1939년부터 1975년까지만 따져도 36년간 집권했다. 내전을 일으킨 때부터 따지면 그보다 더 길다. 장개석은 총통으로 복귀한 1950년부터 따지더라도 1975년까지 25년간 대만을 통치했다. 그 아들인 장경국(장징궈)이 1987년 계엄을 해제할 때까지 따지면 국민당 정권의 일당 통치 기간은 그보다 훨씬 길다. 거듭 말하지만 유신 체제는 대만의 장개석 정권, 스페인의 프랑코 정권과 성립 과정이 많이 다르다. 그뿐 아니라 대만, 스페인과 유신 쿠데타가 일어나던 시기 한국의 상황에 크게 다른 점이 또 있다.

프랑코와 장제스 독재의 유산을
하나씩 청산해온 스페인과 대만

— 무엇인가.

뭐냐 하면 한국에서는 민주주의 체제를 상당 기간 맛봤다는 것이다. 1948년부터 1972년 사이에는 극우 반공적인 성격이 대단히 강했다고는 하더라도 제도적 민주주의가 일정하게 존재했다. 제3공화국 시기도 그렇다고 볼 수 있다. 이렇게 정치적 민주주의가 제도화돼 있는 생활을 하다가 유신 쿠데타로 인해 갑자기 극단적인 정치 체제를 만나게 된 것이다. 그 점에서도 스페인, 대만과는 큰 차이가 있다.

그래서 유신 쿠데타가 일어난 지 1년쯤 지난 후부터 스페인, 대만과는 달리 데모가 격화된다. 물론 스페인, 대만에서도 끊임없이 소요가 있긴 했지만, 그 내용을 들여다보면 한국과는 상태가 크게 다르다. 그렇기 때문에 대만이나 스페인에서 권력을 유지한 방식과 달리 박정희는 긴급 조치라는 특이한 형태로 유신 체제를 존립시키는 것을 볼 수 있다.

전에도 말했듯이 1972년은 대만의 경우 민주화 쪽으로 방향을 트는 시점이었다. 장경국이 여러 가지를 개혁하는 시점이었는데, 그때 한국은 거꾸로 간 것이다. 대만이 굉장한 위기에 처했을 때인데도 오히려 그런 쪽으로 방향을 틀어서 대만을 더 건강하게, 더 튼튼하게 가게 했다는 점을 박정희 유신 정권과 비교해 살펴봐야 한다. 정권 말기의 모습을 봐도, 프랑코 정권은 박정희 정권과 차이가 난다.

—— 어떻게 달랐나.

프랑코가 죽기 직전인 1974년에 아리아스 나바로 내각이 출범했는데, 그때 개방 쪽으로 방향을 튼다. 사실 그때쯤 되면 분리주의

프랑코의 묘지. 이 묘지는 스페인 내전 때 죽은
좌익과 우익 수만 명을 양쪽에 같이 묻는 형태를
취했다.

유신 쿠데타 왜 일으켰나

운동이 바스크 지방에서 아주 거세게 일어나고 바르셀로나 지방에서도 일어나면서 폭탄이 도처에서 터지고 그랬다. 프랑코를 지지했던 가톨릭도 1960년대에 들어서면 상당히 많이 변한다. 한국 가톨릭처럼 일부 사제들이 정의 구현을 하려는 쪽으로 갔다. 거기에도 굉장한 주교가 있었는데, 그분이 중심이 돼서 프랑코 반대 운동을 꽤 크게 벌인다.

그런 상황에서 출범한 나바로 내각은 개방을 외치면서 국가 주도주의의 종식을 선언한다. 그러면서 관광객이 몰려드는 것을 볼 수 있다. 그로부터 1년 후인 1975년 프랑코는 세상을 떠나는데, 대만의 장개석도 같은 해에 죽는다.

—— 스페인에서는 프랑코를 어떻게 기억하고 있나.

프랑코와 장개석이 세상을 떠난 해인 1975년부터 박정희 유신 체제는 반공, 반북 운동을 벌이면서 오히려 훨씬 더 극단적으로, 극성스럽게 유신 수호 운동을 펴지 않나. 그런 것과 대조적으로, 프랑코가 죽은 지 불과 100일밖에 안 지났을 때 스페인에서 프랑코 시대는 까마득한 옛날과 같았다고 스페인 역사가들이 쓴 책에 나온다.

프랑코에 대한 이러한 침묵은 아주 인상적이다. 대다수 여론은 프랑코와 프랑코 시대에 대한 추억을 기억 속에서 지워버리려는 것처럼 보였다. 1976년 11월 보통 선거에 입각한 양원제 국회를 설립하는 등의 내용을 담은 정치 개혁법이 통과됨으로써 프랑코주의의 기반이 결정적으로 무너지게 된다. 이 정치 개혁법은 국민 투표에서 94퍼센트라는 압도적인 지지를 받으며 통과됐다. 그 후 분리주의 운동이 전개되던 카탈루냐 지역에서 민족 축제 개최를 허가받는 등 변화가 이뤄졌고, 융통성이 없던 그 지독한 프랑코주의 중앙 집권 정권은 그렇게 종말을 고했다.

내가 스페인에 몇 번 갔는데 그중 한 번은 바로 이 프랑코 때문에 갔다. 프랑코 묘지에 찾아가기 위해서였다. 이자는 자기 묘지를 엄청 크게 만들었는데, 놀랍게도 스페인 내전 때 죽은 좌익과 우익 수만 명을 양쪽에 같이 묻는 형태를 취했다(전몰자의 계곡). 그리고 그 위에 거대한 십자가를 세웠다. 프랑코는 경건한 가톨릭 신자였다. 박정희와는 너무나 다르게 여자관계도 깨끗한 편이었고, 나쁜 짓을 참 많이 하긴 했지만 상당히 청렴했던 것 같다.

2005년경 스페인에 갔을 때 프랑코의 딸을 만난 적이 있다. 그때 프랑코의 딸은 조그만 방에서 자기 아버지의 사진이 들어 있는 물건을 건네면서 "난 아버지가 천당에 가기를 계속해서 이렇게 빌고 있다"고 그러더라. 1980년대 중반에 스페인에 갔을 때 프랑코 독재 시기에는 꿈꿀 수 없었던 모습, 아주 자유스럽고 활달한, 밝은 모습을 보고 크게 놀랐고 부러웠는데 이때는 프랑코의 딸, 그 노파가 자기 아버지가 지옥이 아니라 천당에 가기를 비는 모습을 접할 수 있었다. 그야말로 소박한 할머니의 모습이었고, 권력에 대한 욕구는 전혀 없었다. 박정희의 딸과는 다른 모습이어서 인상적이었다.

─ 대만도 그런 점에서 스페인과 비슷한가.

앞에서 말한 것처럼 스페인에서 프랑코는 완전히 잊혀야 할 인물로 여겨지고 있었다. 프랑코에 대한 추억을 말끔히 지우려는 모습을 만날 수 있었다. 그건 대만도 마찬가지다. 2·28사건 50주년을 맞아 1997년에 처음으로 대만에 갔는데, 그때 타이베이 중심가

1971년 제7대 대통령 선거 후보자들의 신문 광고.
박정희는 "혼란을 자초해서 울지 말고 안정 속에
웃으며 일합시다"를 강조하고 있고, 김대중은
"10년 세도 썩은 정치 못 참겠다 갈아치자"라고
외치고 있다. 이 선거에서는 민주주의에 대한
요구가 강렬하게 표출됐다.

의 한 유명한 사원의 게시판에서 장개석을 강하게 비난하는 글과 그림들을 봤다. 그때는 장경국 인기가 그렇게 좋더라. 그와 달리 그때 장개석은 잊힌 인물 정도가 아니라 악당 중의 악당으로 묘사됐다.

내가 하려는 이야기는 한국 사회 일부에서 박정희에 대해 갖는 생각과는 전혀 다른 모습을 프랑코에 대해 스페인 사람들이 보여줬고, 프랑코 딸에게서도 그런 모습을 볼 수 있었다는 것이다. 아울러 1970년대에 박정희가 너무나 잘못된 선택을 했다는 것을 말하고자 스페인과 대만의 1970년대를 이야기한 것이다.

대만·스페인 경우뿐만 아니라
5·16쿠데타와도 달랐던 유신 쿠데타

── 유신 쿠데타는 대만, 스페인의 총통제 성립 과정뿐만 아니라 1961년 5·16쿠데타와도 여러모로 다른 것 같다.

프랑코 집권기 동안 각 부문에 켜켜이 쌓인 독재의 유산을 극복하는 것은 1975년 이후 스페인 사회의 핵심 과제 중 하나였다. 물론 21세기에 들어서도 프랑코 집권기를 옹호하는 이들이 스페인 사회 일각에 여전히 있는 것이 사실이다. 그러나 내전 시기는 물론이고 프랑코 집권기에 자행된 숱한 인권 유린 범죄의 실상이 하나씩 드러나면서, 프랑코를 옹호하는 목소리는 점점 힘을 잃을 수밖에 없었다. 예컨대 프랑코의 고향 마을에서 프랑코와 그 가족에게 부여했던 명예 칭호를 박탈하고 프랑코 일가와 관련이 있는 학교 이름까지 바꾸는 결의안을 통과시킬 정도다.
한편 프랑코의 딸인 카르멘 프랑코가 관계한 프랑코재단이 프랑코 동상 철거를 반대하거나, 프랑코의 유해를 발굴·이장하는 방안에 딸이 부정적인 태도를 취했다는 등의 소식이 국내에도 전해진 적이 있다. 그렇지만 이는 프랑코의 딸이 자기 아버지의 집권기에 있었던 인권 유린 범죄를 적극적으로 부정하거나 눈감은 것과는 거리가 있어 보인다. 이와 관련, 김삼웅 전 독립기념관장도 2012년 한겨레와 한 인터뷰에서 프랑코의 딸이 보여준 인상적인 모습을 이야기한 바 있다. 당시 인터뷰에서 김 전 관장은 10여 년 전 스페인에서 프랑코의 딸을 만났는데, 그때 프랑코의 딸이 아버지가 국민들에게 잘못한 부분에 대해 참회하는 심정으로 아버지의 과오에 관한 자료를 수집하고 있었다고 밝혔다.

유신 쿠데타 왜 일으켰나

종합해서 이야기하면, 10·17쿠데타는 대만, 스페인과 다를 뿐만 아니라 5·16쿠데타와도 또 다르다. 중남미나 중동, 태국의 군부 쿠데타와도 다르다. 그런 점에서 10·17쿠데타는 특이한 면을 지니고 있다고 할 수 있다.

5·16쿠데타가 날 때에만 해도, 윤보선 대통령이 "올 것이 왔다"고 이야기했다지만, 일부 사람들은 올 게 왔다고 했다. 그런데 유신 쿠데타 때에는 그렇지가 않았다. 극심한 경제적 혼란이나 심각한 좌우 대립 같은 게 있을 때 군부가 큰 정변, 변란을 일으키는 것이 일반적이지 않나. 또는 1920년대와 1930년대의 유럽처럼 의회 민주주의에 대한 강한 대중적 회의가 있을 때 파시스트들의 반의회 운동 혹은 반민주주의 운동 같은 게 일어나는 것 아닌가.

그런데 한국의 경우는 그런 게 아니었다. 1971년 선거에서 민주주의에 대한 요구가 아주 강렬하게 표출되지 않았나. 대선이건 총선이건 그렇게 역동적인 때가 없었다고 이야기할 만한 시점이었는데, 그다음 해에 유신 쿠데타가 일어난 것이다. 정치인은 물론이고 언론인이나 지식인도 전혀 예측하지 못한 일이 1972년 10월 17일에 돌연히 일어난 것이다. 궁정동 안가 밀실에서 은밀히 유신 쿠데타 준비 작업을 한 소수를 제외하면 중앙정보부의 대다수 고위 간부들도 전혀 짐작조차 못했다.

그 이유는 아주 간단하다. 1971년 대선, 총선이 역대 선거 중 가장 뚜렷하게 유권자의 민주주의 의식을 보여준 선거였고, 한국에는 파시즘적 정치 운동이라고 할 만한 게 그 시기에 전혀 없었으며, 1972년 시점에는 사회적, 정치적 혼란도 없었기 때문이다. 그뿐 아니라 한국에서 극우들이 정치적으로 제일 크게 이용하는 남북 문제도 1960년대 후반기에는 심각했지만, "1972년에는 수년 내 처음으로 한반도에서 무력 침투에 관한 보고가 한 건도 없었다"고 1973년 미국 국무부 백서에도 나와 있는 것처럼 위기라고 볼 수 있는 큰 사건이라고 할 만한 게 1972년에는 전혀 없었다. 다시 말해 휴전 협정 이후 제일 평온한 해가 1972년이었다고 볼 수 있다. 이처럼 쿠데타가 일어날 아무런 이유가 없었기 때문에 중앙정보부의 대다수 고위 간부들조차 전혀 예상하지 못했던 것이다.

── 합리적인 근거도, 명분도 없었기 때문에 민주공화국의 주권자인 국민의 권력을 더 많이 훔치기 위한 작업을 밀실에 숨어서 할 수밖에 없었던 셈이다.

경제적 문제, 사회적 문제는 어느 시기든 있는 것이다. 핵심은 유신 쿠데타 같은 큰 변란이 일어날 만한 경제적 문제, 사회적 문제였는가, 바로 그것이다. 그런 것들이 아니었기 때문에 밀실에서 박정희가 몇 명의 핵심 추종자들을 데리고 만들어낸 것이다. 그렇기 때문에 지난번에 이야기한 농촌 공화당원도 '깜짝 놀랐다. 어떻게 이런 일이 일어나나', 이렇게 일기장에 써놓은 것이다. 유신 쿠데타 일주일 전쯤 이후락 중앙정보부장에게 10·17쿠데타 계획을 들은 중앙정보부 국장들이 어안이 벙벙했던 것도 그 때문이다. 10월 17일 당일 오전에 박정희가 쿠데타를 선언하는 내용을 담은 유인물을 보여줬을 때 청와대 특보들과 비서진도 같은 반응을 보이지 않았나. 한마디로 상상하기 어려운 사건이, 그러니까 아닌 밤중에 홍두깨처럼 박정희 쿠데타가 일어난 것이었다.

확실한 것은 박정희의 권력욕이나 정치 이념, 성향이 중요한 영향을 끼쳤다는 점이다. 그와 함께 헌법을 유린하고 민주주의를 짓밟아도, 그래서 평지풍파를 일으켜 1인 독재 체제를 수립해도 국내에서건 국외에서건 아무도 그걸 막을 수 없을 것이라는 판단이 박정희한테 분명히 있었기 때문에 10·17쿠데타가 일어나게 된 것이다.

나가는 말

1

지난날을 돌아보며 오늘날을 올바로 살아가기 위한 힘을 얻는 것, 더 나아가 미래를 제대로 열어가는 데 필요한 지혜의 바다와 만나는 것. 역사를 살피는 근본 이유가 그것이 아닐까 하는 생각을 해봅니다.

그러한 마음으로 역사를 살피다 보면 반면교사라는 말이 절로 떠오르는 시대를 곳곳에서 마주치곤 합니다. 그때 같은 모습으로 돌아가서는 안 되는 시대, 그때 같은 상태로 전락하지 않도록 경계하고 또 경계해야 하는 시대. 해방 후 한국 정치사에서 가장 후진적인 시기로 꼽히는 유신 시대도 그중 하나입니다.

1972년 10월 17일 유신 쿠데타로 문을 연 이 시대는 1979년 10월 26일 궁정동의 총성으로 막을 내렸습니다. 여기서 물음을 한 가지 던져보는 건 어떨까요? 박정희의 죽음으로 유신 체제는 이젠 흘러가버린 옛이야기 정도로 여겨도 무방하게 된 것일까요?

지극히 제한적인 측면에서, 즉 10·26 이후 아직까지는 유신 체제만큼 극단적인 체제가 나타나지 않았다는 점에서는 그렇다고 볼 수도 있을 것입니다. 전두환·신군부 정권이 유신 정권 못지않게 폭압적이긴 했지만, 유신 체제만큼 국민들을 옥죌 수는 없었습니다. 유신 체제와 똑같이 또는 그보다 더 심하게 했다가는 정권을 유지하기가 어려웠기 때문이라고 볼 수 있습니다. 그만큼 유신 체제가 지독했음을 보여주는 방증이기도 합니다.

그렇지만 이처럼 지극히 제한적인 측면을 넘어 앞의 물음을 다시 생각해보면, 흘러간 옛이야기로 치부하고 안심해도 괜찮은 상황이 결코 아닙니다. 유신 체제를 떠받치고 그 체제에서 특혜를 누리며 막대한 부와 거대한 힘을 비축한 세력(과 그 후예)들이 여전히 막강하다는 것에서도 이 점은 단적으로 드러납니다. 정계, 재계, 언론계를 비롯해 이들이 똬리를 틀고 있지 않은 부문을 찾기 어려운 게 현실입니다.

이들이 지금도 강력한 힘을 발휘하고 있는 것은 민주화 과정에서 과거 청산이 제대로 이뤄지지 않았기 때문입니다. 1987년 6월항쟁과 노동자 대투쟁을 분수령으로 민주화가 진전됐지만 그것은 제한적이고 절충적이었습니다. 유신 체제를 비롯한 극우 반공 독재 체제를 지탱한 세력들에게 그 책임을 엄중히 묻지 못했습니다.

그러한 과정을 거친 후 이 세력들은 박근혜 같은 사람(박근혜의 본모습이 어떤지, 깜냥이 어느 정도인지는 대다수의 독자가 잘 알고 있으리라 믿습니다)이 청와대 주인 노릇을 할 수 있도록 밀어 올렸습니다. 박근혜가 그 자리에 걸맞은 깜냥을 갖고 있다고 믿어서 그렇게 한 것일까요? 그것보다는 박근혜가 자신들의 특권을 확실하게 지켜주는 것은 물론 더 큰 특권을 누리게 해줄 것이라고 판단해 그렇게 한 측면이 훨씬 강할 것입니다.

박근혜는 그 기대에 부응했습니다. 심각한 불평등 문제를 더 악화시킨 재벌 편향 정책, 거듭된 노동 탄압, 시대착오적인 극우 반공 정책 등 그러한 사례는 차고 넘칩니다. 그것도 많은 사람이 유신 독재를 떠올릴 수밖에 없는 방식으로 밀어붙였습니다. 그러다가 박근혜·최순실 게이트로 탄핵을 당하고 이어서 수인 번호 503 배지를 가슴에 달게 됐습니다.

그러나 유신 체제를 떠받쳤고 나중에는 박근혜를 대통령으로 밀어 올린 그 세력들은 건재합니다. 유신 쿠데타를 일으킨 박정희는 심복의 총에 맞아 죽었고 그 딸 박근혜는 국민들에 의해 쫓겨났지만, 그럼에도 유신 체제의 문제를 흘러간 옛이야기로 여길 수 없는 이유입니다. 그대로 두면 이 세력들은 앞으로도 두고두고 적폐로 작용할 것이 분명합니다. 이들의 부당한 특권을 거둬들이고 잘못에 상응하는 책임을 지게 하는 것은 민주주의를 진전시키기 위한 핵심 과제입니다.

그런 의미에서 유신 체제와 관련된 문제들은 유신 체제가 무너진 지 40년 가까운 시간이 흘렀음에도 여전히 살아 있습니다. 물론 오늘날 한국 사회가 맞닥뜨린 문제들이 전부 유신 체제와 관련된 것은 아닙니다. 그때는 나타나지 않았던 새로운 문제들이 많이 부각됐고, 대립 구도도 그때보다 여러모로 복잡합니다. 유신 체제 시기 보수 야당이었던 세력(과 그 후예)들이 1997년 대선에서 승리한 후 10년 집권기 동안 신자유주의를 확산해 격차 문제와 양극화를 극심하게 만든 것도 그 구도를 복잡하게 만든 중요한 요인 중 하나입니다.

그러한 점들을 당연히 고려해야 하지만, 그럼에도 유신 체제를 지탱한 저들이 오늘날에도 민주주의와 국민 주권을 가로막는 세력들의 주축이라는 사실은 변함이 없습니다. '서중석의 현대사 이야기' 연재에서 '유신 쿠데타', '유신 체제', '유신의 몰락'이라는 세 주제로 나눠 유신 체제 문제를 1년에 걸쳐 깊이 있게, 상세히 다룬 이유도 그것과 무관치 않습니다.

2

이번에 내놓는 《서중석의 현대사 이야기》 9~11권은 그 가운데 '유신 쿠데타' 37개 마당(2015년 9월부터 2016년 1월까지 프레시안 연재)의 내용을 더 충실히 하고 새롭게 구성한 결과물입니다. 1965년 한일협정이 체결된 후부터 유신 쿠데타가 일어난 1972년에 이르는 시기를 중심에 놓고 현대사를 살폈습니다.

9권에서는 박정희가 왜 그 시점에 유신 쿠데타를 일으켰는가를 중심으로 짚었습니다. 이에 대한 연구자들의 견해는 엇갈립니다. 유신 쿠데타를 데탕트라는 국제 정세 변화와 연결해 파악하는 사람도 있고, 1968년과 1969년에 북한이 펼친 잇단 무력 공세에 주목하는 사람도 있습니다. 중화학 공업화를 비롯한 경제 문제와 연결해 유신 쿠데타를 설명하는 경우도 있고, 유신 쿠데타의 발생 원인을 노동 문제에서 찾으려 하는 경우도 있습니다.

9권에서는 그러한 견해들의 타당성을 검토하고, 대안적인 설명을 모색했습니다. 1960년대에 통일 논의조차 탄압했던 박정희는 유신 쿠데타를 일으킨 1972년에는 '평화 통일을 위해 유신 체제가 필요하다'고 거듭 강변했습니다. 유신 쿠데타를 제대로 이해하기 위해서는 박정희가 어떻게 평화 통일을 내세워 1인 독재 체제를 구축했는지, 왜 7·4남북공동성명 후 유신 쿠데타가 일어났는지 등을 면밀히 살필 필요가 있습니다.

박정희가 유신 체제를 만든 기본 목적은 절대 권력을 휘두르며 영구 집권하겠다는 망상에 더해, 이른바 '한국적 민주주의'를 구현하고야 말겠다는 비뚤어진 집념과 떼어놓고 생각할 수 없습니다. 박정희가 '한국적 민주주의'를 삶의 마지막 순간까지 강조한 것을 어떻게 볼 것인가 하는 문제도 9권에서 짚었습니다. 그에 더해 장제스(대만)·프랑코(스페인) 독재, 그리고 유신 쿠데타가 일어난 그해에 선포된 김일성 유일 체제의 성립 과정과 비교해 살펴보면 유신 쿠데타의 속성을 더 잘 이해할 수 있을 것입니다.

10권은 두 부분으로 이뤄져 있습니다. 앞부분에서는 유신 쿠데타 전해인 1971년에 발생한 대형 사건들을, 뒷부분에서는 유신 쿠데타 무렵 사회 각 부문은 어떤 상태에 놓여 있었는가를 짚었습니다.

1971년에는 언론 자유 운동, 사법부 파동, 광주 대단지 사건, 실미도 사건 등 굵직굵직한 사건이 연이어 발생했습니다. 1971년에 일어난 큰 사건들을 유신 쿠데타의 계기로 주목하는 경우도 있습니다. 10권 앞부분에서는 1971년에 그러한 사건들이 실제로 어떻게 전개됐는지, 정말 유신 쿠데타의 계기로 작용했는지를 살폈습니다.

그와 함께 1971년 하면 빼놓을 수 없는 대선과 그에 뒤이어 치러진 총선도 짚었습니다. 이 중에서도 대선은 유신 쿠데타를 논할 때 빠지지 않고 거론되는 사안입니다. 현직 대통령이자 여당 후보로서 조직, 자금 등 외적인 측면에서 압도적 우위였던 박정희가 야당 후보 김대중에게 고전한 이 선거가 유신 쿠데타와 어떤 관계를 맺고 있는지를 분석했습니다.

10권 뒷부분에서 다룬 핵심 주제는 왜 유신 쿠데타를 막지 못했는가 하는 것입니다. 이것을 이해하기 위해서는 유신 쿠데타가 일어날 무렵 사법부, 정치권, 군부, 언론, 대학가 등 사회의 주요 부문이 어떤 상태였는가를 파악해야 합니다. 이 문제는 박정희가 유신 쿠데타를 자신 있게 일으킬 수 있었던 이유와 직결돼 있을 뿐만 아니라, 왜 유신 쿠데타가 일어났을 때 그리고 그 후 한동안 쿠데타에 저항하는 움직임을 찾기 어려웠는가 하는 것과도 이어져 있습니다.

11권도 두 부분으로 이뤄져 있습니다. 하나는 유신 쿠데타의 배경, 다른 하나는 유신 쿠데타의 뿌리입니다. 배경 부분에서는 먼저 5·16쿠데타(1961년) 때부터 비상대권을 강하게 추구한 박정희의 행적을 되짚었습니다. 그것에 이어서 1967년 대선과 6·8총선을 짚었습니다. 6·8 부정 선거, 망국 선거로 불리는 이 총선 결과를 발판으로 박정희는 3선 개헌을 밀어붙였습니다. 그렇게 우격다짐으로 열어젖힌 장기 집권의 문은 결국 유신 쿠데타로 이어지게 됩니다.

뿌리 부분에서는 박정희의 역사관과 정치 이념을 파헤쳤습니다. 그러한 작업에서 반드시 살펴야 할 자료가 식민 사관으로 점철된 박정희의 두 저서 《우리 민족의 나갈 길》과 《국가와 혁명과 나》입니다. 박정희의 역사관과 정치 이념은 어떠했는지, 그것은 어디에서 비롯됐는지를 파헤치다 보면 일본 군국주의를 만나게 됩니다. 유신 쿠데타의 본질을 파악하기 위해 1936년 일본 군국주의자들이 일으킨

2·26쿠데타를 살피지 않을 수 없는 이유입니다.

덧붙이면, 9~11권은 시간 순서대로 구성돼 있지 않습니다. 9권에서는 유신 쿠데타가 일어난 1972년을 전후한 시기를 중심으로 다뤘고, 10권에서는 그 앞 시기인 1960년대를 중심으로 살폈으며, 11권에서는 일제 강점기로 거슬러 올라갔습니다. 시간 순서에 따라 서술하는 대개의 역사책과 달리 이렇게 구성한 데에는 이유가 있습니다. 사건 발생 시점 전후 몇 년만 살펴서는 유신 쿠데타라는 거대한 사건을 깊이 있게 이해할 수 없고, 거슬러 올라가 그 뿌리까지 파헤쳐야만 박정희와 유신 쿠데타의 본모습을 마주할 수 있기 때문입니다.

연재에 관심을 보여준 언론 협동조합 프레시안 박인규 이사장, 그리고 작업 공간을 제공해주는 등 물심양면으로 지원해준 인문 기획 집단 문사철의 강응천 주간께 감사 인사를 전합니다.

2017년 9월
김덕련

서중석의 현대사 이야기 ❾

초판 1쇄 펴낸날   2017년 10월 2일
초판 2쇄 펴낸날   2023년 8월 8일
지은이   서중석·김덕련
펴낸이   박재영
편집   이정신·임세현·한의영
마케팅   신연경
디자인   조하늘
제작   제이오
펴낸곳   도서출판 오월의봄
주소   경기도 파주시 회동길 363-15 201호
등록   제406-2010-000111호
전화   070-7704-2131
팩스   0505-300-0518
이메일   maybook05@naver.com
트위터   @oohbom
블로그   blog.naver.com/maybook05
페이스북   facebook.com/maybook05
인스타그램   instagram.com/maybooks_05

ISBN   979-11-87373-26-1 04900
          978-89-97889-56-3 (세트)

만든 사람들
책임편집   박재영
디자인   조하늘

이 책에 실린 사진은 저작권을 가지고 있는 분들과 기관의 허락을 받아 게재했습니다.
저작권자를 찾지 못하여 게재 허가를 받지 못한 일부 사진은 저작권자가 확인되는 대로
게재 허락을 받고 통산 기준에 따라 사용료를 지불하겠습니다.